中国社会科学院创新工程学术出版资助项目

国家社科基金重大特别委托项目
西南边疆历史与现状综合研究项目·研究系列

中国社会科学院创新工程学术出版资助项目

国家社科基金重大特别委托项目
西南边疆历史与现状综合研究项目·研究系列

民族关系与人地关系的适应性问题研究
——以广西壮族为例

蒋满元 / 著

社会科学文献出版社
SOCIAL SCIENCES ACADEMIC PRESS (CHINA)

"西南边疆历史与现状综合研究项目·研究系列"编委会

名誉主任 江蓝生

主　任 马大正

副主任 晋保平

成　员（按姓氏笔画排序）

马大正　方　铁　方素梅　吕余生
刘晖春　刘楠来　江蓝生　孙宏开
李世愉　李国强　李斌城　杨　群
宋月华　张振鹍　周建新　贺圣达
晋保平

总　序

"西南边疆历史与现状综合研究项目"（以下简称"西南边疆项目"）为国家社科基金重大特别委托项目，由全国哲学社会科学规划办公室委托中国社会科学院科研局组织管理。"西南边疆项目"分为基础研究和应用研究两个研究方向，其中基础研究类课题成果结集出版，定名为"西南边疆历史与现状综合研究项目·研究系列"（以下简称"西南边疆研究系列"）。

西南边疆研究课题涵盖面很广，其中包括西南区域地方史与民族史等内容，也包括西南边疆地区与内地、与境外区域的政治、经济、文化关系史研究，还涉及古代中国疆域理论、中国边疆学等研究领域，以及当代西南边疆面临的理论和实践问题等。上述方向的研究课题在"西南边疆项目"进程中正在陆续完成。

"西南边疆研究系列"的宗旨是及时向学术界推介高质量的最新研究成果，入选作品必须是学术研究性质的专著，通史类专著，或者是学术综述、评议，尤其强调作品的原创性、科学性和学术价值，"质量第一"是我们遵循的原则。需要说明的是，边疆地区的历史与现状研究必然涉及一些敏感问题，在不给学术研究人为地设置禁区的同时，仍然有必要强调"文责自负"："西南边疆研究系列"所有作品仅代表著作者本人的学术观点，对这些观点的认同或反对都应纳入正常的学术研究范畴，切不可将学者在研究过程中发表的学术论点当成某种政见而给予过度的评价或过分的责难。只有各界人士把学者论点作为一家之言，宽厚待之，学者才能在边疆研究这个颇带敏感性的研究领域中解放思想、开拓创新，唯其如此，才能保证学术研究的科学、公正和客观，也才能促进学术研究的进一步深入和不断繁荣。

自2008年正式启动以来，中国社会科学院党组高度重视"西南边疆项目"组织工作，中国社会科学院原副院长、"西南边疆项目"领导小组组长江蓝生同志对项目的有序开展一直给予悉心指导。项目实施过程中，还得到中共中央宣传部、全国哲学社会科学规划办公室、云南省委宣传部、广西壮族自治区党委宣传部、云南省哲学社会科学规划办公室、广西壮族自治区哲学社会科学规划办公室以及云南、广西两省区高校和科研机构领导、专家学者的大力支持和参与，在此一并深表谢意。"西南边疆研究系列"由社会科学文献出版社出版，社会科学文献出版社领导对社会科学研究事业的大力支持，编辑人员严谨求实的工作作风一贯为学人称道，值此丛书出版之际，表达由衷的谢意。

"西南边疆研究系列"编委会

2012年10月

摘　要

作为一定地域内环境变化的主人，相关民族在自己的生产生活过程中无疑对环境的变化有着直接的影响；地理环境反过来也会对民族族群体的形成与发展留下自身的痕迹，以至每一个民族身上都会被地理环境打上深刻的自然印记。民族间的关系发展好坏，表面上看主要受民族间生产发展程度、语言、习俗、文化、政策等因素的影响，不过，究其实质，上述不少问题的产生又皆与地理因素有关；既然如此，实践中我们在制定民族政策和研究处理民族问题时，就既需考虑民族间"人"的因素的影响，也要考虑到民族间"地"的因素的作用。"人地"两者相辅相成，才会相得益彰和促进民族地区的和谐共进。

作为现阶段中国境内人口最多、汉化程度较高的少数民族，以前对壮族的研究，主要集中在历史、文化、风俗、语言、艺术、宗教等方面，而对于其与地理环境的关系，尤其是在壮族地区人地关系过程中，壮族适应环境的方式、效果、途径等相关问题缺乏深入研究；然而，恰恰在民族问题的研究过程中如果缺少对与之息息相关的环境问题，尤其是人地关系问题的剖析，不仅民族演进与发展脉络难以清晰展现，而且区域内民族关系的有效处理和促进民族地区和谐稳定发展的战略目标也很难得到真正的实现。既然实践中无论是族群关系的演进还是民族关系的处理与民族地区社会经济的发展，都离不开对人地关系的认识、适应和改造，因而现阶段深入研究民族关系与人地关系的适应性问题，既相当必要，且意义深远。

具体说来，人地关系对民族关系的影响主要表现在如下几个方面：

首先，人地关系状况乃是影响民族人口迁移去向和民族关系变迁的重要因素之一。其次，人地关系的好坏以及环境容量的大小，也能决定民族的发展取向、社会地位以及人口的多少。再次，人地关系的状况还会直接或间接影响到区域民族形象和个性心理特征。最后，人地关系还是引发民族矛盾、民族冲突的重要根源之一。尽管如此，人地关系对民族关系演进与发展过程的影响毕竟只是一个外在因素；历史上民族关系真正的走向和演进态势事实上却是多方面因素综合作用的结果；尤其是诸如民族历史、民族政策、民族组织、民族结构、民族宗教、民族文化、民族心理、民族形象以及民族习俗就无不对民族关系的发展变化产生着自己的影响和作用。

在民族发展及其族群关系演进过程中，人地关系的影响可谓广泛而深入；而此其中就既有民族关系变迁与演进对人地关系状况的被动适应，也有对人地关系和地域环境特征变化的主动反应；当然，无论哪种情况，均会推动民族过程的顺利展开。壮族的情况也不例外，总体上看，在适应与改造人地关系过程中，壮民族的民族族群体特征及其与其他民族间的关系也得以逐渐成型并最终实现了历史上壮民族的民族过程。历史上，受地理因素的影响与制约，壮族不仅在地域分布的空间格局上出现过复杂的变动，而且在不同时空范围内，因自然与人文环境的变迁，壮族相应地也在农耕生产、畜牧、狩猎以及文化等领域采取过不同的适应措施；这些适应措施与环境相互影响，形成了壮族历史上民族变迁与人地关系间十分复杂的互动关系。

民族关系与人地关系的适应尽管涉及面很广，然而充分认识如下几点将影响深远：首先，由于绝大多数先进生产技术和生产方式的吸收和运用能在相当程度上有效地缓解日趋紧张的人地关系，因此，先进生产技术及手段的吸收和运用对民族关系与人地关系的调适具有重要意义。其次，在吸取与借鉴其他民族先进技术与文化的同时，注意根据自身条件进行"扬弃"，也有利于使自己的民族文化得以传承和发展。再次，民族关系与人地关系的适应和调整应尽可能地从内容上体现出自身的完整性、有效性与和谐性。为此，实践中一方面要及时构建起科学合理的人类活动价值体系和应对自然环境的社会组织结构，切实规范与自然直接有关的人类和民族行为模式系统；另一方面通过对人的整体系统的资源、潜力、创造力的开发，走出人地关系困境并创造新型的民族关系和人地系统。最后，由于对诸如土地和矿产之类自然资源的过度开发利用也会诱发新的人地关系与民族关系的紧张态势，因此实践中采取切实可行之对策措施加以控制，也对协调民族关系和人地关系具有重要意义。

关键词： 民族关系　人地关系　民族过程　环境影响　可持续发展

Abstract

As the inhabitant that predominate the environment's change in a certain area, the relevant ethnic groups inevitably have the direct impact on the environment change during their own production activities; and, in turn the geographic environment also leaves its trace on the formation and development of that ethnic, so that each ethnic comes with a deep natural mark of the geographic environment. Relationship among the ethnic groups is apparently affected primarily by the factors like their development level, linguistic, tradition, culture and policy, etc. , however, as a matter of fact, they are all related to the geographic elements; thus, when we propose the ethnic policy and study the management of ethnic problem in practice, it is necessary to take into account not only the impact of "human", but also the function of "geography". Only when both "human" and "geography" could react reciprocally, the mutual benefits and harmonious development in the ethnic area can be achieved.

Chuang is the largest populated minority ethnic in China at the present stage and is comparatively highly assimilated with the Chinese culture. Previously, the research of Chuang ethnic group mainly concerns on the aspects of Chuang's history, culture, tradition, linguistic, art and religion, etc. while extensive and intensive research on its relationship with geographic environment like the way to adapt to the environment, outcome and solution is inadequate, especially in the process of human-geography relationship in the Chuang area;

Abstract

However, in the study of ethnic issues, ignorance over the geographic factors especially the human-geography ones will not only bring problems on the illustration of the ethnic evolution and development process clearly, make it impractical to effectively handle the relationship among ethnic groups in the area, but also make it difficult to achieve the strategic goal of promoting the harmonious and steady development in the ethnic area. Since it is indispensable to the recognition, adaptation and reformation of the human-geography relations in the practice in regard to ethnic groups' evolution or the management of ethnic relations, as well as the social-economic development in the ethnic area, it is necessary and significant to deepen the study on the adaptation of ethnic relations and human-geography relations at this stage.

Specifically, the impact of human-geography relations over the ethnic relations mainly embody in the following perspectives: firstly, the condition of human-geography relations is one of the major factor that affects the ethnic population migration and change of ethnic relations. Secondly, the human-geography relations and the load of environment capacity can also determine the ethnic developing direction, social status and the number of population. Next, the condition of human-geography can directly or indirectly give impact to the regional ethnic image and individual psychological characteristics. The last, the human-geography relations is one of the critical roots that cause ethnic contradiction or conflict. Nonetheless, the impact of human-geography is only an external factor over the evolution and development process of the ethnic relations; historically, the real movement and evolution tendency of the ethnic relations are in fact the outcome of the combination of multiple factors; particularly, the ethnic history, policy, organization, structure, religion, culture, psychology, image and tradition all bring their own impact and function over the ethnic relation's development and change.

The impact of human-geography relations is so extensive and penetrated during the process of the ethnic development and its group relations evolution; and among these, there is not only the passive adaptation of the ethnic relations change and evolution against human-geography relations situation, but also the active reflection of the human-geography relations and the regional environment characteristics change; Certainly, no matter what it is, the ethnic process is propelled smoothly. It's not exceptional to the Chuang ethnic group. In general view, during the adaptation and reformation of the human-geography relations, the identity of ethnic group of Chuang and its relations with other ethnics are being formed gradually, and the ethnic process of Chuang ethnic was actualized finally in the history. Historically, subject to the constraint and impact from the geographic factor, Chuang ethnic group had undergone complicated change in the region distribution in term of the spatial patten. Furthermore, in different space-time scope, Chuang ethnic has correspondently adopted different adaption measures in the fields of farming, livestock, hunting and culture etc. due to the change of natural and social environment. These adaptation measures interact with the environment and formed a relatively complicated inter-relationship between the ethnic change and human-geography relations in Chuang ethnic history.

Although the adaptation of ethnic relations and human-geography relations is widely involved, a thorough understanding to the points below should be valued: firstly, as most of the absorption and usage of advanced production technology and production mode can efficiently release the intensifying human-geography relations to a relative extend, thus it's significant to absorb and use advanced production technology and production mode in the adjustment toward the ethnic relations and human-geography relations. Secondly, it will be helpful to inherit and develop national culture by "developing and abandoning" some factors according to the ethnic group's own conditions while introducing and learning other ethnic advanced technology and culture. Next, the adaptation and adjustment of ethnic relations and human-geography relations should be achieved as much as possible to embody the self completeness, efficiency and harmoniousness; therefore, in practice, on one hand it is required to timely construct a scientific and reasonable human activity value system and a social

Abstract

organization structure to handle the natural environment, and to seriously regulate the human and ethnic behavior mode system that directly connect with the nature; on the other hand we should break through the barrier of human-geography and to create a new ethnic relations and human-geography mechanism by exploring the resource, potential and creativity of human's integrated system. At last, as the over-exploitation to the natural resources like land and minerals may also evoke new intense situation on the relationship between human and geography and among ethnic groups, therefore, taking practical and effective policies and measures to control it in practice has great significance on the ethnic relations' coordination and human-geography relations.

Keywords: National Relationship; Human-geography Relationship; Ethnic Process; Environment Impact; Sustainable Development

目 录

第一章 问题的提出与国内外研究现状述评 …………………… 1
- 第一节 选题依据及研究意义 ……………………………… 1
- 第二节 研究思路与方法 …………………………………… 9
- 第三节 研究重点与难点 …………………………………… 10
- 第四节 国内外相关研究现状述评 ………………………… 11

第二章 人地关系演进的历史轨迹与嬗变过程 ………………… 36
- 第一节 人地关系演进的历史轨迹 ………………………… 36
- 第二节 人地关系的嬗变过程 ……………………………… 42

第三章 人地关系过程中的民族关系演进 ……………………… 47
- 第一节 人地关系对民族关系的影响及其彼此间的互动 …… 47
- 第二节 人地关系影响民族关系的途径分析 ……………… 54
- 第三节 人地关系进程中少数民族地域文化特征的形成：以广西为例 ……………………………………………… 57
- 第四节 人地关系进程中的民族关系互动：以壮族"汉化"和汉族"壮化"为例 ………………………………………… 60

第四章　壮族形成与发展过程中的人地因素剖析 …… 79
第一节　壮族族群形成的历史演进脉络辨析 …… 79
第二节　壮族族体形成历史演进过程中的地域因素剖析 …… 92
第三节　地域因素影响壮族文明演进的实证分析 …… 100

第五章　壮族分布版图变迁的历史演进脉络及地域因素影响 …… 110
第一节　区域人地关系与民族关系过程中的空间特征 …… 110
第二节　自南宋至元、明、清、民国时代的壮族分布版图变迁的历史演进脉络 …… 112
第三节　对壮族分布版图变迁历史演进脉络的进一步剖析：基于壮族聚居区域地名变化的思考 …… 142

第六章　壮族生产生活方式选择中的人地因素影响 …… 152
第一节　壮族生产生活方式选择中的水因素分析 …… 152
第二节　壮族生产生活方式选择中的狩猎与畜牧行为分析 …… 169
第三节　壮族生产生活方式选择中的居住环境改造分析 …… 179
第四节　壮族生产生活方式选择中的农作物种类与饮食习俗演进分析 …… 181
第五节　壮族生产生活方式选择中的服饰变化与铜鼓艺术分析 …… 193
第六节　壮族生产生活方式选择中民间信仰的环境内涵 …… 201

第七章　壮民族聚居地区可持续发展中的人地关系适应 …… 207
第一节　可持续发展的内涵、特征及其哲学维度思考 …… 207

第二节 壮族聚居地区可持续发展中的人地关系适应：资源
　　　　环境合理开发利用与农业生产发展 …………… 221
第三节 壮族聚居地区可持续发展中的人地关系适应：资源
　　　　环境合理利用与民俗旅游产业发展 …………… 225

第八章　结论与启示 …………………………………………… 238
第一节　主要结论 ……………………………………………… 238
第二节　相关启示 ……………………………………………… 248

主要参考文献 …………………………………………………… 252

第一章
问题的提出与国内外研究现状述评

第一节 选题依据及研究意义

作为目前我国人口最多的少数民族，壮族尽管分布地域广阔①，但主要集中地仍为广西壮族自治区。广西简称桂，南邻南海北部湾，西南与越南民主共和国接壤，面积 23.67 万多平方公里，占全国总面积的 2.47%；东西最大跨距约 771 公里，南北最大跨距（南至斜阳岛）约 634 公里；全区共辖 14 个地级市、34 个市辖区、7 个县级市、56 个县、12 个自治县，总人口 5331 万人（2011 年统计数据），其中壮族人口为 1444.85 万人，为中国壮族人口最多的省区；区内另有汉、瑶、苗、侗、仫佬、毛南、回、京、水、彝、仡佬等民族。广西境内的壮族主要聚居在桂中的柳州地区和桂西的河池地区、百色地区以及南宁地区西部一带。② 壮族有着悠久的历史，其先民属于古代百越族群，与西瓯、骆越有一定的血缘承递关系；尽管迄今为止壮族的最终形成时间在学术界仍存分歧，但大多认为壮族及其支系作为一个民族共同体，最晚形成于宋代。③ 历史

---

① 壮族主要分布在广西壮族自治区、云南省文山壮族苗族自治州的广南、富宁、砚山、丘北四县、广东省连山壮族瑶族自治县以及贵州省的黔东南苗族侗族自治州等地。
② 不含柳州、南宁二市，但含柳州市所属的柳江、柳城二县和南宁市所属的邕宁、武鸣二区。
③ 关于壮族作为民族共同体的演进进程，本书将在以后的相关章节中详加分析。

上，尽管壮族有过不同的称谓①，但新中国成立后统一称为僮族，1965年时，根据周恩来总理的提议和壮族人民的意愿，才统一改称为壮族。②

广西壮族自治区在春秋、战国时为百越（粤）地，秦属桂林、象郡；汉属交州、荆州，置三郡，三国时置五郡、东晋十郡、隋时六郡；唐初属岭南道，置八州；咸通三年（862）属岭南西道，设邕、桂、容三个经略使，辖60州（包括21羁縻州），道治邕州（今南宁）；北宋至道三年（997）置广南西路，设18州和50羁縻州，治桂州（今桂林），广由此简化得名；皇祐五年（1053）置邕、宜、融三路，改州为府，另在左、右江流域置左江道和右江道；元属湖广行中书省，至正二十三年（1363）分置广西行中书省，简称广西行省或广西省，治桂林，辖12路、1府、1司、9州；明洪武九年（1376）改广西承宣布政使司，设4道、11府、3直隶厅和众多土州；清为广西省，辖11府、2直隶厅、2直隶州；民国初相袭，省会迁南宁；1913年废府置道，后道改区；1930年设12区、94县和1市；1949年12月11日全境解放，临时省会驻桂林；1950年2月广西省人民政府成立，驻地南宁，下设宾阳、武鸣、崇左、百色、庆远、柳州、桂林、平东、梧州、容县10专区和南宁、柳州、桂林、梧州4市；1952年广东省钦廉专区划入广西，并改称钦州专区，划怀集县归广东省，同年成立桂西僮族自治区；1955年钦州专区归广东省辖，1956年改归桂西僮族自治区为桂西僮族自治州，1957年撤并；1958年3月5日撤省，成立广西僮族自治区；1965年改"僮"为"壮"，广西壮族自治区使用至今。

作为现阶段我国境内人口最多、汉化程度较高的少数民族，以前对壮族的研究，主要集中在历史、文化、风俗、语言、艺术、宗教等方面，而对于其与地理环境的关系，尤其是在壮族地区人地关系过程中，壮族

---

① 事实上，依据居住地域的不同，壮族就曾有过布越、布依、布土、布侬、布偏等称呼；同时，史书上也曾将壮族称为僮、撞、俚、乌浒、僚或良，个别时间甚至还被蔑称为"獞"。

② 由于"僮"作为多音字既可念成"tóng"，也可读成"zhuàng"，再加之两者间因含义不清又易引起误会，因此，1965年经时任国务院总理周恩来的提议而改"僮"为"壮"；"壮"有健壮、茁壮之意，意义好，又不易使人误解。

适应环境的方式、效果、途径等相关问题则缺少深入研究；事实上，在民族问题研究过程中如果缺少对与之息息相关的环境问题，尤其是"人地关系"问题的剖析，不仅民族演进与发展脉络难以清晰展现，而且区域内民族关系的有效处理和促进民族地区和谐稳定发展的战略目标也很难得到真正的实现。

作为"环境问题"的泛称，在人类社会不同的历史时期，不仅"人地问题"时时凸现，①而且鉴于"当代人地关系问题是历史积淀的现实转嫁、惯性推动和现阶段进一步扩展、加剧的结果"，因而深入研究民族关系与人地关系的适应性问题，既相当必要，也意义深远。

不仅如此，基于对如下三个方面情况的深刻理解，妥善处理好"人地关系"更显急迫：一是大量的、相互关联的人地关系问题所形成的"危机综合化"的压力。事实上，自然过程与社会过程普遍而深刻的联系以及人类活动及其组织系统的日益精细化和多样化趋势，使得人类社会无形中在各种层次上与地理环境形成了更为广泛的联系及更多矛盾冲突；采猎时代，人类活动导致的生态危机集中表现为动物资源耗竭及其再生能力的破坏；农业时代，则主要表现为土地资源及其再生产能力的耗竭；而当代，诸如人口问题、环境污染、粮食短缺、不可再生资源迅速耗竭、可再生资源再生能力丧失等问题；以至任何对"人地问题"的"近视"和"单一化的化解渠道"都难以深入"人地问题"的实际，因此，人类只有把这些危机作为一个整体并进而采取相互协调的措施才能加以解决。二是人类对环境大规模高强度改造所导致的"危机深层化"压力。随着人类社会和民族演进过程中对环境认识的加深、改造环境的各手段的进步、人口的增加以及对社会水平提升要求的递进，人类已不满足于"合乎规律地从自然界获取"，而是致力于"通过可能是有损自然界自身生存机理"的举措来工作，甚至是改变自然界来获得更多的"占有"，结果，全球可耕地后备资源已十分有限，环境状况渐趋孱弱，人地关系更趋紧张，以至人类最终渐

---

① "人地问题"在人类发展和民族演进的历史进程中无疑是"和谐共处"和"紧张冲突"并存的，但基于对历史演进脉络的辩证剖析，更多的时候呈现的却是"人地紧张与冲突加剧"的趋势。

渐失去了选择生存空间的机会。① 三是伴随人地矛盾扩大化趋势所导致的"危机全球化"压力的影响。在产业革命以前的各历史阶段，基于人地关系的相对宽松以及人类活动范围和生产力水平的相对低下状况，人地矛盾冲突在空间范围上只局限于相对有限的地方、地区等地域层次；然而，随着全球化进程的加速，人地矛盾"全球化趋势"即开始在如下的三个关联的层次上进一步凸显：全球尺度上的人地问题加剧②、国家尺度上的人地问题强化③以及局部日益严重的资源环境和贫困问题对整个人类社会发展的严重制约。

人类发展问题如此，民族进步与发展问题也不例外。事实上，任何一个民族的生存与发展都离不开与之相伴的自然与人文环境④，甚至从某种程度上讲，民族关系的和谐稳定与否也与各类环境资源状态息息相关。根据生态学的有关理论，初始时，所有生物都在一个相对封闭的地域环境里演化，进而不同的地理环境会对生物体在形态与遗传基因等方面产生巨大影响。在宏观的生态系统内，一个民族（nation）或族群（ethnicgroup）其实就可看作是其中的一个生物体，它的发展与文明进程的演化，既要处处受到地理环境的制约，同时其行为又处处会对环境变迁产生作用。在环境演化的过程中，一个民族对环境的感知与适应能力如何，不仅关系到其生存状况和未来的发展前景，且同时还能深刻影响到其自身的地域分布格局以及经济活动、习俗文化等诸多因素的空间演化进程。

生态学的常识也告诉我们，在特定的地理环境内，生态系统的物种间会存在某种程度的合作与竞争关系。由于各物种共处于一个大的自然生态系统下，因此，为了生存与发展，彼此间的合作不可避免；当然，

---

① 实践中，大部分已利用的土地负荷量已近极限、相当多的地区水土流失和地力衰退严重、不少地方面临着生物多样性减少和物种灭绝，甚至潜存着生态系统的退化或崩溃的危险，这种情况下，人类大规模改变自然生态环境系统，既加大了自然灾害的频率和人类自身的损失，也无形中加深了人类社会中长期环境灾害的潜在性风险。
② 如臭氧层的破坏、海洋污染、动植物灭绝、全球变暖等现象。
③ 如大气污染远距离扩散、酸雨、河流污染、各种资源的多国争夺以及海洋资源、空间资源、极地资源等人类公共资源权属问题的纠纷，都成了导致国家或地区冲突的原因。
④ 即我们通常所说的"人地关系"。

更进一步分析，此种状态应该还是各民族间在推动自身和人类社会发展过程中的主旋律；同样，由于资源环境毕竟有限，加之人地关系往往又会随人类社会的发展而趋于紧张①；各民族作为生态系统内部的一个个体因子，为了争夺有限的资源、土地及获得必要的生存空间，民族间也常会发生矛盾与冲突，甚至是长期的大规模的战争。当然，人口较多的民族大多会在竞争中占有优势；对弱小民族而言，大民族总会在心理和文化等层面上对其产生一定的压迫感，这是产生民族矛盾与隔阂的常见因素。民族间的"同化"，既是民族间彼此适应和学习的结果②，也是民族间共同服从于"人地关系"调整的必然选择。同样，民族间的冲突与矛盾既是民族间力量较量的结局，也是基于"人地关系"变化而作出的自然而然的调整，其最后的结果，总体上看，就极有可能使民族关系在新的"人地关系"状态下达到某种程度的协调。③ 美国学者乔治·威廉斯（George C. Williams）就曾明确提出过"进化适应"的概念并进而认为任何物种在环境的变化面前，都会不断调整自己的结构、生理、形态和行为。同样，在生态系统内，每个民族不仅有自己独特的生存发展智慧，且都会在不断变化的自然环境与人文环境面前，调整自己并加以适应，选择出对自己发展最为有利的道路。④

作为一定地域内环境变化的主人，相关民族在自己的生产生活过程中无疑对环境的变化有着直接的影响，然而，地理环境反过来对民族族群体的形成与发展也有着重大意义，以至每一个民族身上都会被地理环境打上深刻的自然印记。民族间的关系发展好坏，表面上看主要受民族间生产发展程度、语言、习俗、文化等因素的影响，究其实质，上述不

---

① 当然，我们也并不否认，随着人类社会的更进一步发展，随着可持续发展意识的增强及其在实践中的有效落实，通过各民族的共同努力，未来的"人地关系"完全是有可能得到理顺的。

② 尽管此过程中存在不少的"胁迫因素"，但并不能因此而否认其中"自发地为适应环境变化而产生的趋同努力"。

③ 这种协调有可能是迫不得已的，但毕竟会在一定程度上使原来渐显紧张的"人地关系"得到缓解，因而蕴藏的积极意义应该得到肯定。

④ 参阅〔美〕乔治·威廉斯（George C. Williams）著《适应与自然选择》，陈荣霞译，上海科学技术出版社，2001，第3页。

少问题的产生又皆与地理因素有关；既然如此，实践中我们在制定民族政策和研究处理民族问题时，就要考虑民族间"人"的因素，同时也要考虑到民族间"地"的因素。"人地"两者间相辅相成，才会相得益彰和促进民族地区的和谐共进。

自然环境与人文环境的变迁乃是影响民族演进与发展的基本地理因素，实践证明，对环境的感知、适应与改造方式，对一个民族的发展至关重要。壮族对自然环境的适应，主要体现在与农耕生产生活相关的各个领域当中。事实上，从水、土、林资源的利用、保护，到农耕生产的开展与农作物的种植，再到畜牧与狩猎的发展，都需要充分考虑所在区域自然环境的差异，并采取合理有效的适应对策才能获取较佳的经济效益。壮族对人文环境的适应，主要体现在壮族分布版图的变迁、壮族自身形象的塑造及与其他民族关系的调适等方面。总的来看，"汉化"是其主要的适应方式。

壮族对自然环境和人文环境的适应，应该是相互联系和互有制约的；适应自然环境的过程，也即是壮族利用和改造自然的过程；同时，壮族地区人地关系的调适，往往又会反映到人文的制度层面上。换言之，壮族适应人文环境变化的某些措施[①]，最终又会对所在地区自然环境的变迁产生作用。显然，壮族的环境适应过程，应是多种因素参与互动的过程。

事实也的确如此。作为广西壮族自治区境内的世居民族，壮族的繁衍与发展无疑是一个不断地与自然环境及人文环境进行适应、调整甚至斗争、改造的过程。事实上，壮族传承下来的各种具有特点的生活生产方式和宗种习性，无一不是在适应环境和改造环境的过程中形成的；如果在相对封闭的环境里一直走下去，民族的特有足迹会越发强烈地彰显下去，同时民族矛盾与冲突也很难似我们想象中的尖锐，甚至根本就不会存在。当然，上述情况即便存在，也不见得就是好事，毕竟在封闭环境下成长起来的民族，无论如何也难以使自身成为世界民族之林中的一员。

封闭只能是一种不切实际的空想，环境间的差异与开放并非仅仅对一部分民族是合适的。事实上，任何民族基于生活或其他方面的现实需

---

① 诸如习俗和社会制度的变迁等。

求而迁徙到新的环境后，均会或快或慢地适应新环境，甚至还有可能比世居民族更加适应新的环境。

壮族的生活环境同样如此。不容否认，在一个相当长的时期内，作为岭南地区①的世居民族，壮族不仅在适应和改造环境的过程中创造出了自身丰富而辉煌的民族历史与文化，而且也以自身的努力留下了改造环境的深深印迹。尽管如此，随着国家制度的不断深入与扩大，随着中原地带，尤其是两湖地区汉民的不断南迁，壮族地区渐趋成了壮、汉、瑶、苗等各民族和平共处与共同发展的摇篮。环境单一与相对封闭状态被打破，慢慢地，"人地关系"也开始显露出了与过往不一样的紧张态势；很显然，此种情况下，如何处理好"民族关系与人地关系的适应性问题"也就有了十分重大的理论意义与实践价值。

毋庸讳言，自秦汉，尤其是明清以来，壮族生活地区的壮汉以及壮与其他民族间的关系犬牙交错、跌宕起伏。其中既有矛盾、冲突与斗争，也有彼此间的适应与融合。由于"人地关系"紧张局面的加剧以及封建统治阶级民族歧视政策的影响，壮汉矛盾时显突出，不过，历史的事实却反映出壮族人民于不知不觉中的"汉化"趋势。历史再一次说明，环境不易分割，民族需要共处，更何况自唐宋至今，壮族与汉、瑶、苗、侗等其他民族事实上又结成了一种经济上相互依赖、文化上相互影响、政治上相互依存的在生态学上称之为"共生"的现象。这一点恰恰是搞好民族团结、实现民族地区稳定和建立和谐的民族关系的得天独厚的有利条件。

众所周知，在多民族国家内，民族问题始终是影响边疆稳定、国家安全的重大问题。我国如此，其他国家也不例外。由于民族间的演进过程并非是在平和的状态下进行；由于民族间无论是政治经济还是文化的影响力又存在极大差异；由于历史上以及现实中或多或少存在着的某些不利于民族团结政策的影响；由于民族间生活与生产环境的差别；由于全球经济一体化所导致的民族关系的世界性趋势；由于"人地关系"紧张之态势正在日益彰显出对民族关系的影响力，因此，处理好民族关系

---

① 范围涵盖两广以及湖南、贵州、云南的一部分地区。

不仅对各民族的和谐共处和促进民族地区社会经济的持续稳定发展意义重大，而且也对我国的稳定繁荣，至关重要。

作为具有悠久历史的、统一的多民族国家，我国的55个少数民族，总体上看，绝大部分至今仍分布在边疆地区。新中国成立后，党和国家十分重视各民族的经济文化发展，再加之自古以来我国各民族在建设和保卫祖国过程中所结下的深情厚谊，我国的民族关系不仅健康和谐，而且也都为国家的繁荣富强做出了自己的贡献。尽管如此，由于历史原因和现实情况的影响，现阶段的我国还不能说各民族间不存在任何矛盾与冲突。过去，我们更多地习惯从历史文化、经济发展和政策扶持的角度去寻找化解途径，以至忽视了客观存在的"人地关系"对"民族关系"的影响。① 事实上，客观存在的"人地关系"不仅对民族地区的"紧张态势"有强化的趋势，② 而且"人地关系"的缓解对"民族关系"的化解以及促进民族地区，乃至是整个国家的持续稳定发展都具有重要意义。

总之，要研究和解决民族问题，既需要了解一个民族的过去，也需要了解各民族与地理环境相互间关系的演化过程，进而据此理解各民族所面临的困境和发展需求。现阶段加强民族地理，尤其是西部边疆省区民族历史地理演进过程中的"人地关系"问题的研究，既是学术发展的必然要求，也是民族发展的现实路径选择。

壮族人口众多、分布地域广阔，同时其生活与生产地区的环境态势在当前情况下又大多比较脆弱，因而，强化对壮族地区的"人地关系与民族关系的适应性问题研究"，不仅有着相当的必要性与现实意义，而且对民族地区社会经济的可持续发展、民族地区的团结稳定具有重大影响。不仅如此，基于对壮族发展历史与现实的综合考察而形成的"人地关系与民族关系适应性问题的研究成果的取得"还将对民族学、地理学、政治学以及经济学等学科的发展具有重要启发。

20世纪以来，对壮族问题的研究，国内外的相关成果不少，但基于

---

① 当然，我们在此并非认为现有的民族政策脱离实际，我们只是强调，对"人地关系"的重视会使我们的民族政策找到更多的能充分发挥出自身作用的支撑点与立足点。

② 何况民族地区的环境状况本来就相当脆弱，因而处理好民族地区的"人地关系"更具现实意义。

民族历史地理之视角来探讨壮族地区人地关系和地理环境适应性的研究成果却仍显薄弱。事实上，在制定民族政策和研究处理民族问题时，如果我们不充分考虑到民族关系与人地关系彼此间复杂的互动影响，那么，我们不仅难以真正寻找到民族间矛盾与纠纷产生的深层次原因，而且也不可能真正认识一个民族的现状与未来。显然，目前基于壮族与环境之间的适应性关系而进行的民族关系与人地关系的研究，不仅学术上必要，而且也能为有关部门正确制定民族政策、促进边疆地区民族团结以及保持边疆地区社会的长治久安，提供有益的理论思考与经验借鉴。

第二节 研究思路与方法

一 研究思路

在现实生活中，任何一个民族的生存与发展都离不开与之相伴的自然与人文环境，因此，在环境演化过程中，一个民族对环境的感知与适应能力如何，不仅关系到他们的生存状况、未来发展，而且也关系到他们自身的地域分布格局、经济活动能力、习俗文化影响与生产生活方式选择等诸多因素的空间演化进程。历史上，受地理因素的影响与制约，壮族不仅在地域分布的空间格局上出现过复杂的变动，而且在不同时空范围内，因自然与人文环境的变迁，壮族相应地也在农耕生产、畜牧、狩猎以及文化等领域采取过不同的适应措施。这些适应措施与环境相互影响，形成了壮族历史上的民族变迁与人地关系间的十分复杂的互动关系。事实上，也正是有鉴于此，为有效地探究壮族发展演进过程中的"民族关系与人地关系"问题，研究过程中，在史料的运用上，我们主要是将民族学调查材料与地方史志材料有机结合，正史与私人笔记、碑刻资料、族谱资料参照使用；在理论上则充分借鉴现代地理学、生态学、环境学、民族学、政治学、经济学和人类学的相关理论；在具体研究中则以"人地关系"中的环境适应问题为主要突破点，不仅重视壮族族群形成和演进过程中的环境影响与环境适应问题，而且还在此基础上将壮族先民的生产、生活方式的选择与环境的特点及演化过程有机地结合起来。此外,在探讨壮民族的居住地变迁、族属身份认同、语言文字形成、婚俗特征、服饰变化以及居住环境等有关民族形象构建问题时,我们还将中央王朝对壮族地区的统治变化、汉人口迁移的影响、各民族相互间的交流与认同以及环境的变化等情况有机地结合了起来。最后,归纳分析壮族演进过程中有效处理"人地关系与民族关系"和实现自身可持续发展的基本规律、特点、机制,形成有效实现壮族地区"民族关系与人地关系"持续、稳定、和谐发展的对策措施。

二 研究方法

考虑到"民族关系与人地关系"两者间关系的复杂性及其对民族地区稳定和谐发展的重要影响,研究中我们除了将民族学调查材料与地方史志材料有机结合以及将正史与私人笔记、碑刻资料、族谱资料进行综合运用外,还广泛运用了理论演绎与实证归纳相结合、静态与动态分析相结合、抽象与具体分析相结合的分析方法。

第三节 研究重点与难点

一 研究重点

本课题研究重点主要集中在10个方面:(1)通过对壮族地区自然环境与人文环境两个层面适应问题的研究,深入探讨壮族发展策略选择与地理环境的互动关系,进而在此基础上揭示出壮族地区人地关系演化的实质和实现民族地区的稳定与和谐发展;(2)深入剖析自然环境与人文环境的变迁对民族的形成、发展以及民族关系处理的具体影响;(3)人地关系与民族关系的内涵剖析以及人地关系对民族关系变化和民族人口迁移的影响;(4)基于历史演进和人地关系视角的壮民族分布版图变迁的特点、原因剖析以及壮民族发展过程中的民族聚落选择的历史与地理影响因素探讨;(5)人地关系变化对壮族的耕作技术变革、种植结构调整以及畜牧和狩猎方式选择的具体影响;(6)壮族形象塑造与嬗变的基本规律及其人地关系变化在其中的重要作用;(7)壮民族发展过程中的生态适应策略选择问题探讨；（8）壮族"汉化"与汉族"壮化"现象形成的人地因素分析；（9）人地关系对壮族民族关系影响的类型与途径；（10）基于民族关系与人地关系视角的广西民族地区和谐、持续、稳定发展的对策选择。

二 研究难点

本课题拟在 8 个方面有所突破：（1）如何在深入探讨民族关系与人地关系内涵的基础上，构建起一套有效处理好民族地区"民族关系与人地关系"的对策模式；（2）如何借助于"民族关系与人地关系"的协调来实现民族地区的和谐稳定发展；（3）如何在"民族关系与人地关系"的探讨中揭示出历史和现实中的壮族"适应环境的机制与机理"规律；（4）如何挖掘出"人地关系"对壮族的民族认同、民族行为倾向选择、城市演进的时空轨迹变化、民族个性心理和民族形象变化、社会组织与文化演进的地域特色形成以及壮汉文化多元交汇现象良性发展的深层次影响；（5）壮族形象塑造与嬗变的基本规律及其人地关系变化在其中的重要作用；（6）基于历史演进和人地关系视角的壮民族分布版图变迁的特点、原因剖析以及壮民族发展过程中的民族聚落选择的历史与地理影响因素探讨；（7）自南宋至元、明、清时期的壮族分布版图变迁的历史演进轨迹及其深层次的人地因素影响；（8）如何在理论上通过对壮族调适人地关系的个案研究，既深入探讨中国民族地理学研究的理论与方法问题以及进一步完善民族历史地理研究的理论框架，同时又力争为正确处理民族问题提供科学的理论依据及实践借鉴。

第四节 国内外相关研究现状述评

一 民族关系与人地关系适应性问题研究现状及述评

（一）人地关系的理论演进脉络

人地关系，狭义而言主要指人口与耕地间的关系；广义而言，则包括了人类社会和人类活动与自然环境相互间影响与制约关系的总和。作为"社会性的人",人地关系理论中所谓的"人",是指在一定生产方式下从事各种社会活动的人;"地"不仅包括地球系统的岩石圈、水圈、大气圈、生物圈诸要素共同构成的自然环境,也包括因人类作用而改变了自身的人文地理环境,因此,探讨"人地关系"时就不能仅仅基于自然环境的范畴来加以考虑,而是需将自然环境与人文环境有机结合起来进行剖析。人地关系理论是人文地理学的基础,现今又成了区域经济学、发展经济学、民族学甚至是政治学研究的重要考虑基点。人文地理学是以人地关系的理论为基础,探讨各种人文现象的分布、变化、扩散以及人类活动空间结构的一门科学,既包括对物质生产流通的研究,① 也包括对居民及人类居住场所和栖息规律的研究②;此外,诸如非物质的文化意识形态、行为方式选择与风俗习惯等的研究也是"人地关系"理论研究的内容。③ 考虑到各类环境对人类和民族生存发展的重要影响,考虑到随着人类社会进步以及民族发展对相关环境所造成的影响越来越显著,④ 考虑到可持续发展不仅成了各民族发展的共识,而且事实上也正在引导着人们进行生产与生活方式的调整,因此,近年来无论是经济学研究、地理学研究、生态学研究,还是民族学和政治学研究都将"人地关系"理论提上了议事日程。

人地关系是一对既矛盾又和谐的辩证关系,其思想源远流长,最上可追溯至古希腊的希波革拉第(前460~前377)所著的《论空气、水和地方》。事实上希波革拉第只初步认识到了诸如空气和水之类的自然环境对人类生存与发展的重要意义;柏拉图(前427~前347)和亚里士多德的(前384~前322)也分别在其相关著作中体现出了"人地关系"思想的萌芽。对"人地关系"进行专门研究和提出系统理论观点的学者当推德国地理学家拉采尔(F. Ratzel,1844~1904),其在《人类地理学》中不仅充分阐述了地理环境对人类分布和发展的支配作

---

① 如经济地理学、商业地理学、流通地理学的研究等就属此类。
② 诸如人口地理学、城市地理学、村落地理学、旅游地理学等学科的研究即属此类范畴。
③ 换言之,诸如政治地理学、社会地理学、文化地理学、军事地理学、人才地理学、行为地理学等也是"人地关系"理论研究的重要组成部分。
④ 有的影响甚至还是不可逆的。

用，而且还对人类掠夺环境的方式方法进行了剖析。尽管其认识常常导致论断与事实的不符，①但毕竟使人们开始反思自身的生产生活方式并进而理性看待一直被忽视的"人地关系"。自此后，不仅"人地关系"逐渐受到重视和关注，而且地理学、环境学、生态学、土地科学、人口学、经济学、农学、社会学以及民族学的研究等也开始涉足"人地关系"领域。

由于社会经济发展水平与认识程度的影响，应该说在"人地关系"的研究方面，国外的研究在系统性方面和研究成果等方面均远远走在了我们的前面。事实上，自19世纪李特尔创立人文地理学后，人地关系研究即开始成为人文地理学研究的核心问题并形成了侧重于对人类活动限制作用的地理环境决定论；反映人类活动能动性和地理环境作用概率特征的环境或然论；维持人与自然生态系统平衡的环境适应论和人类生态学；人类通过文化创造和文化积累改变地理环境的文化景观论等理论。李特尔之后，英国的麦金德又将人类历史发展与地球陆地空间位置相结合，提出了以人地关系为基础的"大陆腹地"概念；而阿钦努的《地理学的理论问题》则改变了苏联将自然地理学与人文地理学割裂的做法并进而使人地相关思想重新得到承认和重视。20世纪60年代以来，人地关系协调论不仅逐步被公认和提倡，而且计量方法、生态理论、系统理论、协调理论和控制理论、感应理论与行为理论等被广泛引入地理学研究中，结果又使人地关系的研究从定性描述转向定量与定性结合，尤其是对于微观地区研究的更加深入，又使人地关系理论找到了更佳的落脚点和拓展空间。为避免空间分析等学派分析的机械性和将人地关系物化的倾向，1976年出现的"人文主义地理学"（humanistic geography），从正面探讨了地理学人地关系中的人的主观能动性问题，从而进一步完善了人地关系理论的基础框架。20世纪80年代以后盛行的"可持续发展理论"更是将"人地关系理论"演绎到了一个新高度，同时，实践中将"人地关系理论"与"可持续发展实践"有机结合起来，也成了全球绝大多数国家

---

① 例如，拉采尔过分夸大环境对人类社会发展的支配作用及其对环境因素的被动适应，没有抓住"人地关系"的实际要领与发展取向。

和民族共同的认识和选择。①

与国外研究相比较,在"人地关系"的研究方面,我国也有着自身的特点和取向选择。从思想源头上看,《山海经》《尚书》《周易》《史记》《汉书》和《齐民要术》等典籍就已涉及了自然要素、人文要素和人地关系的记载和论述,而且也都蕴含了天时、地利、人和的"因地制宜思想"。从总体上看,我国古代地理学和其他相关学科对人地关系的描述多为现象罗列或堆积,缺少系统性、具体性和因果关系的分析。此外,由于认识水平和社会经济发展程度的影响,在很长的一段时期内,在"人地关系"理论研究和实践运用方面,我们也几乎没有跳出过"过去的认识圈子"。新中国成立后,尽管情况有了很大改观,但由于人所共知的原因,我国人文地理学一度遭到否定,同时,地理学的自然研究与人文研究出现严重割裂,科学体系的建立被长期中断。20世纪80年代以来,随着我国改革开放的不断推进,人地关系在科学体系和理论体系的构建、国际学术前沿领域的追踪、人地关系地域体系打造等方面均取得了长足进展;突出的像吴传钧、左大康、邓静中、陈传康等人的开创性工作,不仅构建起了人地关系地域系统的理论及其内容框架体系②,而且还根据一定地域内人地系统的动态仿真模型和系统内各要素相互作用的结构与潜力,预测了特定地域系统的演变趋势,进而最终构建起了不同层次、不同尺度的各种类型区域人地关系协调发展的优化调控模型。此外,胡兆量等人探讨了技术在人地关系中的媒介作用;曹诗图则研究了文化与地理环境间的关系;马洪元分析了民俗演化与人地关系发展的内在联系;王爱民等学者分析了人地关系研究中的土地利用特征指标;刘毅等人则将

---

① 由于"人地关系"理论涉及面广,再加之研究中人们对"人地关系"内涵把握得欠清晰,因此,国外的研究方向便主要集中在如下五个方面:一是土地、人口、生物多样性等较普遍的领域;二是从灾害角度研究人类活动与环境的关系,比如,人类在河流两岸定居和水灾的关系等;三是经济发展和自然资源保护间的关系;四是从农用地、未利用地等的环境成本核算来研究人类活动代价;五是从权力、知识、生态彼此间的区别和联系来研究人地关系问题。

② 包括人地系统地域系统的形成过程、结构特点和发展趋势的理论研究;人地系统中各子系统相互作用强度的分析、潜力估算、后效评价、风险分析;人和地两大系统之间的相互作用,物质、能量传递与转换的机理、功能、结构和整体调控的途径与对策;地域的人口承力分析等方面内容。

人地关系与区域发展战略调整有机结合了起来；李香云等人分析了人类活动对土地荒漠化的主要影响；岳天祥等人研究了湿地生物多样性变化与人类活动的关系等。我国学者在研究中存在的不足也是比较明显的：一是客观角度分析的多，结合区域和民族发展实际需求的少；二是理论层面上缺少与哲学等其他学科的有效沟通与合作，应该说，这是与国外同类研究的最大区别[①]；三是定性研究的多，定量分析的少，理论分析和综述的多，来源于试验和调查的较少；四是对区域不同时段内不同自然地貌、不同行政层次[②]人地关系对比研究的较少，同时，学科交叉的有效性也做得不够；五是对造成人地关系紧张的现象性因素描述的多，而对其中的相关机理分析和制度构建探讨的少；六是缺乏基于民族关系和民族发展基础上的人地关系优化问题研究；七是人文地理学及其分支学科的科研队伍缺乏长期的稳定性，主要的科学家或科研骨干力量仍然局限于一小部分人。

鉴于我国"人地关系"理论研究现状及其人地关系实际，为进一步推进我国"人地关系"理论研究进程并使其在实践中发挥出指导作用，近年来，在"人地关系"理论研究方面，我们有必要在如下方面进行突破：一是力争在多层面上构建人地关系理论框架，包括人地关系理论架构的哲学思考、现代哲学思潮和流派指导下的人地关系理论构建、现代产业发展模式下的人地作用机制和区域响应、典型人地关系地域系统的形成与演变机理、人地系统中各要素的作用关系及其空间模式；二是重视在传统的中观时空尺度研究的基础上，积极向多极空间尺度方向发展，为此，在地域系统综合研究和层次细化研究方面，一方面注重人地整合和跨专业、跨学科的实质性合作研究，另一方面则进一步加强物理、化学、生物与人类活动过程的微观机理分析，同时，注重对物质迁移、能量交换等动态环境过程的研究；三是在研究方法上，注重实地调查，并结合历史数据分析，在工具选择上，除了应用计算机硬件、软件外，还应结合先进的遥感、全球定位系统和实验观察检测工具，以减小误差；四是进一步加强研究成果在实践中的推广运用，切实消除人文地理和自

---

① 事实上，中国近五百年来落后于西方，地理学理论研究与运用上的落后也是一个不容忽视的重要原因。
② 如省市级和县区级的行政单位。

然地理的二元分割现象,在有效化解土地利用问题、环境污染问题、资源问题、粮食安全问题、人口问题及贫困化问题的基础上,促使人地关系研究成果走向"应用"道路;五是将人地关系问题的研究引入对民族问题、民生问题、国家安全问题、国际合作问题的探讨中。

总之,在"人地关系"问题的研究中,国内外学者的研究尽管在取向和方法等方面存在着不少差异,然而,相互间在相关学科前沿问题的把握上,又有着一定的共识:首先,在区域可持续发展及人地系统机理内涵上,大家都认为掠夺式的开发和不合理的经营管理,既是导致自然资源枯竭和环境退化等一系列社会问题的根源,也是制约人类社会可持续发展的严重障碍。其次,在全球环境变化及其区域响应人地关系地域系统研究方面,除继续采用地理学经典方法之外,① 还需采用过程研究方法来深层次地揭示地球表层格局与过程演化态势、动因机制及其耦合规律,进而在此基础上预测其未来的动态变化和发展趋势。最后,在社会生态与环境伦理构建方面,由于不同地区及国家间的利益分配存在矛盾,因此,人与自然关系的和谐发展,既离不开人与人关系的正确处理,也更需国际社会共同合作解决。

人地关系研究的主要趋势必然是走向综合,而这一点又恰恰表现为多学科理论与方法的综合、尺度的综合以及要素结构与地域结构的综合②;同时,对人地关系地域系统的定量研究不应仅考虑要素结构,还需从地域结构层面来设定两者的有机整合。考虑到地域既是有等级划分的③,同时又非均质体,其内部存在着一个个的"结点",因此,在研究人地关系过程中的地球表层空间结构时,对空间结构一般概念中的要素问题就应做宽泛的理解。④ 在人地关系地域耦合系统实证研究中,空间秩

---

① 主要指区域研究解决区域性综合问题的方法。
② 研究尺度综合及有机整合模型的构建又是人地关系地域系统研究的两大难点问题。
③ 最起码而言,地域结构就包括了背景地域、次级地域和相关地域三个层次。
④ 一方面,要素是指组成地球表层或其某一级别子系统的各种地理要素(包括自然地理要素和人文地理要素);另一方面,对地球表层的非最末级的地域子系统而言,这里的要素除了上述理解之外,还指这个地域子系统的下一级地域单元,这样理解的要素又可以称为组成部分,从这个意义上理解的空间结构则可以叫作"地域结构",即某地域内次一级地域之间相互作用形成的一种空间结构。

序研究就是对地域结构进行研究,而对地域结构的研究又可以转化为地域差异的研究,即对不同地域可持续发展水平和状态的研究;相比较而言,时间序列的研究则是对不同区域可持续发展水平的发展、变化进行分析,动因机制的研究就是从单个区域内部和从地域系统的角度来分析某一时段内可持续发展水平及状态的区域差异以及这种差异的发展与变化。我国是一个多民族大国,各民族发展历史不同、分布地域有别,因此在促进民族地区可持续发展以及构建和谐稳定的民族关系和人地关系时,区域空间差异和要素协同理论就有了相当的现实意义。

(二) 区域可持续发展理论演进脉络

人地关系研究无疑是一个涉及面十分广泛的系统工程,尽管表面上看,实现人与自然的和谐共处和合理互动乃是人地关系研究的目标与落脚点,然而,基于动态发展之视角,可持续发展目标的实现更是人地关系研究与实践中运用的根本归宿。既然如此,研究人地关系问题也就不得不涉及对可持续发展问题的认识与理解。

我们对可持续发展问题之认识起源于20世纪中后期的自然环境保护运动,它是人们在探索经济发展与环境保护两者的辩证关系中,通过对经济增长、社会公正、环境稳定三个协同共生关系的不断认识、理解、实践而获得的一种全新的发展观。总体上看,这种全新发展观的形成,先后经历了三个阶段:第一阶段为20世纪40年代中期至60年代中期的发展观:发展=经济增长+社会变革。第二阶段为20世纪60年代末至70年代末的发展观:增长不等于发展,因为发展既包括经济发展,又涉及社会发展,同时,发展还应顾及环境、生态与未来,尤其是不能以破坏生态、牺牲环境与未来来谋求所谓的发展。1968年,罗马俱乐部《增长的极限》研究报告的发表给传统的发展观敲响了警钟;1972年联合国在斯德哥尔摩的第一次世界性的"联合国人类环境会议"上,又通过了著名的《人类环境宣言》。尽管如此,受时代与认识的局限,此阶段还停留在仅就环境问题来谈论环境治理问题,因而也就没有从根本上找到解决人类面临困境的出路。① 第三阶段为20世纪80年代以来的发展观:从

---

① 这一时期的发展观还是为后一时期可持续发展观念的诞生提供了认识基础。

可持续发展观念的提出到形成全球共识。由国际自然保护联盟（IUCN）牵头，联合国环境规划署（UNEP）和世界野生动物基金会（WWF）等国际组织共同参与的研究团体，于1980年发表了《世界自然保护大纲》的重要报告，并首次提出了"可持续发展"的观念；该报告尽管未能明确给出"可持续发展"的定义，但人们一般仍认为可持续发展观念还是起源于此。[①] 1983年12月联合国成立了由当时的挪威首相格罗·H. 布伦特兰（Gro Harlem Brundtland）任主席的世界环境与发展委员会（WCED），该委员会于1987年向联合国大会提交了《我们共同的未来》（*Our Common Future*）的研究报告；该报告不仅明确给出了"既满足当代人的需求，又不对后代人满足其需求的能力构成危害的发展"这一普遍得到接受的可持续发展的定义，而且还明确提出"可持续发展"应是世界各国的共同目标与奋斗方向。1992年6月3~14日，有183个国家的代表团、102位国家元首或政府首脑参与的联合国环境与发展大会在巴西的里约热内卢召开，会议以"可持续发展"为指导方针，通过了《21世纪议程》等一系列环境与发展文件。尽管《21世纪议程》并非一个具有法律约束力的文件，但它毕竟代表了一种政治承诺，因而仍具重要意义。会议之后，我国政府于1994年率先推出了《中国21世纪议程》。至1996年上半年，全球已有100个国家设立了专门的可持续发展委员会，1600个地方政府制定了当地的"21世纪议程"，至此，可持续发展的理论研究与实践探索开始风靡世界各地。

随着实践的不断发展以及认识的不断深入，应该说国际上关于可持续发展问题的研究还是取得了十分可喜的成绩。然而由于这些研究及其成果欠缺应有的系统性，再加之因囿于研究者所在区域的局限而缺乏应有的比较分析，因而研究成果的普适性与可操作性仍待更进一步的提高。其实，由于各国、各地区所处情况的复杂与相异，因而如何根据各国、各地区的具体情况来设计和制定有利于区域可持续发展的激励相容的制度安排，应当更具理论与实践意义。另外，大多数的研究成果侧重于对国家意义上的可持续发展问题的关注，而并未有目的地关注国家或地区

---

① 叶民强：《双赢策略与制度激励》，社会科学文献出版社，2002，第21页。

内部的区域及其区域间可持续发展问题,应该说也是令人遗憾的。其实全球大多数国家的情况并非千篇一律,因而离开了区域间在可持续发展问题上的协调与共赢,又何来国家,乃至于全球范围的可持续发展呢?还值得一提的是,国际上对可持续发展问题的研究常常不约而同地倾向于从经济、生态、社会等方面入手,而基于政治分析与公共选择方面的研究却并不多见;事实上,实践中恰恰是政治的力量、政府的选择在相当程度上影响到经济系统、生态系统与社会系统的可持续发展情况。

与国际上的研究情况相比较,中国的可持续发展理论研究虽起步较晚,但取得的成绩却不容低估。具体说来,我国可持续发展理论与实证研究工作的重点领域主要体现在三个方面。第一是可持续发展理论的系统学方向研究。应该说早在布伦特兰夫人提出可持续发展的定义之前,我国的马世骏院士在20世纪70年代即从生态学的角度,先后提出了复合生态系统的可持续发展思想;可持续发展的概念提出之后,国内学者在学习、借鉴、应用外国学者相关研究成果的同时,从中国实际情况出发,独立地开创了第四个研究方向——系统学方向,并据此建立起了人与自然、人与人关系的统一评判规则。第二是可持续发展评价理论研究。自提出《中国21世纪议程》之后,国内的相关政府部门与学术界不仅非常重视可持续发展理论的研究,尤其是其中的评价理论的研究与运用工作,而且也取得了不少研究成果。[①]当时,除了相关政府机关、研究所、高校分别构建起了国家级和省级可持续发展的评价指标体系与监测系统外,部分学者还紧紧围绕评价理论与方法展开讨论、研究。应该说这些方面的研究与讨论不仅大大丰富了我国可持续发展评价理论的研究内容,而且也无形中缩小了与国外同类研究的差距。第三是可持续发展的战略实施与能力研究。

尽管近年来国内各界在可持续发展理论的研究上取得了不少成绩,然而从整体上看,与国外的同类研究相比,差距仍比较明显:一方面在实施可持续发展战略与能力建设中的制度和政策研究上仍有待深入;另一方面在区域可持续发展的评价理论与方法研究上不仅无法实现有效的

[①] 这一点突出体现在五大评价指标体系的形成上:北京大学的可持续发展指标体系、中国科学院的可持续发展指标体系、国家统计局和中国21世纪议程管理中心的可持续发展指标体系、中国城市环境可持续发展指标体系以及闽东南可持续发展指标体系。

动态评价,而且也还存在着明显的"重经济评价而轻环境、资源与人文评价"的现象。不仅如此,可持续发展理论研究,对国家总体的可持续发展问题表现出高度关注,但对国内各区域的可持续发展问题投入精力较少。其实,作为一个发展中的大国,国内各区域间不仅可持续发展的现状与基础差别很大,而且因自身利益的影响,各地方政府还极有可能自觉与不自觉地拒绝国家可持续发展的政策与制度安排。近年来国内出现的"市场大战""原材料大战""招商引资大战""地方保护主义""重复建设""过度竞争"等现象其实都是各地方政府间作为理性经济人而相互竞争的结果。尽管地方政府间的竞争也有许多优点,然而过分地放纵,则完全有可能有碍可持续发展战略目标的实现。

(三) 民族关系与人地关系理论研究演进脉络

民族问题不仅关系到国家的团结稳定,而且还对促进民族地区自身的发展和繁荣具有重要意义,因而对民族问题的重视不仅在理论界得到了充分体现,而且在实践中也得到了比较好的贯彻落实。

民族关系的协调与民族问题的解决当然需要从国家战略和民族发展的角度综合考虑,然而,基于"人地关系"视野来拓展我们对民族问题的认识并形成行之有效的促进民族地区经济发展和协调民族关系的对策措施,也具有相当的理论意义与实践价值。

也正如我们前面所分析的那样,现实生活中,任何一个民族的生存与发展都离不开与之相伴的自然与人文环境;同时,在民族自身繁衍与发展过程中,环境的变化也无形中会留下其适应、改造甚至是征服的痕迹。在环境演化过程中,一个民族对环境的感知与适应能力如何,不仅关系到他们的生存状况、关系到其与周边相关民族的关系与地位、关系到他们未来的发展前景,而且还会深刻影响到他们自身的地域分布格局以及经济活动、政治生活以及习俗文化等诸多因素的空间演化进程。事实上,也正是有鉴于此,20世纪以来,国外地理学界已经开始注意民族演进与环境变化间的关系,尤其是民族关系与人地关系的研究工作;一些学者甚至还明确提出,地理环境乃是"民族产生和发展的必要条件,是民族过程赖以展开的最有效之舞台"。历史上,受地理因素的影响与制约,不少民族不仅在地域分布的空间格局上出现过较为复杂的变动,而且在不同时间格局上，因自然与人文环境的变迁，这些民族相应地还在农耕生产、畜牧、工业生产、商业活动、狩猎以及文化活动等领域采取过不同的适应措施。这些适应措施与环境相互影响，形成了相关民族历史上的民族变迁与人地关系间的十分复杂的互动关系。民族的变迁、发展与自然环境和人文环境之间有着复杂的关系，因此，实践中在探讨相关民族的变迁、稳定、发展以及与其他民族的关系问题时，仅从民族史的角度加以研究，显然是较难得出令人信服的答案的；相反，它却需要我们在继续重视民族史研究的同时，还必须从与之密切相关的自然环境与人文环境变化以及各民族自身对环境的感知与适应的角度来进行深入的探索。

在探讨民族发展变迁过程中的"民族关系与人地关系的适应性问题"时，民族地理学的研究应该说是走在前面的，而民族地理学的研究，最初又是从理论探讨开始的。在民族地理学等相关领域的研究过程中，与国内的研究相比，国外的研究工作起步要早得多。早在19世纪末，德国地理学家F.拉采尔所著的《人类地理学》即被认为是研究民族地理学及"民族关系与人地关系互动"的源头，尤其是他所提出的"迁移论"在民族历史与民族地理的研究领域就曾产生过广泛的影响；20世纪早期，美国的人类学家威斯勒、克罗伯等人通过对文化要素分布和传播问题的研究，深入探讨了自然环境与民族文化之间的关系并形成了以研究民族文化地域为主线的民族地理学派[①]；之后一些学者又在上述研究工作的基础上提出了与民族地理学密切相关的民族生态学理论。应该说所有这些研究均在一定程度上推动了世界范围内的民族地理学与民族历史学的研究工作。相比较而言，我国直到20世纪末，受日渐严重的生态危机的影响以及随着环保和可持续发展意识的增强，生态民族学的研究才渐成风气。然而，考虑到民族生态学研究的重心乃是民族地区的自然生态环境，对其中的民族主体关注不够，特别是民族生态研究的出发点并非从"人地关系"的视野来探讨和化解民族发展中的相关问题，因此，严格说来，发端于20世纪末期的我国民族生态学的研究内容与指向，实际上与民族地理学强调的人地关系研究是有一定距离的，因而其在解决"民族关系

---

① 石川荣吉、佐佐木高明：《民族地理学的学派及学说》，《民族译丛》1986年第5期。

与人地关系适应性问题"时的作用无形中大打折扣。①

不仅如此,20世纪初以来,国外学者还在实践上陆续对民族地理以及相关的民族历史作了一些个案研究,其中,较有影响的有美国学者克罗伯及其所著的《北美土著民的文化领域和自然领域》等。国内学者基于民族历史之视角来研究民族地理问题则始于20世纪30年代,当时,著名学者张其昀所撰的《中华民族之地理分布》一文就被称为"中国民族地理学的滥觞之作";此外,老一辈历史地理学家谭其骧、史念海、方国瑜以及苏北海等也都在各自的研究领域为民族地理问题的研究做出过贡献。还值得一提的是,著名民族学家凌纯声、张印堂、吴文晖以及费孝通等在新中国成立前也曾在西南民族地区展开过民族调查,对民族地理分布、经济生活、民族风情及与地理环境的关系等展开过一些零星的研究;安介生所著的《历史民族地理》,则对中国自先秦至清代的民族地理做了较为深入的探讨;新中国成立后,国家不仅实施了民族平等政策,而且还鼓励民族学者深入民族地区进行调研和开展民族问题研究,因而当时尽管没有真正有意识地从人地关系的角度来研究民族关系与民族问题,然而,新中国成立初期在民族地区调研中所收集的大量资料以及出版的部分研究成果还是为以后"民族关系与人地关系适应性问题"的研究创造了良好条件②;改革开放后,对民族问题研究的重视更使得民族问题的研究领域得到了极大拓展,此时期不仅民族历史研究成果迭出,而且民族地理、民族经济、民族生态、民族政治、民族文化、民族艺术等领域的研究也取得了比较多的研究成果;在民族关系与环境变化的关系研究方面,刘祥学的《壮族地区人地关系过程中的环境适应研究》和王冠雄的《基于

---

① 其实,民族生态学与民族地理学间的界限并不明显,问题的关键是,民族生态学研究没有太多地着眼于民族历史的生态演进脉络,因而在化解民族关系与人地关系矛盾的过程中,民族生态学的政策意义无形中降低了。
② 1956年,为挖掘和抢救少数民族地区珍贵的研究资料,在当时的全国人民代表大会民族委员会的领导下,国家抽调了北京地区各高校和研究单位的专家学者与相关地方的专家组成了八个省区的少数民族社会历史调查组,并计划为全国的每一个少数民族编撰一部简史和简志;事实上,正是在此情况下,全国产生了一批民族研究成果。以广西为例,1957年广西人民出版社即出版了由黄现璠编著的《广西僮族简史(初稿)》(此乃由壮族人自己编著的第一本壮族历史书);1958年又由民族出版社出版了黄臧苏编写的《广西僮族历史和现状》。

GIS 的广西壮语地名空间分布和历史变迁研究》做出了很好的示范和达到了比较高的研究水平。总的说来,自 20 世纪初以来,对中国民族问题的研究,仍以民族史和民族学的研究成果较为突出,相比较而言,民族地理研究,尤其是"民族关系与人地关系"的研究不仅较为薄弱,而且相关的研究成果也不多。

二 基于壮族演进历史的民族关系与人地关系适应性问题研究现状及述评

(一) 壮族历史研究演进脉络

作为我国人口最多的少数民族,尽管壮族繁衍历史悠久并在中华民族发展演进历史上屡书浓墨重彩,然而基于壮民族所处地域、社会经济发展水平以及封建统治阶级民族歧视政策的影响,对壮族历史及其他问题的研究不仅起步较晚,而且研究的系统性也是到新中国成立后才得以初步完善。从历史上看,对壮族历史和文化的研究,两宋以前就有涉及但基本是支离破碎的;两宋至明清,随着专门性研究的出现,尽管民族偏见不少,但毕竟留下了丰富而宝贵的历史资料;清末至民国初年,不少西方学者基于自身的利益需求开始研究壮族历史与文化,虽然研究目的与结论存在不少问题,但研究方法与资料积累还是给我们提供了不少启迪;民国初年至 1949 年新中国成立前,壮族研究开始受到国内学者的广泛重视,不仅研究者不断涌现,而且还出现了几部在壮学研究方面具有奠基性意义的研究成果;而新中国成立尤其是改革开放以来,壮族历史、政治及文化研究开始受到高度关注,不仅研究机构和研究人员参与广泛、研究成果丰富可观,而且还逐步构建起了关于壮学研究的理论体系和未来拓展路径。尽管如此,壮族历史与文化仍展现出无限的前景。显然,壮学的研究空间仍十分巨大。

1. 两宋以前的壮族研究

基于两宋以前的社会发展态势、民族交流历史以及研究理念局限,两宋以前的壮族研究,严格意义上讲是不存在的。然而,我们却不能据此就全盘否认当时的民族交流与民族认识,更何况,当时的文史书籍中仍不难发现关于壮族先民的诸多记载。

作为古百越族群支系西瓯、骆越的后裔,自秦汉至唐代,壮族的族称并不固定,见诸史籍记载的即有西瓯、骆越、乌浒、俚、伶等。① 秦汉统一岭南前,对壮族的记载与研究并不多见,但统一岭南后,随着中央政府对岭南地区统治的强化以及大量汉人南下"与越杂处",壮汉先民间不仅在经济文化上的交流日益频繁,而且汉文古籍关于壮民的记载也趋于丰富。目前传世并有代表性的作品有:汉代袁康、吴平之的《越绝书》、司马迁的《史记》、淮南王刘安的《淮南子·人间训》、刘向的《说苑·善说·越人歌》以及杨孚的《南州异物志》等;魏晋南北朝时期万震的《南州异物志》、裴渊的《广州记》、刘欣期的《交州记》以及沈怀远的《南越志》等;隋唐五代时期王范的《交广二州记》、房千里的《南方异物志》、孟琯的《岭南异物志》、莫休符的《桂林风土记》、刘恂的《岭表录异》等。上述著述虽没对壮族历史演进进行深刻描述和研究,但它们还是为我们提供了研究壮族先民历史和族群演进脉络的弥足珍贵的历史资料。

2. 自北宋至明清的壮族研究

自北宋起,随着中央政府对岭南地区统治的深入和强化,不仅汉族先民开始大量南移岭南壮族地区,而且基于对壮族先民生产生活情况的更多了解,对壮族历史文化等方面情况的研究也开始逐步深入并取得了比过去丰富得多的研究成果——突出的如郑樵的《通志·南蛮上下》、李昉的《太平御览·四夷部》、张田的《广西会要》、乐史的《太平寰宇记·南蛮三四》、范成大的《桂海虞衡志》、周去非的《岭外代答》、罗大经的《桂林记》以及滕元发的《征南录》等都在关于壮族演进的分析和描述中积累了比较丰富的研究素材;明清时期,随着中央势力的进一步深入以及壮汉等各族人民交往的进一步密切,壮族研究不仅引起了更广泛的关注,而且相关研究成果无论是内容、方法还是结论的客观度都有了较大提高②——突出的如明代邝露的《赤雅》、田汝成的《炎徼纪闻》、欧大任的《百越先贤志》、吴文华的《粤西疏稿》、郭应聘的《西南纪

---

① 至于自称方面,还有布依、布夷、布土、布泰、布曼、布沙、布雅衣和布僮等称呼。
② 尽管元朝对岭南地区的统治力度比两宋强,然而由于元对岭南的统治时间不长,再加之元朝政府对壮族地区所实施的民族歧视政策等原因,元朝在壮族历史与文化研究中取得的成果也就相对有限。

事》、马光的《西粤梦游录》、鄢棐的《岭南诸夷志》、无名氏的《粤西朱夷土司考》以及魏浚的《广西土司志》,清代徐延旭的《田阳纪事》、张维屏的《桂游日记》、顾祖禹的《读史方舆纪要·广西》、曹仁虎的《续文献通考·广西土司一二》、钱元昌的《粤西朱图记》、张祥河的《粤西笔述》、林德均的《越西溪蛮琐记》、陆祚蕃的《粤西偶记》、李调元的《南越笔记》、汪森的《粤西文载》和《粤西丛载》、施闰章的《使广西记》、陆次云的《峒溪纤志》、吴绮的《岭南风物记》、王考泳的《岭南杂录》以及朱椿的《广西郡县地理图册》等即是此方面研究成果的集中体现。当然,基于历史研究方法和主观意识的限制,此阶段对壮族的研究不仅零散而且比较肤浅。尽管如此,上述研究毕竟为我们深化对壮民族演进脉络的研究积累了丰富素材和提供了比较科学的研究方法。

3. 清末至民国初年的壮族研究(19 世纪末至 20 世纪 20 年代)

清朝末年,随着中国半殖民地半封建社会的进一步深化,西方殖民主义者在实施对我国枪炮政策的同时,文化方面的渗透也开始推进和强化。

西方国家,最早关注壮族问题和对壮族历史与人文进行研究的当属英国。1885 年,英国人阿·罗·柯奎翁(A. R. Colquhoun)在伦敦出版了其著述的《在掸邦中》(*Amongst the Shans*)一书;书中尽管认识到了泰国泰族与我国壮族间的历史渊源关系,然而其把我国的壮族与泰国的泰族完全混同为一谈的观点是十分错误的。这种错误观点不仅造成了后来壮泰等民族认识与归属上的谬见,而且还无形中引发了泰国暹罗政府銮披汶总理等人的"泛泰主义思潮"的泛滥。①

此外,这一时期还有不少西方人士深入东南亚以及我国的西南地区进行实地调查并出版了相关考察与研究成果,其中比较有影响的有:1911 年英国人 H. R. 戴维斯(H. R. Davis)在通过对云南四次实地踏勘后,在伦敦出版了《云南:联结印度和扬子江的锁链》(*Yunnan, the*

---

① 1939 年 6 月 24 日,銮披汶干脆改暹罗为泰国并进而提出要建立"大东亚泰族联邦"的主张。这一联邦不仅涵盖了泰国和老挝全部,而且还涉及了越南北部、缅甸北部、印度的阿萨姆邦以及我国的广东、广西、云南和贵州四省。

Link between Indin and the Yangtze)①；美国人杜德（W. C. Dodd）1923 年在美国的爱荷华出版了《泰族——中国人的兄长》（*The Tai Race, Elder Brother of the Chinese*)②；英国人吴迪（W. A. R. Wood）1926 年在伦敦出版了其专著《暹罗史》（*A history of Siam*）。除了上述几部著作外，稍晚一段时间（20 世纪三四十年代）出版的几部著作在壮族研究方面也有着一定的影响：1930 年德国博士克勒纳（Dr. Phil. Wilhelm Credner）在率领中国中山大学的一支研究队伍到滇西地区考察了四个半月后发表了《南诏故都考察记》；1938 年德国人艾思德（Egon frhr. von Eickstedt）通过长期调查后发表了《南亚东亚研究记游》等论文。

总之，这一阶段对壮族历史和人文的研究大多由西方人士完成，这些人往往是在研究泰族的起源时联系到壮族的，同时又不约而同地将中国的壮民族直接视为泰族。此外，上述研究除杜德尚有语言材料作为论证依据外，其他的研究都只有结论而无应有的论证分析。③

4. 民国初至新中国成立前的壮族研究（20 世纪 20 年代至 1949 年）

辛亥革命后，面对西方列强对我国边陲地区的侵略，民国政府采取了大量措施来强化对边疆少数民族地区的治理并在巩固国家统一和促进边疆民族地区的发展方面取得了一定的成绩。与此同时，我国学术界的一批有志之士也开始关注边疆民族地区的发展和重视对民族地区历史与现实情况的研究。

就 20 世纪 20 年代的情况来看，首先是北京大学学生刘策奇 1924 年 5 月在北京大学的《歌谣周刊》上发表了自己的壮族研究论文《僮语的我见》；1927 年钟敬文则独自或与他人合作先后发表了《倮人情歌》《倮人俚歌》和《倮人扇歌》等论文；1928 年除钟敬文发表《僮民考略》

---

① 该书尽管在民族认识上存有误区，但毕竟是第一手材料汇集而成，因而书中的不少材料和研究结论当时还被不少研究者引用。
② 杜德牧师曾在泰国北部的清莱传教 30 多年，精通老挝语和泰语，1910 年深入中国云南、广西的壮族地区进行考察，在书中，他一方面认为泰族遍布暹罗、越南、缅甸和中国的西南地区；另一方面又直接把壮族视为泰族。
③ 范宏贵：《华南与东南亚相关民族》，民族出版社，2006，第 5 页。

外，同年发表的论文还有石兆棠的《僮人调查》及《僮人的丧俗》；1929年，丁文江发表了自己的调查论文《广西僮语的研究》对壮族生产生活的各方面进行了剖析。

与20世纪20年代比，30年代关于壮族的研究成果发生了质的飞跃，这一阶段的研究成果不仅数量众多，而且在研究体系、研究深度、研究广度以及对问题的认识上都有了很大提高。

20世纪30年代在壮族研究方面的代表人物当数刘锡蕃和徐松石两人。① 刘锡蕃（刘介）利用其长期担任广西特种教育师资培训所所长之便利，深入民族地区广泛调研和收集研究资料并在1934年出版了其研究成果《岭表纪蛮》②，作为我国系统研究壮族历史最早的著作之一，该书以广西境内民族研究为主，旁及毗邻的滇、黔、川、湘、粤各省以及越南、老挝、泰国的相关民族，内容涉及壮族及其相关民族的历史、文化、语言、习俗、宗教、家庭、交通、生计及民族关系等，尽管作者分析中仍存有不少对少数民族的偏见与歧视，但总体看，论述客观，资料丰富，评价中肯，该书至今在壮民族历史文化研究中仍有广泛影响。

1939年徐松石在中华书局推出了自己的研究专著《粤江流域人民史》③，后又陆续推出了《泰族僮族粤族考》《日本民族的渊源》《东南亚民族的中国血缘》和《百粤雄风岭南铜鼓》四部著作。④ 与同时代的其他壮族研究论文和著作比，徐松石的研究特征鲜明、影响较大⑤；一是注重实地考察和调研并把调查研究心得和历史文献记载结合起来进行研究；二是其首创的"地名研究考证法"对中国历史，尤其是西南民族历史研

---

① 除此之外，比较有代表性的研究者还有魏觉钟（其在1931年发表了《广西的民族——苗瑶僮俍》)、石兆棠（其在1934年发表了《柳州僮人片段的记述》)、黄渠（其在1934年发表了《暹罗人种源出中国的考证》)、黎公耀（其在1936年发表了《关于瑶僮与客族问题之讨论（福建云霄县瑶僮）》)、欧阳云飞（其在1936年发表了《关于"福建云霄之瑶僮"》)、憨庐（其在1936年发表了《客族瑶僮及闽南民族》）等。
② 1934年由商务印书馆出版。
③ 该专著共分28章，其中的绝大部分是针对壮民族的研究。
④ 徐松石上述五部著作1993年由广东人民出版社合刊再版并命名为《徐松石民族学研究著作五种》，分上下两册。
⑤ 张声震：《壮族通史》，民族出版社，1997，第8~9页。

究具有特殊价值；三是其在研究中看到了壮族与泰族间的亲近关系，但又基于彼此的区别而不再把两者混为"广义上的泰族"，应该说这一点无疑是对西方学者早期一再宣称的"泛泰族说"的否定；四是其研究中能平等对待少数民族，其中不少地方还充满了对壮族人民的深厚感情，应该说这一点尤其值得肯定[①]；五是其研究发现了壮族与壮侗语族诸民族如傣、布依、侗、黎以及泰国的泰族、老挝的老族、缅甸的掸族间有着历史渊源关系，这一论断科学正确，在近百年前即能有此认识和判断实属难能可贵。

5. 新中国成立以来的壮族研究

新中国成立以后，中国共产党执行民族平等与团结政策，民族地区的社会经济不仅取得长足发展，而且民族学的研究工作也取得了不少成绩。

首先，重视调查研究，大大丰富了壮族研究资料。为此，早在1951年中央民族访问团广西分团在对广西进行慰问时即深入相关地区进行调研，同时费孝通先生还在调研后发表了《关于广西僮族历史的初步推考》；1954年国家成立了桂西僮族自治区僮文研究指导委员会，1955年制订了拼音僮文方案，1957年11月经周恩来总理批准后在壮区试推广，从而结束了壮族无统一民族文字的时代；此外，根据1956年党中央关于组织少数民族地区社会历史调查之指示，广西少数民族社会历史调查组经过对壮族地区五年多的调查，分别写出了广西大新、凌乐、宜山、环江、南丹、田东、东兰、天峨、那坡、西林、隆林、百色、都安、武鸣、上林、马山、上思等县的壮族社会历史调查报告，总计数百万字，现已公开出版《广西壮族社会历史调查》第一册至第七册，为系统研究壮族历史和社会发展提供了珍贵资料。1990年广西民族研究所又对广西龙胜、象州、昭平、忻城、环江、天峨、平果、崇左、龙州、靖西、那坡、钦州等县以及云南文山、麻栗坡、马关、西畴等县壮民族的传统文化进行

[①] 徐松石就曾直言："研究岭南古代史地愈深，愈觉得僮人文化悠久，历史绵远，民性优良，力量宏厚，而以前对于国家的贡献也极伟大。我不期然而自然的对僮族的同胞发生了一种爱慕的心。"（徐松石：《粤江流域人民史》，中华书局，1939，第75页）。

了调查，从而填补了1950年代壮族社会历史调查之不足。另外，广西人民出版社1982年和1985年出版的《广西少数民族地区石刻碑文集》和《广西少数民族地区碑文契约资料集》，进一步丰富和提高了壮族研究的资料库和研究的质量。

其次，研究范围不断扩大，研究层次不断提高，研究质量进一步提升。在族群的起源方面，通过深入研究，1957年刘介在《广西日报》上连续发表了《略论僮族名称在历史上的衍化及僮族的伟大贡献》《再论僮族名称在历史上的衍化》《为什么说僮族名称可能起源于庆远南丹》三篇论文，文中通过大量的考古和历史资料论证了壮族是两广的原始居民，从而修正了自己在《岭表纪蛮》中提出的"壮族西来说"观点；1957年黄现璠教授出版了《广西僮族简史》，系统论述了壮民族历史、文化、社会组织、革命斗争等；1958年黄臧苏著述的《广西僮族历史和现状》一书的出版，又进一步梳理了壮族发展的社会历史基础；1958年为编撰壮族简史，广西民族事务委员会先后在南宁召开了三次高规格、上水平的壮族历史研讨会，会议的召开不仅对解决壮族历史研究中的一系列重大问题创造了条件，① 而且为1980年《壮族简史》的正式出版奠定了基础；20世纪80年代至今，全国发表的有关壮族历史文化等方面的论文达数百篇，不仅进一步深化了对相关问题的研究，而且还开拓了一系列新的研究领域并在壮族语言文字、风俗习惯、壁画铜鼓、社会组织演进、土司制度、历史人物、革命运动等领域取得了新的研究成果，值得一提的是，近年来随着资源环境态势的日益严峻，民族研究中的生态和资源环境问题也逐步受到重视。

新中国成立后，除国内学者纷起著书立说外，国外学者的研究也取得了一定成果，其中又以日本学者的研究最有影响。在壮族社会经济研究方面除藤本光1952年连续推出了《关于南宋的广马交易和西南诸国的状况》等五篇论文外，还有河源正博1969年的《关于宋代羁縻州、洞的计口给田》，日野三郎1970年的《唐代岭南的金银流通》，塚田诚之1983

---

① 当时的焦点问题主要集中在三个方面：壮族族源问题、壮族历史上是否经历过奴隶社会以及壮族侬智高起兵反宋的性质问题。

年的《唐宋时期华南少数民族的动向——重点考察广西左右江流域的少数民族》也较有影响。在关于壮族迁徙研究方面，较有代表性的有河源正博1955年的《蛮酋内迁》以及塚田诚之1985年的《明代的壮族迁徙与生态——明清时期壮族史研究之一》等。此外，在壮民族重要人物和宗教研究方面，日本学者也取得了一定的成绩。

最后，壮学研究团体不断涌现，国际学术交流日趋频繁。新中国成立以来，国内的不少高校设立了专门的壮族研究机构和专业，其他方面专门的研究机构也不断产生，其中知名的有中国社会科学院民族研究所、广西民族研究所、广西民族研究学会、广西民俗学会、广西民族经济研究会以及广西壮学研究会等；在学术交流方面，我国的壮学研究工作者与东南亚各国以及日本、美国、加拿大等国家的壮学研究者也有着比较频繁的学术交流，应该说这些研究机构的成立及学术交流的广泛进行对推进壮学研究大有裨益。

（二）基于壮族演进历史的"民族关系与人地关系适应性问题"研究概况

作为目前我国境内人口最多、汉化程度较高的少数民族，学者们过去对壮族的研究，主要集中在壮族历史、文化、风俗及语言等方面，而对于壮族与地理环境的关系，尤其是对人地关系过程中其适应环境的方式和效果等相关问题的研究则缺乏应有的重视。事实上，任何一个民族的生存与发展都离不开与之相伴的自然与人文环境，否则，任何民族的地域分布格局以及经济活动、习俗文化等诸多因素的空间演化便无从进行。事实上，也正是有鉴于此，20世纪以来，国外地理学界即有不少学者注意民族与环境的关系。一些学者甚至明确提出，地理环境"是民族产生和发展的必要条件，是民族过程赖以展开的最有效之舞台"。

在探讨民族发展变迁的"民族关系与人地关系适应性问题"中，民族地理学的研究应该说是走在了前面。民族地理学的研究最初又是从理论探讨开始的，而壮族发展变迁的研究，也需要从地理与环境变迁的视角去加以探讨。

具体到壮族，现有的研究成果也主要以壮族史的研究最为突出，而对壮族与地理环境间变化的人地关系方面的研究成果则较少。相关壮族史的研究工作，国外仍有泰国、日本及美英等国的学者做过积极的研究，其中又尤以日本学者的研究成就最大——日本东洋大学谷口房男教授在其《日本的壮族史研究动态》一文中就日本这方面的研究作了极为详尽的介绍。① 相比较而言，河源正博与白鸟芳郎乃是近现代日本研究壮族史的奠基者与推动者，其中河源正博的成果主要有《论广西蛮酋的始迁祖——以左、右江流域中心》《蛮酋内迁》等，白鸟芳郎的成果主要有《华南土著住民之种族民族分类与历史背景》。总体上看，他们研究的主要是壮族族源和社会经济结构问题。此外，竹村卓二的《以"广西通志"为中心看瑶族与壮族——广西省山地溪谷栽培民的适应样式与共生关系之一侧面》一文，着重探讨了明清时期壮族的分布状况及聚落形态以及瑶族和壮族在汉化过程中的差异；谷口房男研究的主要是明代广西壮族土司制度及其分布问题，主要成果有《关于明代广西的土巡检司》以及《思恩、田州叛乱始末记——明代广西右江流域土官、土目的叛乱与改土归流》等。塚田诚之是十余年来日本研究壮族问题成就最为显著的学者，其成果主要有《唐宋时期华南少数民族的动向——重点考察广西左右江流域的少数民族》以及《明代的壮族迁徙与生态——明清时期壮族史研究之一》等，其重点是对唐宋时期左右江地区壮族的民族关系、经济形态以及明清时期壮族的社会组织与汉族、瑶族的关系进行深入细致的研究。除日本外，近年来美国与英国学者也有一些研究壮族的学术成果涌现，其中有代表性的主要是美国的杰弗里·G.巴罗、凯瑟琳·帕尔玛·卡普以及英国学者罗伯特·马克斯等。②

总之，从国外学者的研究来看，有关壮族历史的族源、社会结构、

---

① 〔日〕谷口房男著《日本的壮族史研究动态》，覃义生译，《广西民族研究》1992年第2期。
② 其中，杰弗里·G.巴罗在其《中越边境上的宋代壮族》一文中重点探讨了壮族首领侬智高起兵反宋事件；凯瑟琳·帕尔玛·卡普（Katherine Palmer Kaup）根据自己对滇东南壮族地区近现代社会的调查，从政策、文化和经济的角度对壮族历史文化加以研究，不过她所提出的壮族为"Creating"的观点，并不为国内学术界所认同；英国学者罗伯特·马克斯（Robert Marks）则论述了晚清时期华南地区环境与经济发展的变迁关系，部分内容涉及广西壮族地区的环境变化。

经济形态、民族关系是其关注的重点,其间少量研究尽管也涉及了壮族的迁移、壮族土司的分布等有关历史地理方面的内容,但大多并非研究重点。

与国外研究相比较,国内有关壮族历史的研究成果较为丰富:不仅论文达数百篇,而且研究内容也涉及壮族的族源、重要事件与重要人物、土司与土司制度、习俗、歌谣、宗教以及科技文化等多个方面。然而,仅就基于民族历史视角的民族地理与人地关系问题的研究而言,研究成果则较为有限,其中的原因,一方面是基于当时的研究环境与认识水平;另一方面则在于研究资料的相对有限。

尽管学者们在以前很长一段时间里并无太多专门性的关于壮族民族关系与人地关系演进的研究成果,但是这并非说明人地关系对民族演进影响的非重要性,事实上,自明清,尤其是民国以来,民族研究过程中的"人地关系"问题渐趋受到学者的关注与重视。

为论述方便,关于民国以来我国学者相关"壮族关系与人地关系"演进的研究成果,① 我们分为民国年间、新中国成立后至改革开放前以及改革开放至今三个时期加以说明。应该说,每个时期皆有标志性的研究成果问世。

第一个时期的壮族研究成果,以《岭表纪蛮》《粤江流域人民史》《泰族僮族粤族考》为代表。这期间研究壮族成就最显著者,当数刘锡蕃与徐松石。刘锡蕃一生对壮族的研究成果颇丰,研究内容涉及壮族的历史、语言、习俗、宗教、家庭、文化及交通等;研究中,虽然刘锡蕃没能完全摆脱部分民族歧视的观点,但他在研究中多次深入壮族村寨实地调查并搜集到了大量的第一手宝贵资料。他的这些成果目前仍是壮学研究者必读的几种论著之一。徐松石在研究中注重"从地理而推测历史,用地名以证实古代的居民,既充分运用了地名考证、语言比较、风俗比较以及考古学手段来研究壮族族源,又注意将社会调查与文献资料结合起来",应该说不仅开创了壮学研究的新时代,同时,徐松石本人也由此

---

① 民国以前的研究成果由于涉及"人地关系"部分的内容缺乏系统性,因而这里不加以探讨。

而被誉为壮族研究的"建大树者"。

第二时期的研究成果以《广西壮族社会历史调查》与《广西僮族历史和现状》等著作为代表。新中国成立以后，党和国家为制定正确的民族政策而抽调大批有影响的民族学专家，如岑家梧、杨成志、黄现璠、刘锡蕃、石钟健以及唐兆民等组成广西少数民族社会历史调查组，用了五年时间，对广西的大新、凌乐（今凌云县）、乐业县、宜山（今宜州市）、环江、南丹、田东、天峨、那坡、西林、隆林、百色、都安、武鸣、上林、马山、上思及龙胜等壮族地区进行了深入的社会调查，写出了近百万字的调查报告，内容涉及晚清至新中国成立前壮族的族称、族源、分布、民族关系、经济结构、社会组织、习俗文化、语言以及当地自然环境等各个方面。虽然，由于时代局限，调查难免存在一些偏颇之处，但由于内容均是第一手的民族田野资料，因而对研究壮族历史地理仍具重要参考价值。此外，黄臧苏撰的《广西僮族历史和现状》一书，则是新中国成立之初出版的关于壮族历史较有价值的论著。书中不仅对壮族的族称与自称作了全面系统的梳理，还深入论述了壮族社会发展的基础。

第三时期的研究成果，最有代表性的则是《壮族简史》和《壮族通史》这两部著作。《壮族简史》乃是广西民族事务委员会组织有关专家编写的，为讨论壮族史上的重大问题，前前后后经过了20余年时间。[①] 该书对壮族的源流和历史发展脉络进行了详细的描述，因而可称得上是改革开放后的第一部壮学研究专著。稍后广西民族研究所的一些学者又搜集整理了有关碑刻和契约资料并相继出版了《广西少数民族地区石刻碑文集》和《广西少数民族地区碑文契约资料集》两部著作。由于所收碑文绝大多数是壮族历史方面的内容，因而对研究壮族历史地理也有较高的参考价值。此后，壮学研究即呈现蓬勃发展之势，高水平的论著与论文集相继出版。这些成果可概括为两部《壮族通史》、数本论文集以及一批个人研究专著。相比较而言，黄现璠、黄增庆、张一民合著的《壮族通史》大体是将壮族按原始社会至新中国成立前分为若干个发展时期来

---

① 自1958年启动，到1980年《壮族简史》才得以正式出版。

撰写，内容涉及政治、经济、文化等多方面的内容；而张声震主编的《壮族通史》则从远古写至广西壮族自治区成立止，充分吸收了前人研究成果，内容和史料更丰富，因而也是壮族研究具有划时代意义的研究著作。此外，覃乃昌的《壮族稻作农业史》①与《"那"文化圈论》②、覃彩銮的《壮族干栏文化》③、覃芝馨的《广西白马移民初考》④、廖明君的《壮族自然崇拜文化》⑤、覃彩蜜的《试论壮族文化的自然生态环境》⑥、范宏贵的《华南与东南亚相关民主》、蒋廷瑜的《壮族铜鼓研究》⑦以及郑超雄的《壮族文明起源研究》等也有较大影响。还值得一提的是，近年来以刘祥学、王冠雄为代表的一批年轻学者研究成果的问世，更使壮族演进进程中的"环境影响及人地关系"研究达到了一个新的境界。尽管如此，上述研究成果，仍主要集中在壮族历史与文化领域，涉及民族地理与人地关系的研究内容仍不多。

  20世纪以来，在壮族问题研究过程中，国内外的成果尽管不少，但基于民族历史演进之视角来探讨壮族地区"人地关系"适应性的研究成果仍显薄弱。近年来，随着社会经济发展以及民族地区开放开发程度的不断提高，现阶段如何协调民族地区人与环境的关系问题，已日益引起人们的高度关注。事实上，韩茂莉《五年来我国人类活动与环境适应以及科学启示》一文，不仅从理论的高度强调了加强人类与环境之间适应性关系研究的重要性，而且在民族问题的研究中也给人以深刻启迪。之后，马宗保和马清虎的《试论西北少数民族传统生计方式中的生态智

---

① 该文从考古学、语言学、遗传学的角度，对壮族稻作农业的起源、农耕技术发展诸问题，进行了细致的考证论述。
② 该文主要从地名、语言、族称等多个层面论述了"那"文化圈的存在以及"那"文化圈的文化特征与汉文化、印度文化的关系。
③ 该文主要从建筑文化、建筑形制与功能的角度，对各地壮族地区的干栏建筑文化进行了较为系统的研究。
④ 该文主要考察了壮族家谱记载中的移民来源地问题。
⑤ 该文对壮族自然崇拜文化的各个方面进行了综合分析，并着重指出了壮族自然崇拜文化与生态环境间的关系。
⑥ 该文主要论述了岭南地区自然环境与壮族稻作农业的产生关系、自然环境与壮族"那"文化的形成以及壮族的自然生态观等问题。
⑦ 该文主要对历史时期壮族地区铜鼓的分布、铜鼓的矿料与铸造工艺、铜鼓的功能、文化内涵等做了研究。

慧》与文江涛、乌肠思云的《生态适应与瓯骆族裔安居之道》两篇文章,也均从生态适应的角度剖析了西北少数民族与岭南地区壮族先民与自然环境的适应关系。应该说,这是近年来民族地理研究出现的新趋势。正是有鉴于此,目前基于壮族与环境之间的适应性关系而进行的民族关系与人地关系的研究,不仅学术上必要,而且也具有重要的现实意义。

第二章
人地关系演进的历史轨迹与嬗变过程

第一节 人地关系演进的历史轨迹

作为一个既涉及自然过程又涉及社会发展过程的综合性概念，人地关系主要是指人类社会及其活动与自然环境间的关系情况。人地关系研究的范围虽广，但总体上看，以空间结构、时间过程、组织序变、整体效应以及协同互补之视角去认识和寻求全球的、全国性的或区域性的人地关系系统的整体优化、综合平衡及有效调控之机理，乃是人地关系研究和调整的根本目标。

随着人类社会活动的不断扩大，人地关系的主导因素渐趋由自然因素引发的环境变化向由人类因素引发的各种环境问题转变。由于在人地关系的演进过程中，人类的发展，尤其是人类社会经济的过度发展乃是导致环境污染、不可更新资源迅速耗竭以及可再生资源再生能力丧失等问题的关键性因素，因此，人地问题的化解，基于"人"的历史与现实行为选择，至关重要。

一 人地关系演进的历史轨迹

从人类文明发展之视角，我们可将人类活动与自然环境变化间相互作用关系的历史进程划分为混沌、原始共生、人类对环境的顺应、人类对自然的大规模改造以及人类与自然环境间的协调共生五个阶段。

(一) 人地关系的混沌阶段

此阶段的时间范围大致从人类出现至公元前 6000 年左右，由于这一阶段人类自身之改造尚处于起步阶段，生产力水平也停留在极低下时期，因而远古时代的人类在强大的自然面前不仅很微小，而且根本谈不上对环境的改造，更何况当时的人类连适应周边的环境并实现自身的生存繁衍也需投入难以想象的精力。由于当时的人类与其他动物一样均只是自然环境的直接消费者，因而人类活动也就完全是与自然环境系统融为一体的。既然如此，当然谈不上"人地关系"彼此的互动问题了。

(二) 人地关系的原始共生阶段

在新旧石器时代，① 随着劳动工具的改进与火的使用，人类能够对环境施加"微不足道的影响"，在此过程中人类的生活也有了一定程度的改善，人口数量与质量也得到了一定程度的提高；于是，人类逐渐从环境分离出来而成了一个相对独立的主体。尽管如此，当时人类的生产生活等活动仍未超出自然环境的生态阈值，即没有形成真正意义上的社会组织结构与经济发展结构，依然保持依赖于环境的直接消费者角色。此时的人类与环境间的关系仍属原始的协调共生关系，人地关系虽已正式形成，但演变规模很小，拓展程度也十分有限。

(三) 人类对环境的顺应阶段

此阶段自青铜器时代始，经过铁器时代，一直到资本主义社会的工业化前期。② 此阶段，人类已从对环境的直接消费转变为对环境的改造与索取，人类对自然环境的影响程度逐渐深化，同时自然环境变化过程中的人类痕迹也渐趋明显并呈现出辉煌灿烂的古代人类文明。③ 尽管如此，此阶段人类对环境的改造与索取仍遵循着自然界的组织原则与发展规律，事实上人类也无力从根本上破坏自然生态系统的基本结构，"人地矛盾"虽已存在，但仅局限在相当小的"区域范围"内，整个人类社会的"人

---

① 也即是公元前 6000 年至公元前 2000 年左右的史前时期。
② 此一阶段即我们通常所说的"农业经济时代"。
③ 我们通常所说的"四大文明古国"即是其中的代表。

地关系"仍处于人类对自然环境的顺应阶段。①

（四）人类对自然的大规模改造阶段

大约在距今 300 年前，人类社会进入了以化石燃料为主的工业大发展时代，生产力获得迅速发展，人类征服自然的能力得到极大提高，同时，人类自身的活动范围空前扩大，人口水平呈"爆炸式"增长，生活质量也得到了进一步提升。此时，人地关系的特点逐步演化为：人类日趋以经济增长作为自己的唯一目标与追求，不仅漠视环境恶化与发展规律，而且生产生活活动脱离环境约束之倾向也日益明显，以至人类对环境的过度开发和无节制的利用强烈干扰，甚至是破坏了自然系统自身的运行动规律。如此一来的结果是人类在获得自身文明进步的同时，自然环境遭受极大破坏，资源态势紧张，环境质量下降，人地关系空前严峻。

（五）人地关系的协调共生阶段

20 世纪 50 年代，尤其是 80 年代以后，随着环境形势的日趋恶化与发展态势的空前严峻，人们开始反思自身发展方式中存在的系列问题并提出了"人与环境协调共进的可持续发展思想"。尽管目前人类社会的发展仍在许多领域存在着"对环境掠夺之现象"，但毕竟可持续发展之理念已成了整个人类社会发展中的"共识"。

二 人地关系演进的空间特征

在人类社会发展过程中，无论是哪一阶段的人地关系演进，均离不开特定的区域空间范畴，因此，对人地关系发展规律的探讨当然也就离不开对相应的空间特征的分析。

（一）空间尺度

人地关系的地域系统乃是地球表层的"人"②与"地"③在特定地域空间范围内的相互联系、相互作用而形成的一种动态结构。事实上，人

---

① 当然，随着人口增长以及生产力水平的提升，人类对自然环境的改造仍在一定范围内超出了自然系统的阈值，以至于在自然力量的"报复"下，一些古代文明衰退迹象明显，有的甚至还走向了"覆灭"。
② 人类及其相关的社会经济活动。
③ 主要指相关的自然环境。

地关系演进不仅与一定的历史发展阶段相适应,而且还与同一时期不同区域的经济政治活动相联系。工业文明以来,随着环境问题的突出与人类活动范围的空前拓展,环境的空间地域范畴也随之扩展,以至目前的资源环境问题已远远超出了传统的范畴。

(二) 空间表象与演变

人地关系与空间范畴的联系十分密切,然而由于不同的国家或地区不仅区域空间位置不同,而且彼此间的资源环境态势也大不一样,因此在处理人地关系的过程中,不同国家及地区目标虽然一致,方式、方法却有自身的特点与取向。[①]

不仅如此,鉴于区域空间系统的"互通性"原则,人地关系地域系统的优化协调还必须要通过区域人口、物质、能量、信息、资金、技术等要素的空间流动来实现,否则的话,彼此闭塞,也就不可能产生真正的人地关系地域系统发展过程中的区际关系优化。如缺少区际关系优化这条纽带,国家与地区间的发展差距照样很难缩小,结果又会造成或是加剧区域贫困、地区冲突、环境恶化等一系列人地关系恶化的问题。

按照人类社会目前的认识水平,人地关系所体现出的相关问题及矛盾主要反映在三个空间层次上:一是全球尺度上的人地关系问题,也即因整个人类社会活动所导致的诸如臭氧层破坏、海洋污染、动植物灭绝、全球变暖以及化石燃料枯竭等环境问题,应该说上述问题若不能引起足够重视和妥善解决,危及的将是整个人类社会的生存。二是国家尺度上的人地关系问题。现阶段,诸如大气污染的远距离扩散、酸雨、江河污染、各种资源的多国争夺以及海洋资源、空间资源、极地资源等人类公共资源的权属问题,事实上都已成了引发国家与地区间冲突、矛盾的主要诱因。三是局部日益严重的环境、资源、粮食、贫困等问题,也严重制约了整个人类社会的进步与发展。

相比较而言,在产业革命以前的各个历史阶段,由于生产力水平不高,人地关系地域系统及其矛盾冲突在空间范围上尚只局限在有限的区

---

① 发达国家与欠发达国家在可持续发展道路的选择上就不应"千篇一律"。

域空间，表现出了很强的区域封闭性与地域空间范围有限性，不仅如此，当时具体空间范围内的人类群体活动强度相对较弱，因此，实践中也就很难产生更大范围内的人地关系矛盾。进入工业化社会以后，随着生产力发展水平的提高、人类活动范围的扩大、全球经济以及世界人口的快速增长，人地关系地域系统的各种矛盾和问题也开始超出了传统意义上的国家和地区的范畴。显然，现阶段人地关系问题的解决既需要重视区域内政府与人们的共同努力，更需要整个人类社会的共同协作（时空特征具体情况见表1）。

表1 人地关系演化的时空特征

人地关系演化阶段	史前文明	采猎文明	农业文明	工业文明	生态文明
人地关系状况	混沌阶段	原始共生	顺应阶段	改造阶段	协调阶段
时间尺度	自人类出现至公元前6000年	公元前6000年至公元前2000年	公元前2000年至公元1700年	公元1700年至20世纪50年代	20世纪50年代至未来
空间尺度	个体/群体	个体/部落	部落/国家	国家/洲际	洲际/全球
区际关系	孤立	封闭	封闭/掠夺	掠夺/转嫁	互补
人地关系思想	混沌	自然控制论	环境决定论	人类中心论	协调论
环境响应	人从属环境	人依赖环境	环境缓慢退化	环境恶化与污染加剧	与资源环境协调

三 "人"与"地"角色的转化

在人地关系演化过程中，"人"无疑具有较充分的主观能动性，然而这种主观能动性能发挥多少，并非"人"可任意主宰，环境的制约与影响就是一个不可忽视的重要"门槛"。显然，"人"与"地"两者既紧密联系、各有特点，又存在一定的内在规律性。

（一）"人"与"地"间的联系与作用

在实践中，人类社会与自然环境彼此间可以作为两个独立的子系统，从客观上讲，两者是相互渗透、彼此制约、高度相关和不可分割的。人类在对"地"进行干预的同时，无形中也对自身进行了应有的干预。可见，人类活动既是把"地"当作客体的改造活动，同时也把这种活动看成主体自身的一种自我完善过程；进一步说，人类对"地"自组织能力和生产能力的削弱，事实上也就直接意味着人类社会对自身的破坏和毁灭。

（二）"人"的主动性

严格说来，人地关系的演进过程其实也就是"人"在驾驭自然环境演化方面主动性不断增强的过程。在人类社会发展的初级阶段，人类基本上处于对自然环境的"无奈"与"依附"状态，工具和火的使用，则使人类开始变消极的适应者为主动的消费者；进入农业文明后，人类不仅不再单纯地直接依附于自然环境来求得自身的生存，而且还可建立某种人为的环境系统来将相关的自然资源变成能满足自身需要的消费品；工业文明阶段，一方面人类利用和改造自然之能力空前获取自然资源，另一方面人类对人为环境的依赖又进一步增强，以至"人"逐渐开始确立了自身对"地"的主宰地位。[①] 然而，也正是这样的一种"主宰地位"使人类社会的发展受到了自然的"惩罚"。可以说"可持续发展"思想的出台和成为普遍的"共识"即与此有关。知识经济时代，实现"生态文明"当是必须要进行肯定的选择。事实上，一系列的事实告诉我们，"人"的主动性不能无限制地扩大，其必须遵循"地"之发展规律并在高层次上回归对自然的"顺应"。

（三）"人"与"地"关系发展的动态性

在影响"人"与"地"关系发展的动态性方面，科技进步的力量可谓是最为关键的。事实上，在人类社会发展的历史进程中，科技的每一次进步都给人地关系系统的组织水平、组织结构、组织形式带来革命性的变化，而恰恰是这样的一些变化无形中确立了"人"在"人地"关系发展中的主宰地位。尽管如此，科技进步也只能是遵循，而不能超然于客观的环境阈值之外，否则，正常运转中的"人地关系"势必会在自然力量的惩罚中失去动力和自我。

[①] 尽管事实证明这种主宰是多么的不堪一击，但人类社会仍在相当长的一段时间里曾为此而"沾沾自喜"。

第二节 人地关系的嬗变过程

基于人地关系本身的固有特点，人地关系演进客观上要求彼此间的适应与共生，然而现实中更多的是彼此间的矛盾，甚至是冲突。所以，人地关系的嬗变过程，其实就是我们调适人地关系的过程。

一 当代人地关系的矛盾及冲突

人地关系的发展在人类社会的不同时期均存在特定的人地关系矛盾和冲突，以至当代人地关系问题归根结底乃是历史积淀的现实转嫁、惯性推动和现阶段进一步扩展、加剧的结果。

纵观人地关系历史，不难发现，各种人地冲突产生的人类生存危机都具备了三方面特点：一是大量的、相互关联的人地关系问题使人地危机综合化趋势益发明显。自然过程与社会过程普遍而深刻的联系以及人类活动及其组织系统的日益精细化和多样化倾向，诱发了人类社会在各种层次上与地理环境系统广泛的联系及矛盾冲突。采猎时代，因人类活动导致的生态危机集中表现为动物资源耗竭及其再生能力的破坏；农业时代，则主要表现为土地资源及其再生产能力的耗竭；而当代则是人口问题、环境污染、粮食短缺、不可再生资源迅速耗竭、可再生资源再生能力丧失等问题彼此交织、互为因果。显然，人类只有把这些危机作为一个整体问题并采取相互协调的措施才能加以解决。二是人类对环境大规模高强度的改造导致了人地关系危机的深层化。事实上，全球可耕地后备资源的退缩以及人类失去了随意选择生存空间的机会等现象都说明了这一问题的严重性；此外，大部分可利用的土地负荷量已近极限、相当多的地区水土流失严重、地力衰退加剧、生物多样性减少和物种灭绝等情况也使人类社会潜存严峻的生态系统退化或崩溃的危险。显然，人类大规模改变自然生态环境系统，既加大了自然灾害的频率、加重了人类自身的损失，也无形中加深了中长期环境灾害的潜存性和不确切性。三是伴随全球人地地域系统的形成和发展而来的全球化危机愈加明显。在产业革命以前的各历史阶段，人地地域系统及其矛盾冲突在空间范围上只局限于地方、地区等地域层次,不过如今,人地矛盾全球化却在三个关联的层次上得到了更进一步的体现:首先,全球尺度上的人地问题①已危及整个人类生存;其次,国家尺度上的人地问题②已成了导致国家或地区冲突的主要原因;最后,局部日益严重的环境、资源、粮食、贫困问题,已严重地制约了整个人类社会的进步和发展。

二 人类对于自身行为的反省与调整

人类社会对环境的改造既是生存的需要,也是进一步发展的必然要求。问题的关键在于,人类社会对自然的改造与征服一定不能无视自然本身的阈值,否则,就会遭受自然的惩罚,既然如此,将人类的生产生活活动约束在一定的范围内,展开对人类自身相关行为的反省与调整,也就有了相当的必要性与现实意义。

(一) 人类对自身生存与发展资源环境基础破坏的反省

1968年4月,在奥莱里欧·佩切依主持下,成立了以全球性问题为研究主题的学术团体——罗马俱乐部,随后发表了第一份研究报告《增长的极限》,对当代社会人口、粮食、能源、资源、环境五大全球问题进行了系统、模型化的研究。尽管这本书的观点和方法遭到不少学者抨击,但其作为一个里程碑,不仅唤起了人类对全球问题的关注,而且也标志着当代人地观念"质"的转变和人类行动重新调整的开始。继《增长的极限》之后,罗马俱乐部专家还先后发表了10多份研究报告并就全球问题召开了一系列国际讨论会。与此同时,各种层次的团体机构③相继成立,一大批研究成果相继问世。尽管时至今日,全球性的资源环境问题还未解决并仍有加重恶化的趋势,但民众的资源环境意识已觉悟并作为一种重要力量改变着政府的决策和行为。各国政府纷纷立法,积极参与国际合作,以至目前关于资源与环境保护方面的国际条约达150项,民众和政府对全球资源环境问题的意识正在觉醒。

---

① 如臭氧层的破坏、海洋污染、动植物灭绝、全球变暖等。
② 如大气污染远距离扩散、酸雨、河流污染、各种资源的多国争夺以及海洋资源、空间资源、南极资源等人类公共资源的权属问题。
③ 包括民间的、国家的、联合国的等。

(二) 对悬殊的全球社会经济发展水平差距的质疑

西方世界今天的繁荣,应该说相当程度上是建立在掠夺殖民地、半殖民地和利用先进技术开采其他国家资源的基础上的,而恰恰这一点又构成了当代国际秩序不平等的历史根源。贫困①乃是环境问题的重要原因,同时,环境退化又把越来越多的人推向贫困——形成环境难民,而贫困本身又加剧了环境退化——形成环境灾难。实践证明,没有人口输出和外部投入,贫困的人口和环境是不可能靠自身的力量摆脱经济——环境的恶性循环的。显然,实践中,我们若不从根本上解决国际政治经济的不平等秩序和世界贫困问题,处理资源环境问题就必将是徒劳的。

(三) 对传统的经济学理论和社会经济运行模式的反省

传统的经济学理论不仅将经济过程看成一个封闭系统,而且还企图通过抽象的资源、劳动、消费,构建起经济学意义上的永动机。传统经济学设定经济行为的人的经济目标为最大产量、最低成本、最大利润,以至严重割裂了经济活动中内部效应与外部效应、短期效应与长期效应的统一;同时,依据经济目标建立的经济指标评价体系,只注重于国民生产总值(GNP)的增长而忽视了资源环境成本的巨大代价。传统经济学构建的"低资源价格、高经济增长、高物质能量耗费"的经济运行模式其必然产物就是资源短缺、能源危机、环境困境等人地严重冲突问题。1987年,联合国环境与发展委员会发表了《我们共同的未来》报告,提出了社会经济持续发展论并将可持续发展定义为"既满足当代人的需要,又不损害后代人满足其自身需要的能力的发展"。此后,有关可持续发展的研究成果、论文成批出现。1992年6月在巴西里约热内卢召开的联合国环境与发展大会,通过了《21世纪议程》。《21世纪议程》中社会持续发展观的提出,充分体现了人类社会全方位的、综合的可持续发展思路和全球协调一致的共同行动,它得到了世界各国广泛的接受和认可并成为无论是发达国家,还是发展中国家共同发展的战略选择。

(四) 对科学的限度、两重性及其目的的反省

无论过去、现在或将来,科学技术对人类社会的进步、人地关系的

---

① 包括绝对贫困和相对贫困。

发展均起着重要作用；当然，巨大的力量同样意味着巨大的责任。过去的经验与教训要求人类对科学技术的目的、观念以及科学技术发展与应用等方面进行深层次的转变，尤其是需要克服科学技术长期以来从对立关系处理人和自然关系的做法，同时，切实改变科学技术是为了人的利益和无限膨胀的物质财富需求去征服利用自然的出发点以及由此形成的思想基础和利益驱动机制。其实，科学的目的应该是用来使人类面对自然最大限度地发挥作用。科学技术目的的变革，意味着科学技术进步、社会进步的观念及其指标评价体系的转变。长期以来习惯于将社会生产力定义为"征服自然、改造自然的能力"，将劳动的自然对象、劳动资料、劳动主体这一有机整体人为地割裂，增大了人的力量而忽视了自然力基本和本质的作用。实践证明，科技绝非万能，科学技术存在一系列局限性。科学技术存在其自身所不能解决的问题，因此，"科学造成的各种恶果，不能用科学本身来根治"。科学技术的无限性只有在无限的时空序列中才能成立，而在特定时段或可预见的时段内科技的发展及其作用是有限的，任何科学技术的应用都将伴随不同程度的副作用，这种副作用要求人类"在大规模引进新技术以前，必须预见和防止这种社会副作用"，要不断完善健全"科学技术体系"和"科学技术－人类社会复合体"，一方面要使科技发展与社会变革、科技文化发展与人文文化发展相适应；另一方面人类社会必须对科学技术发展和应用施加引导、控制，或者改变其发展道路，要使科学技术最大限度地维持地球的生命力及资源环境的承载力并在自然承受力范围内高效合理同时彻底地将科学技术从"征服自然"中转变过来，使之具备更多的"人性"和"自然性"，最终使科学技术回归到协调人类社会、满足人类幸福、保持人地协调发展的轨道之中。

（五）对人的系统中社会组织局限性的反省

人类对自己营造的"人的系统"与"自然生态环境系统"之间的协调缺乏有效的调节控制作用。一方面，人口爆炸式的增长已成为人地关系冲突的中心问题；另一方面，人类缺乏相应的理解和责任感，不能有效地应用科技、经济、组织力量来协调人与人、人与环境的问题。"人的系统"发展以资源环境耗竭为代价，并依赖于对环境的"寄生"关系而存在，同时，人类也缺乏强有力的解决全球范围内人与人冲突、人与地冲突的综合能力和卓有成效的举措。当代人地问题是人类在自然界中地位和作用的升级与人类应担负的责任和承担的功能错位的结果。20世纪80年代可持续发展战略的提出,把人与自然关系的反思和研究推上了一个更高的层次。建立可持续发展的社会经济环境系统,必须彻底改变导致环境恶化的人类活动的基本模式。人类摆脱困境的出路在于"人的革命"。池田大作认为,人的革命根本上是精神革命;奥莱里欧·佩切依认为人类不应当在人类之外求发展,而是首先应当从改善自己的思想方法和行为方式中求进步,因此要"彻底实现向新文化时代的转变"。实践证明,真正的"人的革命",从狭义上讲应是伦理学、哲学和人道主义思想的革新;广义上讲,则还包括促进伴随新人道主义而兴起的文化及发展的其他领域。①

三 人地关系调整的战略选择

首先,人地关系调整要从内容上体现出自身的完整性与有效性。为此,人类一方面需通过价值体系的重建来促进人类存在方式的有效转变;另一方面则需调节人与自然的社会组织结构系统②及其职能体系。此外,切实规范与自然直接有关的人类行为模式系统③也具有重要意义。

其次,人地关系的调整既要求调整改变人的整体系统的构成要素和结构并使人地系统由尖锐冲突转变为协调相处,又要求通过对人的整体系统的资源、潜力、创造力的开发,走出人地关系困境和创造新型的人地系统。

最后,人地关系的调整必须是"人的整体系统"的变革过程,任何单方面的变革均无力解决"人地危机综合征",因此,人地关系的调整必须是个人、社会、国家、全人类不同层次的协调和同一行动的过程,同时,也只有在全球尺度上的大规模合作,才能真正有效地解决全球的人地关系冲突问题。

---

① 如"人性革命"和"精神革命"等方面的变化。
② 包括制度体制、社会组织、政治组织、经济组织等不同层次的社会组织结构。
③ 包括个人、集团、社会、民族、国家、全世界不同层次的行为方式、生产、消费、娱乐、政治、宗教等人类不同的产业活动、消费活动、教育活动和其他行为活动以及人与人、人与社会、人与自然联系和交往行为,人口自身的生产、增减、迁移、流动行为模式等内容。

第三章
人地关系过程中的民族关系演进

第一节 人地关系对民族关系的影响及其彼此间的互动

"人地关系"与"民族关系"作为两个相对独立的研究领域,彼此间不仅在研究取向、内容、方法、侧重点以及目标方面有着较大的差别,而且在相当长的一段时期内,两者事实上也的确没有得到大多数研究者的足够重视和系统研究;更何况实践中的政策选择也无形中忽视了两者的有机结合与协作共生。尽管如此,由于任何一个民族的生存与发展都离不开与之相伴的自然与人文环境,同时,在民族自身繁衍与发展过程中,环境的变化也无形中会留下其适应、改造甚至是征服的痕迹,因此,实践中任何忽视,或者是割裂"人地关系与民族关系"相互间的影响及内在联系的行为,都极有可能导致"人地关系与民族关系"在彼此排斥中走向对立。

人类社会和自然环境的演化进程告诉我们,在环境演化过程中,一个民族对环境的感知与适应能力,不仅关系他们的生存状况,不仅关系其与周边相关民族的关系与地位,不仅关系他们未来的发展前景,而且也还会深刻影响他们自身的地域分布格局以及经济活动、政治生活、习俗文化等诸多因素的空间演化进程。历史上,受地理因素的影响与制约,几乎所有民族在不同时空范围内,因自然与人文环境的变迁,在农耕生产、畜牧、工业生产、商业活动、狩猎以及文化等领域采取过不同的适应措施。这些适应措施与环境相互影响,形成了相关民族历史上的民族变迁与人地关系间十分复杂的互动关系。因此,实践中在探讨相关民族的变迁、稳定、发展以及与其他民族的关系问题时,基于"人地关系对民族关系的影响及其彼此间的互动",也就有了相当的必要性与现实意义。

相比较而言,作为客观存在和相对固定的一方,"地"对民族族群繁衍及发展的影响要直接和现实得多;同样,在"人地关系"与"民族关系"的调处过程中,"人地关系"对"民族关系"的影响也需要引起我们的足够重视。事实上,民族无论大小、无论先进与落后、无论强弱贫富,它们均需拥有自己生存、繁衍与拓展的地域空间。同样,任何地域,无论平原高原、江河湖海、沼泽戈壁,也无论繁华偏远、地肥土瘦,都无不被相关民族所拥有,因而探讨"民族关系",不应也不该回避事实上存在且永远都在发挥着自身作用的"人地关系"问题。①

具体说来,人地关系对民族关系的影响主要表现在四个方面。

首先,人地关系状况乃是影响民族人口迁移去向和民族关系变迁的重要因素之一。

中国历史上人口的迁移,既涉及汉族人口,也涉及其他少数民族,而从引发民族人口迁移的具体原因上看,尽管情形各异,但总体上不外乎主动迁移与被动迁移两种形式。主动迁移往往是政府政策引导和民族自发选择的结果,而被动迁移更多的则是统治阶级的胁迫或为躲避战争或某种自然的与人为的灾害。尽管原因各异,然而归根结底,又都离不开"人地关系"的制约,换言之,实践中无论是哪种原因的民族人口迁移,最终都会引起迁入地区和迁出地区人地关系的变化。

从我国民族人口迁入地的情况看,历史上的人口迁移,既有少数民族人口内迁中原,也存在汉族人口迁居边地的情形,然而,无论何种民族迁移,也不论迁移的去向何在,就地域特征来看,往往都是流向人地

---

① 可以说,一个区域内拥有多少个民族,一般就会有多少对不同的人地关系类型,因此,民族关系发展过程中,实际上掺杂了较为复杂的人地关系因素。

关系最为宽松的地域。只有这样，民族的生存与发展才会找到自己的立足点与支撑点，同时又能适当避免与迁入地世居民族及环境的冲突。① 尽管如此，除非迁入地没有世居民族，否则，再宽松的环境，一旦处理不当，民族关系方面的矛盾甚至斗争便难以避免。这是一个循环的过程，随着条件的改善以及人口的增长，原来相对宽松的"人地关系"又完全有可能趋紧，这时，如果民族融合没有达到应有的境界，"民族关系"的紧张局面也会随之而至，于是，适当调整民族关系的政策就需要及时而慎重地推出。

就我国历史而言，最初的情形是：中原内地，尽管环境容量较大，生产和生活条件相对成熟，但因汉族人口众多，因而人地关系长期处于紧张状态，以至于少数民族大规模内迁的可能性很小。相反，汉族人口则基于种种原因而自愿与不自愿地选择了外迁相对偏远的少数民族地方。自秦统一中国后，不少汉族先民即南下岭南；唐宋后，南迁之规模更大。边疆民族地区往往地广人稀，正常情况下也不易引发民族冲突与人地关系紧张，然而也正如我们前面分析的那样，"地广人稀"并不意味着环境容量的巨大以及人地关系的宽松，事实上，由于不少边疆地区自然条件恶劣，适于人类生活的土地十分有限，因而放任，或者是无计划地安置"内迁"和"外迁"民族人口，人地关系紧张之局面又重新开始。

从人口迁出地的人地关系情况看，随着人口外迁规模的逐渐扩大，迁出地"人地关系"与"民族关系"紧张态势必然会得到有效缓解，尤其是对人地关系本就十分紧张的中原汉民族聚集地而言，这种缓解效应十分有效。相比较而言，边疆民族地区的人口外迁，大多由平原丘陵地带向山区迁移，之所以如此，一方面是由于本民族人口增加后所导致的"人地关系"紧张以及为了获得更大的民族发展空间的现实需求；另一方面，也由于其他民族的迁入被迫受"挤压"② 而迁出。无论何种原因，"人地关系"均会在一定程度上得到缓解，但"民族关系"则有可能会趋于恶化。这其中不排除"内外迁交叉"进行后的"人地关系"与"民族

---

① 通过战争等手段来为迁移创造条件的情形不在此列。
② 这种情况大多是通过战争失利后的无奈之举，也可能是胁迫于统治阶级和政府的"政策高压"与民族歧视。

关系"的双向适应与稳定。还值得一提的是，原本就分布在山区的民族，由于自身生产力水平低下以及耕作方式的原始，导致地力下降，以至现实中虽无外来人口迁入的压力，甚至本民族人口也没有显著增加，但环境容量已然下降，人地关系也会变得紧张起来，因而也需要迁徙他处，开荒耕种，才能维持基本的生存需求。显然，迁出原地是为让原来所耕土地的地力自行恢复。①

其次，"人地关系"好坏以及环境容量大小，还决定着民族的发展取向、社会地位以及人口的多少。

民族发展的快慢以及社会影响力的大小，既取决于该民族的整体族群素质高低和社会生产力发展水平，又取决于民族所在地域的环境条件与环境容量。尽管不能说环境条件及容量是民族发展与民族地位高低的决定性因素，但不容否认的是，历史和现实中的强势民族一般都是生活在环境条件相对较好的地区。一般情况下地势低平的平原及河谷地区，水热条件好、易耕土地多、对外交通方便、成片开发容易、土壤肥沃程度高，因而不仅环境承载力强，而且也易于为居住于此的民族提供便利的繁衍生息条件，同样，生活于此的民族发展也就较快，成为强势民族也就顺理成章；相反，远离平原河谷地带的丘陵地区，因自然环境恶劣，居于此的民族要付出更多的努力才能获得平原河谷地带民族的发展机遇；进一步分析，生活在诸如高原、山地、戈壁及其他气候条件极端地域的民族，基于环境条件的艰苦、"人地关系"的紧张以及环境承载力的限制，不仅民族繁衍缓慢，而且社会进步程度也很难与环境条件较为优越地区的民族相比。鉴于此，一些学者在研究我国人口分布的地理规律时，明确指出：人口密度与地面海拔高度呈密切的负相关关系。②

历史发展并非偶然，事实上，历史上汉族经济、政治和文化的相对强势既与汉民族本身的奋斗有关，也与其繁衍生息的区域条件有关；同样，少数民族发展的相对滞后，并非如过去封建统治阶级诋毁的那样是由于"愚顽与不开化"，地域环境的艰苦与自然条件的限制，往往更具决

---

① 当然，少数民族的这种迁移，多以短途迁移为主。
② 张善余：《人口地理学概论》，华东师范大学出版社，2004，第291页。

定性。其实，进一步分析又不难发现，中国民族自古以来所呈现出的"华夷"五方分布格局，① 就与地域条件相关，同时也决定了中华民族大家庭演进的历史进程与现实格局。相比较而言，黄河中下游平原、长江中下游平原、四川盆地与珠江三角洲等地，土地肥沃，水热条件较好，可利用土地多，农业发达，环境容量相对较大，历史上就分布着较多的汉族人口。相反，少数民族分布的地带，环境迥异，发展条件相对受限——北方的蒙古高原、西北地区，降水较少，属典型的干旱区与半干旱区，荒漠、戈壁面积较大，生态脆弱，环境承载力低，不仅经济发展滞后，而且民族演进进程也显缓慢与艰辛；高原草原区与高山草坡带，因环境容量较小，分布的人口同样不多。青藏高原，海拔高，冰川、雪山广布，气候严寒，面积虽广，但土地的容量极为有限，既不适宜大规模的农牧业生产，也不适于人口繁衍与生存。而广大的南方地区，因地域态势复杂，因而各地环境条件相差极大；平原、河谷、坝子等地域，水热条件好，农业发展条件优越，环境容量大，适合人类生产与生活，因而无论是哪一支民族生活于此，都会拥有较多的民族人口和较为发达的农耕生产力；相反，生活在那些诸如石山地及大山深谷的少数民族，无论如何，其人口数量必然会受限。以生活在祖国南方地区的壮、傣等族为例，广西左右江流域大小河谷与岩溶盆地地带，因土地条件好及环境承载力强，因而聚集了大量的壮族人口，生产力水平也明显高于其他地区的壮族同胞。这一点恰似《宋史》所称：左右江流域的广源州蛮"颇有邑居聚落"。明代也称该地域的壮人"生齿最繁"②；同样，云南南部的西双版纳一带，也是"平川沃土，民一甸有数十千户"③，由于人口众多，以至当地的"百夷"，就"独据三十六部，并力以自雄"④，成为明朝影响极大的地方势力。

再次，人地关系状况还会直接或间接影响区域民族形象和个性心理特征。

---

① 也即是华夏居中，其他依次为东夷、北狄、西戎、南蛮。
② 《宋史》卷四九五《蛮夷三·广源州》；（明）魏濬：《西事珥》卷八《夷风纪略》。
③ （明）钱古训：《百夷传》。
④ （明）张洪：《南夷书》。

人地关系状况对区域民族形象和个性心理特征的影响往往是通过对区域生产生活的影响而进行的。人地条件好或说是环境宽松的地区，因生产条件好，经济发展快，生活水平高，文化影响力大，因而表现在民族形象上也往往是"文明开化，进步进取"，表现在民族个性心理上则是"自信守信，知书达礼"[1]；相反，在一些环境脆弱，人地关系紧张，山多田少，土地贫瘠，且在有限的生产技术条件下，所产粮食无法满足自身基本的生存需要，因而其生活水平、生活条件就较差，民族形象和个性心理易生自卑、易生自闭、易生隔阂，既被封建统治阶级视为"举止粗俗，教化不开"，也被不少文人描写为"个性刚烈，性悍喜斗"[2]。史料所称的包括壮族在内的少数民族"居深山者不与华通"，其中固然有交通不便的因素，但也不能否认主观意识中的自我封闭思想在其中的影响，更何况部分距离城市不远的山区民众，也"终身不入城市"[3]。当然，对少数民族形象和个性心理特征的描述不排除有许多是统治阶级及其文人基于统治需要而对少数民族的污蔑，然而，即便是这样，我们仍得肯定，"人地关系"及其因此而来的环境条件，的确是对民族形象和个性特征的定型产生了极大的影响。

最后，"人地关系"还是引发民族矛盾、民族冲突的重要根源之一。

在中华民族发展与历史演进过程中，各民族彼此间的团结合作，共同推进了中华民族的繁荣富强与进步，然而，在此过程中，由于种种原因，民族间的矛盾与冲突也时有发生，甚至某些历史时期一度还相当激烈。

民族矛盾、民族斗争、民族冲突与民族隔阂的形成，主要原因当然是民族压迫、民族歧视以及相互间的宗教信仰与文化习俗的冲突等，然而，民族演进过程中所面临的不同生存环境，尤其是在空间地域和其他自然资源方面禀赋的差距，也是诱发民族间矛盾的重要因素。

当然，实际中民族冲突的挑起，一般不会直接以"改变民族间的人

---

[1] 正如史书所言"仓廪实而知礼节"。
[2] 明清前的绝大多数史籍或其他文献在涉及少数民族形象与个性特征时，就多有诸如此类的评价。
[3] 见胡兆量、阿尔斯朗、琼达等著《中国文化地理概述》，北京大学出版社，2001，第60页。

地关系"为借口,但引发冲突背后的深层次原因基本上是"民族间人地关系"的不协调。这样的例子,历史上可谓"不胜枚举"。秦始皇的修长城、汉武帝的北伐匈奴、两宋时与北方民族的战争、明初的重修长城、清的戍边政策等,无不与此有关。

  以历史上我国北方蒙古草原地区生活和活动的民族为例,尽管蒙古草原土地辽阔,地广人稀,然而因生态环境脆弱、环境承载力有限以及人地关系的平衡常遭自然灾害破坏,因此,在生产力水平十分有限的情况下,希望依托草原放牧来解决民族的生存与发展需求,就常有力不从心之感,于是,在与中原王朝对峙之时,一旦自身经济无法得到救助和保障,草原民族就会进入内地展开武装抢夺,从而与内地人民发生激烈的武装冲突,这一点也恰似明成祖所言"胡地非有耕种,不过抄掠取食"①。显然,"人地关系"以及因此而来的环境脆弱与生存所迫,确也是引发民族间矛盾和冲突的一个不容忽视的重要原因。

  与蒙古草原相比,南方地区的自然条件总体上就好得多,南方地区充足的水热条件为农耕生产创造了良好条件,尽管如此,因"人地关系"紧张而致的民族矛盾与斗争依然存在,有时甚至还比较激烈。南方地区土地方面的最大特征是山地多,平地有限,因此谁能争取在有限的平原和河谷地带生产生活,谁的政治经济优势就会得到显现。历史上在汉民族未大规模南下前,由于南方相对而言的"地广人稀",加之环境条件又较为宽松,因而各民族间总体上"相安无事",而自北宋后,随着汉民族南下规模的扩大,由于有强大的中央政权力量的支持,再加之本身在生产、政治、文化等方面所拥有的强大优势,因而南下的绝大多数汉族民众往往选择的落脚点都是自然条件相对较好的平原与河谷地带,然而这些平原与河谷地带已有世居民族生活,于是彼此间的竞争不可避免地爆发了。通常情况下,拥有经济、文化、政治、军事优势的一方,往往会取得主动;而处于弱势的一方,只能选择往环境容量较小的边缘地带和山区退避。这一进一退伴随着激烈的民族冲突。宋元以来,南方民族地区出现的层出不穷的"贼寇"四处"劫掠"现象,实际上就是人地关系

---

① 《明太宗实录》卷二五。

紧张的另一种表现形式。

　　历史上民族关系的走向和演进态势是多方面因素综合作用的结果。在"人"与"地"关系演进过程中，"地"的影响力虽不可忽视，但"人"的主观能动性更显关键。环境条件好坏的确能影响民族的生存繁衍，但随着民族自身的发展与进步，环境的好坏在其中并不起决定性的作用。显然，在探讨民族关系的过程中，忽视或是漠视人地关系，当然不利于问题的解决；同样，在民族关系协调过程中，若是过分地夸大人地关系的影响，也照样难以寻求出符合历史演进规律的客观线索。

第二节　人地关系影响民族关系的途径分析

　　作为一个内涵十分宽泛的概念，人地关系对民族关系的影响也具有着不同的方式与途径。通过对相对稀缺的土地资源的挤占而引发民族间矛盾、斗争、迁徙、同化等当然是主要的表现方式，然而，相对进步和生产力较发达的外来民族的进入还会通过自身的先进生产经营方式、生产工具、生活方式的运用和推广而影响在地民族关系的演进。人地关系对民族关系的影响并非"一无是处"，从历史的视角看，人地关系的演进过程甚至还是民族关系调整和提升的重要"催化剂"。

　　首先，外来民族对稀缺的土地资源的要求会引发原本稳定的在地民族关系的新调整。

　　一定的民族在生存繁衍过程中必定会有自己的区域空间，尽管这种地域范围可能有大有小，自然条件也可能有好有坏，但在原生态的发展环境下，区域内条件较好的土地资源一般会被本民族内的统治阶层占有，这时即便存在人地矛盾与冲突，也往往局限在本民族的范围内；随着民族间交往的增加，尤其是随着人口增加所导致的对土地资源的追求，民族间才逐渐使人地关系的调整范围扩大。在民族关系的调整过程中，一开始基于对稀缺的土地资源的渴望，民族间的关系比较尖锐，一段时期内可能还会诉诸战争，然而最终的结果必然是民族间彼此的融合。

　　以壮族与其他民族间的关系为例，壮族聚居地区，地貌多样，山多田少，而耕作条件较好、土质肥沃、产量较高的耕田，又多集中在平原地区。平原河谷地区环境容量较大，开发较早，也较为成熟，而平原周围的山区地带，受坡度、土质、水源的制约，田少地多，农作物产量较低。西部地区多为岩溶山地，自然环境极为脆弱，很多是不适于开垦，甚至是无法开垦的石山，可耕地绝大部分集中在狭小的山间峰丛平原以及河流两岸面积不大的冲积及坡积平原上。壮族人地关系的这种状态极易引发尖锐的民族矛盾。事实也的确如此，广西东部地区的丘陵土岭地带，由于在缓坡泉水可引之处，可以开垦为田，无水可引之处，则可耕为地，农业生产条件较为优越，因此，在汉族人口的持续迁入之后，局部性的人地紧张状态即刻形成。由于汉族拥有政治、经济和军事上的优势，最后往往迫使原先居住在平原地区的壮、瑶居民离开平原河谷而退往山区；另外，那些选择不退出的民族，又积极去适应汉族的生产生活方式，最终导致壮族和其他少数民族"汉化"。

其次，对土地资源的过度开发利用可能会加剧人地关系和民族关系的紧张。

平原河谷等环境条件相对宽松之地，无疑会成为外来民族的首选，然而问题的关键是，环境容量毕竟有限，因此随着人口基数的扩大，势必要求有限的土地资源能提供更多的产出和满足更多人口生存和发展之需。一味地扩大耕地面积，肯定不是最佳之选择，毕竟土地，尤其是可耕地总量十分有限，因此，最可行之办法还是得依托对现有土地资源的改造和使其发挥出最大潜力。

然而，土地的产出毕竟存在阈值，因此，过度的改造极有可能会破坏土地和环境阈值，于是，人类社会就会受到随之而来的"报复"与"惩罚"。怎么解决这一问题？在科学技术进步之现状下，适当减少人口并控制对环境资源的"过分掠夺"，是化解人地关系紧张之局面的唯一途径。

例如，历史上滇东南与桂西北的南盘江、红水河流域，从明代后期，因过度开发即有较严重的水土流失现象，史称"乌泥，出盘江，多伏流，或落漈数百丈，飞涛走浪十数里，夹沙土混混如黄河"[①]。汛期乌泥江水质红黄，入清之后即改名为红水江，后又被称为红水河。显然，随着汉

---

① （清）金拱修、钱元昌纂《广西通志》卷九十二《诸蛮·蛮疆分录》。

族的进入，一方面加剧了边远山区的人地紧张状况，导致民族间矛盾增多，但另一方面，汉族文化也开始渗透到壮族聚居的深山地区，使当地的壮族出现了一定程度的"汉化"倾向。

再如广西融县壮族村落，历史上也是"左右藤苍树古，多猿猱，獞人视若济伍"①，但随着中央统治力量的强力推进，其闭塞状况被打破，经济开发程度不断加深，当地出现了新的自然与人文景观，民族关系也由此受到影响，特别是清代改土归流完成后，汉族移民纷纷向边地流徙，进入山区垦荒，结果耕地由山谷向山坡扩展，林地后缩并加剧了西部岩溶山区的水土流失和边远山区人地关系的紧张局面。

再次，对诸如矿产之类的自然资源的过度开发利用也会诱发新的人地关系与民族关系的紧张态势。

除了对诸如土地之类的自然资源进行大规模的开发利用外，随着生产力水平较高的汉族人口的迁入，诸如矿产资源之类的自然资源的开采也迅速走上了快车道，对矿产资源的适当开发利用并不会对自然环境的阈值和矿产资源本身造成不可逆转的破坏，同时，对矿产资源的适当开发对促进人类和民族进步具有重要意义，然而，对矿产资源的开发利用一旦忽视了其内在的环境要求，不仅矿产资源本身会遭到破坏，而且原本是良性循环的自然环境系统也势必被打破，如此一来，原本和谐的民族关系有可能因此而引起矛盾与冲突。

仍以广西壮族聚集地区为例，这里的山地不仅植物资源丰富，而且还拥有比较丰富的金、银、铜、铁、锡、铅、锌、汞、硫黄、滑石等矿产资源。两宋以来，这些矿产资源的开采受到重视并在壮族地区社会经济生活中，发挥出重要作用。宋时，受开采技术和利用规模的影响，矿产资源的开采不仅规模不大、范围不宽、产量不高，而且也基本上处在环境和资源阈值的红线内，因而当时的矿产资源开发利用并未引起人地关系的紧张，然而，这种情况清朝时即被打破。清朝时，由于开采规模扩大，再加之环境保护和综合利用意识不强，结果林木减少，水土流失，有限的耕地资源也是"雪上加霜"。壮族聚居之山区地带，可利用的农业

---

① （清）姚柬之：《连山绥厅志》卷三《物产》。

土地资源本就十分有限,因此,当采矿对当地壮族农业生产环境产生消极影响时,就自然地引发了壮汉民族矛盾。

据史书记载,清乾隆三十四年(1769)红水河下游流域的上林县开办大罗山铅矿厂,开采后,"有碍田园"①,对周围壮族的农业生产造成很大影响,壮族与汉族矿工的矛盾因而激化,后被迫于乾隆三十七年(1772)将之封禁。同样,在广东连山梅峒,汉族矿工在清末民初时,进入此地,试采金矿,结果也对当地壮族农田造成了毁损和破坏,于是,当地壮族联合起来,不断告状,终至演变成武装对峙,最后官府决定停止采挖,壮汉民族矛盾才得以化解。

最后,先进生产工具的使用以及生产经营方式的利用也无形中引发了人地关系与民族关系的变化。

一般而言,先进的生产工具和经营方式不仅会提高人们征服与改造自然的能力,而且也对强化民族融合和促进民族地区社会经济发展具有重要影响。任何事物都有其两面性,先进生产工具和经营方式的运用也不例外。随着先进的生产工具和经营方式的运用,人们征服和改造自然的能力大幅度提高,在此过程中,原本和谐的人地关系遭致破坏,过去那种自给自足的生态受到重创,民族关系也不得不进行必要的调整。因征服自然能力的提升,也就意味着人们能在更广的范围内使原来看似不可能或很难开发的自然资源得到利用,生存空间扩大了,人地关系紧张之局面也就自然而然地得到了缓解;另外,通过对拥有先进技术和经营手段的汉族先民的交流学习,包括壮族在内的少数民族也会在各个方面缩小与汉民族的差距,于是,民族关系又在共同进步的大背景下得到了进一步深化。

第三节 人地关系进程中少数民族地域文化特征的形成:以广西为例

人地关系与民族关系演进的历史,还体现在民族文化特征形成的历

---

① (清)谢启昆纂修《广西通志》卷一六一《经政略十一権税》。

史上。事实上，任何民族文化特征的形成均非偶然产物，而是包括人地关系在内的一系列因素综合作用与影响的结果。而恰恰民族文化特征的形成又对民族关系的调适具有重要意义，所以在探讨人地关系与民族关系演进的历史规律时，不能不论及民族地域文化特征的形成这一关键问题。

民族地区地域文化的内涵尽管有不同的提法与表述，但仍可大致概括为"在一定的地域范围内长期形成的独具特色、自成体系的历史文化"。对照地域文化的基本含义，广西少数民族文化的地域文化特性即十分明显：首先，从地域划分来看，广西地处我国南部边疆，因而其民族地域文化也就具有独特的地理环境和气候条件内涵；其次，从民族历史发展演进过程上看，远古时代，广西境内就有人类活动，他们是今天广西少数民族的祖先，他们在与大自然的抗争中创造了辉煌的物质文明和精神文明，是中华民族文化不可缺少的重要组成部分；最后，地域特征在广西民族文化中烙下了很深的痕迹。事实上，从大量的文化现象和考古发现来看，广西少数民族的稻作文化、铜鼓艺术、花山壁画、民居文化、饮食文化、服饰文化、节日文化、艺术文化、神话文化、宗教文化、歌谣文化、医药文化等无不体现出了浓郁的地域特征。

据考古学家的考古发现，早在几十万年前，广西大地上就有古人类的广泛活动，尤其是在今壮族聚居的广西右江河谷地带，就已发现多处六七十万年前古人类活动留下的旧石器时代遗址；而在桂中、桂南、桂西的广大地区发现五万至一万多年前的旧石器时代晚期人类化石13处、遗物分布点100多处。应该说所有这些发现均说明广西少数民族有着悠久的历史、独具特色的生产生活习惯和在此基础上创造的特色民族文化；发展到四五千年至一万年前的新石器时代，广西境内人类活动的领域更为广阔——东起浔江两岸，西至那坡、大新，南自北部湾，北至灌阳、全州。上述文物及文化遗址的出现，既说明了壮民族在征服和改造自然过程中的演进历程，同时也说明了壮族在适应和改造自然环境的过程中所创造的地域文化的辉煌与灿烂。

具体说来，广西少数民族地区的地域文化具有典型的"那文化"特征，① 这种文化不仅与广西的地域特征密切相关，而且也有着自身的明显特征：首先是农业社会的文化特征。"那文化"最基本的含义既是农业社会的文化，也是以培植水稻为生的民族所创造的文化。纵观整个壮民族的演进历史，"稻作文化"的影响可谓无处不在——为接近稻田居住和不受地面湿气及毒蛇猛兽的袭击，干栏式居住建筑就应运而生；为适应田间劳动的需要，服饰的选择在颜色上偏重深色，在款式上注重宽松；各种节日按农时安排，各种活动则处处围绕稻作时令调整；组织上，大家农闲的时候在一起谈古论今、对唱山歌，农忙的时候互相帮助，忙完这一家，又到那一家，然后在一起吃饭、喝酒、聊天、说笑。其次是文化演进中鲜明的自创特征。广西少数民族是广西的土著民族，他们在长期的生产生活中形成的"那文化"即具有鲜明的原创性且带有明显的环境烙印和民族心理特征。事实上，广西少数民族的干栏建筑即是其适应少数民族地区地理环境和生活条件而产生的，既利用了山区坡地的地形特点，又较好地避免了南方的湿气和毒蛇猛兽的侵害，不仅有别于居住在平原的汉族民居，也体现了少数民族适应居住环境的生存智慧；同样，广西少数民族先民驯化了野生水稻，不仅满足了生存需要，而且不断发展了与水稻种植相关的农业生产技术和生活习俗与禁忌，促进了农业社会的发展。此外，在与汉族文化的长期交流与融合中，广西少数民族既

---

① "那文化圈"的范围，在我国"东至广东省中部偏东，西至缅甸南部和印度西部的阿萨姆邦，北至云南中部、贵州南部，南至泰国南部、越南中部和我国的海南省"。"那文化圈"具有同质性，"那文化圈"就是稻作文化圈，因此，"那文化圈"可视为稻作起源地之一。史料记载，"创造这种'那'文化的是最早居住在这一带的侗台语族群，这些族群具有语言同源、以'那'为本的传统生活模式、居住干栏、使用铜鼓等共同的文化特征"（覃圣敏：《壮泰民族传统文化比较研究》，广西人民出版社，2003）；作为"那文化"的一个分支，广西少数民族地区地域文化特征首先是指广西少数民族在长期的生产和生活过程中创造的物质文明成果，包括与当地的生存环境相关的干栏式建筑，与稻作文化相关的双肩石斧等石器以及与稻作农业密切相关的铜鼓等；其次，这种文化还涵盖了广西少数民族在长期的历史发展过程中的智慧和经验。作为历史的存在，广西少数民族地区地域文化不但沉淀在各种物化的形式中，也潜存于无形的民族意识和民族精神发展中；此外，作为一种文化现象，"那文化"也与广西少数民族的生产和生活密切相关。事实上，作为一种生活形态，它还很好地诠释了人与自然、人与人共生共荣的生命哲学。

有广泛的吸收，同时也有自己的创造；广西少数民族的青铜铸造技术尽管来自中原的汉文化，其产品内涵的文化特征却迥然不同，尤其是壮族铜鼓上的花纹和图案即很好地表明了它与广西少数民族宗教信仰和风俗习惯的密切联系。最后是地域文化的开放包容特征。广西少数民族历史上受汉文化的影响深远，这一点在地域文化上的体现即是其内在的开发性与包容性。以民居建筑为例，广西少数民族传统民居建筑是干栏式风格，这种建筑能与少数民族所处的自然环境协调一致，具有防潮防猛兽等功能，不过，后来由于森林面积日趋减少、毒蛇猛兽远离人类以及用于建筑的木材不断减少且价格昂贵，再加之全木式的干栏建筑易于着火，因此，当汉族的硬山搁檩式建筑显示出其结构坚固和不易着火的优势后，在少数民族地区逐渐流行开来。①

第四节 人地关系进程中的民族关系互动：以壮族"汉化"和汉族"壮化"为例

在人地关系过程中，不仅"人"和"地"的影响是相互的，而且民族与民族之间的影响也照样如此。具体到汉民族和壮民族的关系而言，汉族的政治、经济、科学技术及文化的影响力尽管很大，但我们不能据此就认为包括壮族在内的各少数民族就只能被动的适应和"被汉化"。在历史上，在民族共处过程中，"汉化"之趋势虽是主流，但汉族被少数民族影响也是不争之事实，更进一步讲，历史上部分汉族先民被"少数民族化"也是客观存在的。

以历史上的壮族"汉化"及汉族"壮化"情况为例，民族间族群身份和政治文化选择认同的形成，表面上看似乎主要是民族间在生产生活中相互影响的结果，与通常所说的"人地关系"及自然环境并无多大关系，其实，情况并非如此。为什么同样是壮族原住地区，有的地区"汉化"现象就很顺利，有的地区却缓慢艰难？为什么有的地区出现得更多的是"汉化"，有的地区的"壮化"情况却很普遍？原因尽管多种多样，

---

① 覃圣敏：《壮泰民族传统文化比较研究》，广西人民出版社，2003。

然而"人地关系"或说是环境因素在其中的影响不可忽视。

壮族的"汉化"作为壮族发展过程中的一种现象,主要是指壮族在与汉族的交流中,逐渐接纳汉族的政治经济制度、语言文字、服饰文化、风俗习惯等,从而更加丰富了自己的民族特征,最终成为中华民族发展中的一部分;相比较而言,汉族"壮化"则是指壮汉民族交往中,部分汉族主动融入壮族之中,成为壮族一部分的现象。

一 人地关系进程中的民族关系互动:以壮族"汉化"为例

就壮族"汉化"情况而言,不仅各地区"汉化"的时间快慢有别,而且"汉化"的程度也有较大区别。平原河谷地带,由于汉族人口多、壮汉交流程度深以及汉族统治势力强等方面的原因,"汉化"进程往往快且顺利;相反,环境条件相对落后地区,则往往"汉化"较慢。此外,即便是同一个地域,由于壮汉融合程度及其认同度的差别,"汉化"进程在不同的时期也各具特点。

从历史上看,壮族"汉化"应起始于隋唐后。[①] 到宋代,广南西路中的壮族先民"夷獠"便在风俗、服饰等方面出现明显汉化现象,当时的贵州和得州的少数民族出现汉化的现象较早。[②] 贵州,在汉代仍是"夷獠杂处"之地,但到谷永、陆绩任太守时,已"是邦始迪以诗书礼乐之化",至隋代即称"人性轻悍,而椎髻箕踞,乃其旧风",盛唐时当地更是"风俗一变,车书混同",而至南宋时则"衣冠文物之盛盖彬彬矣",显然,当时的壮族与汉族差异几可忽略不计;相比较而言,在得州,当地土著居民汉化要稍晚些,史载到"唐大中以后并服礼仪衣服巾带如中国焉"[③];而容州,北宋时号称"夷多夏少",并且当地的"夷"人,"鼻饮跣行,好吹葫芦笙,击铜鼓,习射弓,无蚕桑,缉旧葛以为布,不习文学",显然没有受到汉文化的影响,不过北宋灭亡之后,由于"北客避

---

① 隋唐时中原统治势力对岭南壮族聚居地的统治虽得以强化,但事实上对这些地区的深层次影响仍处初步阶段,再加之南下的汉族不仅人数有限,而且与壮族先民的共处与交融也才开始,因此,隋唐时,壮族"汉化"之痕迹也就不易觉察。
② 当时的其余府州,史料上并没有出现"汉化"的相关记载。
③ (宋)王象之:《舆地纪胜》卷一一一《广南西路·贵州风俗形胜》。

地留家者众",才导致当地民族"俗化一变,今衣冠礼度并同中州"①;化州,原是"夷俗悉是椎髻左衽",南宋末年时,变成"今化之为俗,士民被礼逊之教,出入颇衣冠相尚,虽贱隶服亦襟衽,无复文身断发之旧"②;雷州也是汉夷杂居之地,史载通行官语、客语、黎语三种,"今语言之间,官语则可对州县官言也,客语则平日相与言也,黎语虽州人或不能尽辨"③,尽管最初时壮汉彼此间没有什么影响,但随着当地的土著居民"人多向学",情况才慢慢有所改变。由此可见,宋代壮族"汉化"的进程总体上看,呈现出了"先北后南,先东后西的发展规律"。

元代,由于对岭南的治理并未导致更明显的民族融合,所以元时的"汉化"进程史书记载得不多;但明代中叶以后,随着中央王朝对壮族地区统治的加强以及汉族人口的大量迁入,壮族的"汉化"现象,较之宋代才更为普遍,同时范围也更广。④

相比较而言,桂东北一带的壮族"汉化"进程最快,"汉化"程度也最高——明朝时,只有桂林附近的临桂、灵川两县壮族称久已"向化",其他的已与汉无异,而平乐府辖境内也只有少部分"良㺜""抚㺜"而已⑤;至清代中期以后,阳朔、永宁(永福)一带的壮族也开始出现"蛮风丕变,弦诵日兴而人文盛矣"的现象⑥;清末民国时,平乐府境内的平乐县、荔浦县、贺县等地壮族多已混同汉人了。⑦不仅如此,清中叶还是壮多汉少的荔浦、修仁一带,民国年间刘锡蕃路经当地进行调查时,发现当地几乎全是汉族村寨,显然这些汉寨有相当部分也为壮族汉化而来。

再就桂东南地区的郁林、得州、梧州等境内的壮族"汉化"情况而

---

① (宋)王象之:《舆地纪胜》卷一〇四《广南西路·容州风俗形胜》。
② (宋)王象之:《舆地纪胜》卷一一一《广南西路·化州风俗形胜》。
③ (宋)王象之:《舆地纪胜》卷一一一《广南西路·雷州风俗形胜》。
④ 刘祥学:《壮族地区人地关系过程中的环境适应研究》,广西师范大学出版社,2013。
⑤ 如修仁县"良㺜类汉者仅九十户","东北㺜稀而良"〔见(明)杨芳《殿粤要纂》卷二《平乐府图说》《仁县图说》)〕;富川县也仅有"抚摇、抚㺜、抚民"〔见(明)杨芳《殿粤要纂》卷二《富川县图说》〕。
⑥ (清)金拱修、钱元昌纂《广西通志》卷四《桂林府图经》。
⑦ 史称当地原来的壮族"但因与汉人同化已久者,自忘其为瑶族、㺜族,外人亦难于分辨"。见(民国)黄旭初监修、张智林纂《平乐县志》卷二《社会·民族》。

言，容县在宋代曾是壮族的主要分布地之一，明时出于防卫瑶族的需要，迁来部分"狼兵"驻屯，县境内"额十有一里，山川夷旷，民作息耕凿而无摇狼者四，其余即有，鲜有为我梗者，而辛墟水源、罗龙诸狼则不惟不为我梗，且听我分班调护焉"，属汉化程度较轻的"抚狼""抚憧"①，然而，清末以后当地即不再有壮族的记载了。相比较而言，博白和桂平的部分壮族在明代时汉化程度已较深，史载博白县即是"无憧，错狼摇二种，而近且向化与编氓齐"②；桂平武靖州"有憧而与编氓同，效贡赋"③，至清中叶后，这一地区的"狼憧"多已同化于汉族之中。不同于郁林、得州等地，梧州府境内壮族不多，号称"今声教诞敷，蕉符无警，蛮夷风俗日已巫变"④，其中，苍梧县在清中叶后，"今虽僻远乡落，久知以陋习为耻，彬彬日变矣"⑤。

至于柳州与南宁的周边地区，明代随着大量汉族的迁入以及壮汉杂居格局的形成，部分壮族也开始出现"汉化"倾向。例如，史载永淳县壮族"弥者亦稍稍知所向矣"⑥，而柳州一带的瑶壮也是"迩多向化，凛约束"⑦，而到清代中叶之后，柳州周围地区的壮族也开始出现汉化倾向。南宁的情况尽管比柳州有所滞后，但明朝中后期在南宁周边的宾州等地，也是"狼憧杂居，……王化罩敷，文风王振，科第蝉联，地封族表，间亦有之"，至清末民国时，汉族人口更是占据多数；上林县则是"百姓俱皆土著无异类……县治之北百里外，渐近土狼，不免习于跳梁，今亦蒸蒸向华"⑧；总之，象州、柳城的壮族在清末时，不少已不再使用壮语，民国时已被完全视为汉族。

与桂东北、桂东南以及南宁、柳州等地壮族先民的"汉化"情况相比较，桂西以及桂西北地区的壮族先民，其"汉化"进程相对要缓慢得

---

① （明）杨芳：《殿粤要纂》卷二《容县图说》。
② （明）杨芳：《殿粤要纂》卷二《博白县图说》。
③ （明）杨芳：《殿粤要纂》卷三《武靖州县图说》。
④ （清）金拱修、钱元昌纂《广西通志》卷四《梧州府图经》。
⑤ （清）金拱修、钱元昌纂《广西通志》卷三十二《风俗》。
⑥ （明）杨芳：《殿粤要纂》卷三《永淳县图说》。
⑦ （明）杨芳：《殿粤要纂》卷一《柳州府图说》。
⑧ （清）金拱修、钱元昌纂《广西通志》卷三十二《风俗》。

多。至于史料记载的桂西地区龙江流域与左江流域的壮族"汉化"的现象，也主要是以接受汉文化作为基本衡量标准①；实际上，这些地区的壮族先民，在语言、习俗，尤其是在民族认同等方面，都有较强的自我意识，与完全融为汉族的"汉化"尚有相当的距离。

总之，如果以清末民国年间作为时间界限，那么壮族"汉化"的分布区域就大致可以确定为：以桂东南与桂东北平原丘陵区壮族先民的"汉化"为主，其次才延及桂中平原地区与南宁盆地一带。尽管上述地区在历史上的不同时期都有相当的壮族分布，但随着"汉化"进程的加速，至民国时期就均成了汉族人口占主要比重的区域。

壮族"汉化"现象看似涉及面广、影响因素多和时间跨度长，然而基于"人地关系"视角，这种过程仍有自身的规律可循。

首先，汉族迁入人口的多少对推动壮族"汉化"进程具有重要影响。一般说来，历史上人数较少和经济文化发展相对落后的一方，往往会主动向人数较多和经济文化较先进的一方靠拢并成为人数较多一方的一员②；当然，如果人数占优的民族在政治经济和文化上处于弱势地位，那么，对人数处于劣势地位的民族的影响势必要大打折扣。

至于民族杂居，当然是导致民族融合的重要因素，但杂居未必就会导致"汉化"现象的产生。事实上，历史上的不少地区，尽管存在汉、壮杂居的分布格局，但并无当地民族被"汉化"的记载。显然，民族的同化与异化，"杂居"并非其中的决定性因素。实践证明，导致一个民族向另一个民族靠拢并最后融于其中，既与民族人口的多少有直接联系，也离不开政治、经济、文化甚至是人地关系等方面因素的制约。

与隋唐比，两宋时壮族"汉化"现象明显较快，究其原因，汉族人口南下规模的扩大即是其中的一个十分重要的原因，不仅如此，由于历史与现状等方面的影响，南迁而来的汉民族的政治经济与文化力量也远比壮族的政治经济文化的影响力大，以至南下的汉族先民尽管人数十分有限，但"汉化"的影响已在壮族中逐渐扩散开来。同时，汉族在风俗

---

① 如史载庆远府"夷习日以浸变，自宋施于今，绰有文风焉"；太平府"其民多土夷，沐浴皇仁日久，斯亦趋于文"。
② 这一点还被认为是民族融合与演进的重要规律。

习惯等方面也出现了壮族影响汉族的现象。范成大云:"南州风俗,糅杂蛮猺"①;周去非也称:"广右二十五郡,俗多夷风,而疆以戎索。"② 当然,到了元、明、清时期,随着中原统治势力对岭南地区统治的强化以及南迁汉民人口的大幅度增长,在壮族地区,汉族人口开始"后来居上",以至壮民族"汉化"进程明显加快,至民国初年,除桂西北地区外,其他地区壮汉间的族群差别几乎因"有效的融合"而"名存实亡"了。

清朝以前,桂林、静江、贺州、容州、得州、贵州、柳州、融州、高州、雷州及化州地区,尤其是桂东北地区壮族"汉化"已开始彰显出了自身的影响力,但总体上分析,"汉化"的程度不仅不深,而且涉及范围也较有限。之所以如此,关键性的原因仍在于迁入的汉族人口相对有限。这一点也恰似史料所反映的那样,如平乐县"为民村者,一百一十有五,为猺獞村者不舍倍焉";荔浦县"编氓三而猺与獞七,多寡强弱可知也";昭平县则是"编氓于猺獞十之三,守军仅百余";修仁县也是壮族"梁、罗二族生齿繁夥,汉民仅二三户"③。显然,少量杂居的汉族对人口较多的壮族产生影响还较有限。

不过,到了清朝以后,上述情况则发生了明显变化。据史书记载,康嘉时期,乃是汉族人口移居桂东北的高峰。当时的不少汉族移民纷纷进入桂东北各县,同时居住地也开始由以前选择的平原河谷地带向周边的丘陵地带和边远山区发展,以至平乐县"廖市民居远则东粤,近则全州,鲜有土人"④,而到清末民国时,更是"城中聚处,五方流寓,东粤、三楚为多",其中,"江西、福建亦不乏人,其散处乡村者溯其籍贯,以四省流寓为多,安居乐业,已成土著"⑤。清时,荔浦县也是"商贾皆东粤三楚人,冬归春聚";修仁县"四乡民獞杂处",昭平则是"县城居民鲜少,商贾集于城外,诸乡则民猺杂处";永安县(今蒙山县)则"商贾

---

① (宋)范成大:《桂海虞衡志·志器》。
② (宋)周去非:《岭外代答》,《序》。
③ (明)杨芳:《殿粤要纂》卷二《平乐县图说》《荔浦县图说》《昭平县图说》《修仁县图说》。
④ (清)金拱修、钱元昌纂《广西通志》卷三十二《风俗》。
⑤ 蒋庚蕃、郭春田修,张智林纂《平乐县志》卷二《社会·民族》。

贸易，流寓者多诗书之族……民与摇僮杂处，而民居其三"①；富川"四方通道辏集，市廛日以繁盛"②，同时，这里乡村地区的"抚巢"也是"半摇僮，半梧州流民。其编籍输赋者十之一，余则自耕自食。……抚巢抚民几半境内"③。汉族人口所占比例上升得如此之快，因而桂东北等地区壮族和其他少数民族的"汉化"程度高，也就不难理解了。

其次，人地关系状况也是诱发壮族"汉化"现象的重要因素之一。在影响壮族"汉化"过程中，"人"的因素当然重要，然而，"地"的因素同样具有重要作用。原因在于，如果人地关系过于紧张，壮汉间几乎没有交流共处合作的空间平台，那么，"汉化"的过程虽有强大动力，但进程可能要迟缓得多；相反，若人地关系相对宽松，壮汉间能在同一空间平台上和平共处，那么，借助于"融合"渠道而来的"汉化"过程，也就必然会快捷得多。

事实也的确如此。例如，在地形以平原丘陵为主，可耕地较多，灌溉便利，环境较为宽松和发展农业条件较佳的容州、得州、贵州、化州及雷州等地，"民以水田为业"，"聂尔之区，闲田痔土茅苇弥望，而无原畴膏腴之地"；滑州"沃壤颇多"，而雷州"平田沃壤，又有海道可通闽浙，故居民富实市井，居庐之盛，甲于广右"④，土地资源和可耕地丰富情况由此可见一斑。随着汉族人口的大量涌入，由于原有条件较好的土地一般均被壮族世居民占据，因此，迁入之汉族便只得依靠自身较先进的生产工具和耕作技术，在一些被土著居民看来无法耕种的"痔土"上精耕细作。由于南下迁入之汉族未与世居壮族发生土地纠纷，并且随着区域人口增长，双方的生存环境也未受到想象中那样的"挤压"，更何况汉族移民通过自身的努力，使得原先的"闲田痔土"变成了良田，因而既避免了人地关系紧张和民族间的矛盾，又促进了当地生产与耕作技术的发展，以至这些地区不仅社会稳定，人们安居乐业，而且还出现了史

---

① （清）金拱修、钱元昌纂《广西通志》卷三十二《风俗》。
② （清）顾国浩等修，何日新、刘树贤等纂《富川县志》卷二《风俗》。
③ （清）顾国浩等修，何日新、刘树贤等纂《富川县志》卷十二《杂记·摇僮》。
④ （宋）王象之：《舆地纪胜》卷一一一《广南西路·贵州俗形胜》卷一一八《广南西路·雷州·风俗形胜》。

称的"嘉庆以来,境土宴安"以及"饮食粗足"的盛世局面①;事实上,也正是在这样的背景下,这些地区壮族的"汉化"过程也都在"潜移默化"中步入了"快车道"。相反,像宜州和融州一带地区,由于山地纵横,山高坡陡,土地资源尤其是耕地资源比较有限,因而随着汉民迁入,原本紧张的人地关系更变得"雪上加霜"。当时,为了生存,壮汉间为有限的土地及环境资源不得不展开激烈竞争,以至最后不是壮族等少数民族退居更艰苦的山地深处,就是汉族移民选择退让或从事其他行业。彼此间既存"疙瘩",同时又不在一个平台上相互影响,再加之这些地区壮族等少数民族的影响力十分强大,因此壮族"汉化"的现象难以形成。

最后,南迁汉族生活地域的人口结构变化也对壮族的"汉化"进程有着一定的影响。

南迁之汉民最初一般是选择土地和环境条件相对较好的平原及河谷地带作为生存发展的空间,因此在这些地区汉族与包括壮族在内的其他少数民族交叉融合,最终演绎出了一首首"过程有别,但结局相似"的少数民族"汉化"进行曲。最初的阶段,因南下汉民并未过多的涉及山区丘陵地带,因而相比较平原与河谷地带,山区丘陵地带的"汉化"进程不仅缓慢,而且过程也相对要曲折得多。只是以后,鉴于平原与河谷地带的人地关系过于紧张,引发了很多民族矛盾,再加之汉族南下规模的扩大与人口增加,山地丘陵地段也成为当时汉族的重要区域选择,于是,在这些条件相对艰苦的地带,随着汉人的进入及其影响的逐步扩大,"汉化"的过程也开始慢慢起步。

史料表明,康熙年之后,随着汉族移民的大量进入,导致桂东北地区汉族人口急剧增加,平原地区已趋饱和,于是,外来人口遂往山区迁移,开荒垦殖,最终使壮族先民聚居的山区,也成为壮汉杂居之地。

据史载,随着汉族人民南下规模的扩大,到康熙时,即便在云南、贵州、广西、四川等省,"人民渐增,开垦无遗,或沙石堆积,又难于耕

---

① (宋)王象之:《舆地纪胜》卷一一七。

种者，亦间已有之。而山谷崎岖之地，已无遗土，尽皆耕种"①；另外，随着南下移民增加，其时桂林府、平乐府一带的人口密度分别达到每平方公里 40.1~43.17 人，是当时广西壮族地区人口密度最高的地区之一。②

人口密度如此之大，因而在当时的生产力水平和生产条件下，向山地拓展则成了必然选择。结果，荔浦"自本朝定鼎以来……加意招徕，哀鸿云集"③；雍正时，全州西部山区，也已有大量的湖南移民"襟集于山谷高原，水泉阻绝处"，从事垦荒活动，种植玉米、红薯等杂粮④；富川县，乾隆时当地山主"招人刀耕火种"，加上原先进入山区的流民、逃犯，与瑶、壮杂居的汉族人口不断增多⑤；而昭平、永州等地，明末清初时，也即有部分汉人进入；龙胜县汉族人口迁入稍晚，"俱在乾、嘉后，湘众及邻邑居多"⑥。由于山区地带的汉族移民在规模上越来越大，那些在生产经营和文化上自成体系的少数民族，也随着大量汉族的迁入，而开始受到汉族生产经营方式和文化的影响并最终开始了"汉化"的进程。

不仅如此，汉族人口的大量迁入，还改变了桂东北地区的人口结构，壮族的"汉化"过程获得了更为顺畅的渠道。

总体上看，清朝之前，桂东北许多地区仍是壮族聚居之地，社会上"民少壮多"，史料中常称"民三僮七"，这种情况在乾隆后发生了很大的改变，汉族比例上升，影响力也进一步扩大。嘉庆《广西通志》即载腹里数郡"民四蛮六"，而桂林、平乐两府，当然属于腹里之郡，汉壮的比例亦应在四六之间。⑦ 随着汉族人口规模不断扩大，尤其是在平原地区，汉族人口，接近甚至大大超过当地的壮族人口数量，再加之汉族

---

① 《清圣祖实录》卷二四九。
② 周宏伟：《清代两广农业地理》，湖南教育出版社，1998，第70页。
③ （清）胡醇仁纂修《平乐府志》卷四《风俗》。
④ （清）温之诚修、曹文深等纂《全州志》卷一。
⑤ （清）叶承立纂修《富川县志》卷一《水利》。
⑥ 蒙起鹏纂修《广西通志稿·社会篇·氏族二》。
⑦ 实际情况分布并不平衡，在壮族聚居的山区，汉族并没有达到这个比例，而在平原丘陵地区，汉族的人口数量又大大超出这个比例。如永安州"百姓居三，摇僮居七"［（清）胡醇仁纂修《平乐府志》卷十《摇僮》］；而在临桂、兴安、灵川等县，壮族只有一两个聚落点，汉族的比例保守估计也在十分之七八以上。

自身政治、经济、文化各方面的影响力，壮族"汉化"趋势也就更为明显。

还值得一提的是，在促进民族融合和壮族"汉化"过程中，当地官吏在注意扩大耕种面积和改善生产环境外，鼓励改进耕作技术、引进农作物以及提高产量等。

通过改造环境、平整土地、引进先进的生产技术和优良的农耕品种，原来在壮族和其他少数民族眼里是"闲田痔土茅苇弥望"的山间田地，也好似焕发出了青春。突出的像桂北永安县境，虽然山多田少，但逐渐变得"方七百里境，山凡九之，田一之。土壤肥沃，多上田，无所用粪，种常七八十倍，下亦二三十倍"，成为清代重要的产粮基地①；同样，平乐县也是山多田少②，康熙时，当地汉壮居民耕作技术落后，收成极低，辛勤劳作，而终岁"食则粗粝不饱"，"居则蓬茅不完"，被人称为"产谷最少之区"，后来采用新的耕种方法后，情况渐变成"深耕而熟覆矣"③，产量有了明显提高，至乾嘉之时，已是"山田仰泉，不甚作苦，鱼盐粗给，称小康焉"④。先进生产技术和优良农作物品种的引进不仅有助于实现山区垦殖范围的扩大、生产条件的改善、农作物产量的提高以及土地开发对环境和人口增长承载力的提高，而且也增大了环境容量，有效减轻了对平原和河谷地区生产的过度依赖。环境容量的增大最终对缓解桂东北地区的人地紧张关系、减少汉壮两族间争田夺地的矛盾以及推动壮族等少数民族的"汉化"均起到了重要作用。⑤

---

① （清）屈大均：《广东新语》卷十四《食语·谷》。
② 史载是"一掌平原即诧为沃壤，一线溪流即矜为水利"。
③ （清）黄大成纂修《平乐县志》卷六《物产》。
④ （清）谢启昆纂修《广西通志》卷八十七《舆地·乡村》。
⑤ 甚至促进了山地生产能力的提升，桂东北地区土地的人口承载力也随之提高，而这一点通过对桂东北地区人口增长情况的分析就可以得到很好的说明。相关研究表明，与清初相比，清中期桂东北地区人口增长的大致情况是：桂林府属临桂县增长23%、兴安增长109%、灵川增长43%、阳朔增长74%、永福增长48%、义宁增长78%、全州增长155%、灌阳增长111%；而平乐府属平乐县则增长了32%、荔浦增长82%、修仁增长147%、昭平增长80%、永安增长107%、恭城增长84%、富川增长81%（参阅周宏伟《清代两广农业地理》，湖南教育出版社，1998，第123~124页）。显然，壮族分布较多的丘陵山区"丁"的增长均属较高水平，也就在一定程度上反映了这些地区的农业垦殖发展和农耕水平的提高情况。

对土地资源的改造利用以及山区耕种面积的扩大，无疑对提高人们征服和改造自然能力、缓解民族矛盾与人地关系的紧张局面、推动中华民族的发展与进步以及促进壮族等少数民族的"汉化"具有重要意义。尽管如此，就人地关系演进的角度而言，对土地等自然资源的开发利用，如果超出了自然本身的阈值，又会受到自然的"惩罚"和"报复"，以至人地关系也会从暂时的"缓和"走向"激化"，最终又会危及人类社会的文明进步和可持续发展。

由于当时认识程度和生产经营方式的影响，在拓展土地资源的承载力过程中，这些地区确实存在着不利于人地关系可持续发展的行为，突出表现就是随着农业垦殖面积扩大而出现的林地减少、水源枯竭问题及其因此而引致的资源环境问题。例如，桂东北的恭城和灌阳山区，本属"民膺山泽之利，结庐候守，远近相望"，但至明末时则变成"耕作既久，林翳渐尽，山原旷土，遍布蓝种"，天然林已被人工作物所代替[①]；同样，乾隆年间，富川山区也是"山溪之水，全仗林木荫翳，蓄养泉源，滋泽乃长"，然而自汉人大量进入并大规模开荒垦种后，林木等自然资源被大量毁损，结果就又导致了"烈泽焚林，雨下荡然流去，雨止即干，无渗润入土，以致土燥石枯，水源短促"[②]；漓江上游山区，也因农业人口的进入并于林莽中开垦耕地，造成林地减少，林区后移至高山地带，康熙年间以后下游地区水旱灾患明显增多。

还值得一提的是，壮族"汉化"过程中，因人地关系问题，汉民与包括壮族在内的少数民族之间的关系在某种程度上被激化了。

同样以桂东北地区为例，在开始阶段，由于迁入的汉人不多，桂东北地区的丘陵平原，尚有较多的荒地可供开垦，因此人地关系与民族关系尚处和谐的范围内，然而明中叶以后，随着外省汉民持续移居桂东北，民族矛盾渐趋尖锐激烈。之所以如此，关键性的原因在于迁入之汉族与包括壮族在内的少数民族都将生存与发展的首选地选择在条件相对优良的平地和河谷地带，而恰恰桂东北地区因地理情形的影响，利于农耕的

---

① （清）顾炎武：《天下郡国利病书》三十册，《广西·全州志》。
② （清）叶承立纂修《富川县志》卷一《舆地·水利》。

平地河谷在面积上又是相当的有限,因此,壮汉等民族间的土地之争就很难避免了——先是早居于此地的汉族,占有的土地较广,且"田不自耕,而招佃于摇獞"①,再就是明统治者实行"以夷制夷"政策,以瑶制壮或以壮制瑶,在一些汉、壮与汉、瑶交接地带,也采用招佃的办法,吸引瑶、壮居民耕种,以形成彼此制约之势,以至明中叶时桂东北不少地方,形成了汉、壮、瑶三族相互杂居的分布格局。还有的汉族地主担心壮、瑶人多,久佃失去土地,不断找借口加租,以达到迫其停止佃耕的目的,这种过重的佃租常常遭到瑶、壮佃户的拒绝,最终导致壮族、瑶族与汉族之间,为耕种土地发生激烈的冲突。这一点也恰似郭应聘所言,"阳(阳朔)、永(永福)之患皆始于里民招摇为佃,久之蔓延充斥,不可羁縻。而豪猾之徒又从之以摇为利,入其私租,不共官赋,少不当意,动以贼占为辞,诉评追呼,积成雕瘁,致劫夺报复,地方之事益多矣"。②

"招租招佃"和"以夷制夷"的确深化了壮汉等民族间的矛盾,但其实更深刻的原因还是汉族分布区域不断扩大,造成分布在平原地区的壮族的耕地不断遭到蚕食。史载荔浦县在洪武初时原有汉族聚落8都17个里,后因壮族周文昌之乱,"被杀者十有五六",永乐初只存5里,因"居民鲜少,田地荒芜,遂往柳庆招募獞民垦佃,及后獞类繁多"③;宣德后,尽管汉族人口复又增多,但在正德年当地壮汉再次发生冲突,最后汉族"存者寥寥,后收拾残黎,止存永苏、通津、与坊郭半里";以至许多汉族村落,变为壮族聚居之所,如咸亨里"古皆民村,后被杀绝,悉属獞类。沃野良田,膺居已久",青香里,"前贤古土,自獞贼猖狂,占据三恫里,民屠殆尽"④。而正德二年,荔浦、修仁一带也是"田塘顷亩,节被壮贼占种"⑤;嘉靖二十五年贺县弓山、黄洞等壮族也"流劫乡村,杀掳人财,夺占田土,民不宁居"⑥;嘉靖三十年,阳朔县"湖北獞尤称逼肆……入据鬼子、庄头等巢,时出掠,杀其令张士毅,占民里田庐,

---

① (明)杨芳:《殿粤要纂》卷一《桂林府图说》。
② (明)郭应聘:《西南纪事》卷四《平永福边山》。
③ (清)胡醇仁纂修《平乐府志》卷十三《厢里》。
④ (清)胡醇仁纂修《平乐府志》卷四《厢里》。
⑤ 《明武宗实录》卷二十九。
⑥ (明)张岳:《报连山、贺县捷音疏》,载(清)汪森辑《粤西文载》卷八《奏疏》。

令不得耕牧"①。鉴于当时壮汉矛盾的激化，明朝统治者无奈只得从桂西调动"狼兵"参与镇压，最终迫使这一地区壮族退居山林，后明廷又在各要害之地，设置营堡和巡检司，由"狼兵"严加守卫，"附堡旷地，听各兵垦耕，以资行粮"②。在明军的残酷镇压下，桂东北一带壮族反抗斗争被平息，壮族人口大量被杀，大量田地被占——先是永福壮族反抗平定后，明朝"覆贼遗闲田得一万二千一百余亩，给兵且耕且守"③。府江地区瑶、壮反抗被平定后，"覆贼遗田计四十万亩有奇，旧属平乐、荔浦、永安者，令民复业输赋如故。各土司屯种者，人给田四十亩，兵领加给有差。授田之初，养以月粮，资以牛种，三年之后，计亩科粮三升"④；而在同一时期，当地汉族所耕种的田地面积则有了较大幅度的增长，其中，永福县官民田塘为6074顷20亩有奇，平乐府官民田塘总额为5370顷73亩有奇。⑤ 总计明军夺占平乐府境内壮、瑶的耕田总额几近于汉民的耕地面积。被夺占的大量壮瑶田地，一部分归汉族官僚所有，另一部分则由"狼兵"耕种。⑥ 这样，桂东北地区民族分布格局强力调整的结果，是部分壮族被迫退往山区，外省流民占种原属壮族的田地。桂东北平原地区的田地易主，取而代之的是汉族流民、汉族士兵和壮族狼兵屯种。由于山区耕作条件较差，生活艰难，部分壮族主动投附明朝，被安置在汉族耕作区之间，成为编氓。⑦ 至此，桂东北平原地区的壮汉田地之争，因明军事力量的强力介入，才基本平息。

---

① （明）王宋沐：《阳朔县记事碑》，载（清）谢启昆《广西通志》卷一九八《前事略二十·明十》。
② （明）杨芳：《殿粤要纂》卷一《阳朔县图说》。
③ （明）郭应聘：《西南纪事》卷四《平永福边山》。
④ （明）郭应聘：《西南纪事》卷四《平永福边山》。
⑤ （明）郭应聘：《西南纪事》卷四《平永福边山》。
⑥ 史载，这些田地的具体分配情况是："色把总齐凯领田13880亩有奇，设堡凡几，下恫属之；土舍覃文举领田8660亩有奇，设堡凡几，东岸属之；土族岑仁领田15200亩有奇，设堡凡几；西岸龙头矶诸兵领田5190亩有奇，设堡凡几；仙回诸兵领田8260亩有奇，设堡凡几；永安、高天、古带诸兵领田2200亩有奇，设堡凡几；彼此各划地方分界，事版筑，业耕锄，为持久计"［见（明）郭应聘《西南纪事》卷四《平永福边山》］。
⑦ 如府江上中恫的壮族头领杨玄昌、王公来等在万历初相继投降，"愿输粮编户，还西南黄村、老鸦、黄泥诸田"［见（明）郭应聘《西南纪事》卷四《平永福边山》］。

二 人地关系进程中的民族关系互动：以汉族"壮化"为例

在人地关系进程中的民族关系互动过程中，壮族等少数民族的"汉化"无疑是主要的，但与此同时，也不能忽视汉族进入新地区后对少数民族文化的接受与融合。

汉族人口南下进入壮族聚居地区后，由于人地关系等方面原因的影响，为有效地融入当地壮人社会，自宋开始，汉人"壮化"已有发生。不过，限于民族心理以及对少数民族的某些固有成见，史书上的相关记载的确有限。迄今为止，汉族较大规模集体"壮化"且留有相关史证的，当属南宋末年江西广丰张天丰所率一支义军，在抗元失败后，隐居靖西县旧州峒，后成为那里的壮族峒官。① 至于左右江一带壮族族谱，尽管多记其先祖来自山东、浙江等地，但多属寄籍行为，② 不仅可信度不高，而且也不属真正的汉族"壮化"之列。

基于史料记载的不足，学者们对汉族"壮化"问题的研究也存在一定的分歧，相比较而言，研究者对"壮化"的主要地区为桂西及桂西北地区意见比较一致，然而对"壮化"的具体时间则有不同的看法。顾有识等人的观点具有一定的代表性，他认为③，汉唐至宋元间进入桂西地区的汉人均被壮人所同化，明清时期进入者亦有部分壮化。④ 汉唐至宋，由于进入岭南的汉民人数较少，因而在某些生产经营方式与生活习惯上受壮族的影响，应是没有疑义的，但据此就认为是"壮化"则值得商榷，毕竟"壮化"作为一种过程，其不仅涉及生产生活方式的改变，更要求彼此间在族群上的认同。鉴于当时的实际情况，汉人个体对壮文化的融合可能更占主导地位。原因在于，一方面南下之汉人毕竟人数有限；另一方面一般又多为男性，因此为在当地生存下去，这些人也就往往选择

---

① 顾有识：《试论历史上的壮汉互为同化》，载《广西民族研究》1999年第3期。
② 部分甚至是出于统治阶级胁迫下的无奈之举。
③ 顾有识：《试论历史上的壮汉互为同化》，载《广西民族研究》1999年第3期。
④ 顾有识此论的主要依据是光绪《新宁州志》所载之内容："本诸苗地，然遍问土人，其远祖自外来者，十之八九。初至城市，渐而散处四乡，与土民结婚，通声气。数传后，岩栖谷隐，习惯自然，人人得以憧摇目矣。非憧而憧，其居使然也"［见（清）戴焕南、张灿奎纂《新宁州志》卷四，《土属志·诸蛮》］。

"入赘壮家"的方式来达到目的。历史表明，宋元以来，随着中央王朝对桂西地区的开拓，当时就有少量的戍卒、商人，落籍当地；由于人数较少，且多为男性，最后只能入赘壮家，因此，个体汉族的壮化，其基本前提就是与壮族通婚，进而融于其中。清朝以后，尽管进入桂西和桂西北地区汉民有了较大的增长，但基于与当地壮族民众人数上的悬殊，再加之本地民族传统文化影响的深入，整体上的"壮化"进程十分缓慢。①

与桂西和桂西北的情况有别，广东连山、怀集一带的汉族"壮化"不仅规模较大，而且可查证的史料相对来说也比较多，因而在探讨汉族"壮化"时，也就相对更有说服力。

怀集、连山两县地处桂岭以东、南岭山系南缘，地势自东北向南倾斜。两县尽管土地相连，但历史上长期分属广西与广东两地。该地区的世居民族应为壮、瑶等民族，后来随着北方汉人的迁入，这一区域才逐渐调整为壮、瑶、汉杂居之地。相比较而言，世居于此地的壮族，被称为"主僮"，而后迁入者被视为"客僮"。这种情况恰似顾炎武所描述的那样"山居者为猺，峒居者为僮。……僮粗悍类猺，而服食犹近平民，似与志稍异。特二种之中，有真赝、主客之分，不可不辨。……土居为主僮，瓦合为客僮。……主僮贫，客僮富"②；明清时期，在封开、怀集、连山一带，"主僮"作为世居民，无论在政治上，还是经济和文化上都有着强大影响力，③而"客僮"则主要指后迁入该地区的壮族和部分"壮化"的汉族。至于"客僮"到底是何时进入该地区并与当地的壮族融合的，元朝以前的史料记载几近阙如，但至元后，情况则变得逐渐清晰

---

① 例如，清初时期的庆远府河池州，史载就是"猺僮十居八九，百姓皆属寄籍。蕃衍务农业，鲜蚕桑，不学技艺，不为商贩。俗尚陋音，惟喜赛鬼跳神，汉人时或效之，几于众楚之琳矣"[见（清）金拱修、钱元昌纂《广西通志》卷三十二《风俗》]。

② （明）顾炎武：《天下郡国利病书》二十七册《广东上·阳山县志》。

③ 例如，史载怀集有一名叫严秀珠的"僮人"，"与车廷惠诸酋雄据一十五巢，环四面二百余里，自上世为诸郡邑患苦。……盘互连岁，生齿益繁。而怀集有金鹅之酋、松柏之酋、龙扩之酋、诵七之酋。……开建有水细之酋、白莲之酋"（见练铭志、马建钊、朱洪著《广东民族关系史》，广东人民出版社，2004，第624页）。显然，像严秀珠这样的"主僮"当时已拥有了较强的势力。

起来。大量史料证明，元明时，即有部分"客僮"迁入连山一带耕种，但至明中叶之前，一直是各民族彼此共处，并没有较尖锐的民族矛盾，同时，怀集、连山一带地区的社会局势也相对安宁。只是明景泰年之后，随着广西大藤峡、府江等地瑶壮反抗活动的扩大以及明军不断出兵征剿，当地的汉壮混居和壮汉矛盾局面才日趋明显。由于明政府在民族地区一直实行的是"以夷制夷"政策，于是大批"狼兵"被派往这些地区且耕且守，这些"狼兵"大都携有家眷，居住日久，便成了广东的"客僮"①。此外，明中叶，由于广西社会动荡不宁，许多失去土地而无所依靠的流民，也不断向怀集、连山等地发展并在天顺年间形成高潮。②

随着明清时大量汉民的进入，汉民与包括壮族在内的各少数民族间的融合在民国时，基本上形成了一定的规模。史载，民国年间，在广东连山县一带，当地壮族中较有名气的陆姓、莫姓、梁姓、黄姓、廖姓等，族谱记载其先祖就均来自汉区，也即是原来讲汉语的汉族。③ 由于历史上壮族寄籍汉族较普遍，因而族谱中的记载不可全信，或说是难以考证，

---

① 史载"狼兵"进入连山屯戍，年代稍晚，正德元年（1506），连山发生壮瑶起义，明朝"发兵征连山古县，自是僮衰弱，不复振"；万历十一年（1583）明廷讨平怀集"主僮"严秀珠的反抗，"于僮地，立宜善乡，置宜善巡检司，壮族'狼兵'随之进入连山一带［见（清）姚柬之《连山绥厅志》卷一《总志》］。

② 天顺年间，由于"流民"大量进入，以至广东地方有关广西"流贼"攻劫广东的奏报不断。如天顺二年（1458）末，广东奏报："广西流贼四千余越境攻破连山县，找杀官军。已而复劫阳山县及连山诸村寨。"后又报："广西流贼纠广东怀集县二鸦、鸡笼岭等处僮贼，攻破开建县"（见《明英宗实录》卷二九八，天顺二年十二月壬午）。

③ 比较有影响的如：连山福堂一带的《陆氏源流考》称自己是"洪武皇帝交接之年，始祖自燕京带兵一路恢复至广西省平乐府富川县古里村驻扎，后瑶贼作乱，该村有土官韦直浪知公有兵马，请祖扶阵杀瑶贼。征平，在此安身，娶妻文次卢氏，脉生六子。……父站、父院兄弟二人在此连山宜善，籍居枫十甲，……后至五世祖云公迁居陆屋新寨……"；又如连山韦氏《姓谱宗支》记载："吾支本广西梧州苍梧县，徙居怀集县，又各立纲常分居阳山等处居住，至明朝间全特抵连山程山、古县、宜善、福堂屯开基立业"；梁氏《宗支簿》则载其"源始住在南京珠矶巷……洪武皇元年（1368）梁、亚二公迁移阳山通乡。……天顺皇六年来到上下坪，招抚瑶僮。"此外，文姓、傅姓、阮姓、孔姓等也均认为自己是外地汉族，最后大都经过桂岭、怀集一带，进入连山，最后成为壮族（见练铭志、马建钊、朱洪著《广东民族关系史》，广东人民出版社，2004，第624页）。

但其中部分为汉族先民"壮化"而来，是不容忽视的客观事实，尤其是其中的一些壮族较少的姓氏族民，就更有可能为汉族"壮化"而成。从现有资料上看，汉族进入连山，明清时期最多，原因或为带兵征瑶，或逃荒，或避乱等。初迁入其地的人口规模大小不等，有的为一宗族数百人，有的为数十人或单身，最后在连山县壮族之中，形成了一姓一村，或一村数姓分居的格局。

在壮汉民族关系演进过程中，无论是少数民族"汉化"，还是汉民族"壮化"均需经历一个较为漫长的演进过程，这其中既有各民族自身对地理环境和人文环境的自动调适，也有不少是基于对民族间政治、经济、文化影响力现实反映的历史体现。民族间关系的互动虽有一定的规律可循，但完全相同的道路不一定存在。事实上，壮族"汉化"与汉族"壮化"过程就各有其特点与路径。

与壮族"汉化"相反，汉族"壮化"需要两个基本条件：一是当地壮族人口要大大多于汉族人口；二是当地人地关系一定较为宽松，同时，民族矛盾也相对缓和。怀集与连山地区之所以汉族"壮化"现象比较突出，正是上述二地区不仅维持了壮瑶等民族对汉族的数量优势，而且人地关系也相对比较宽松。

明初怀集、连山一带是十分典型的瑶、壮多而汉族少之地。明万历时怀集一带即是"怀集地险隘，与摇僮项背"，根据杨芳所画军事地图，除县城以南地区有一些军事据点和部分民村之外，北部均为稠密的瑶、壮村落①；至民国时，怀集的汉族人口也不多，时称"怀城内少民居。……至渡头、地堡，界广宁，人居稀少"②。与怀集比，连山的情况也大致如此，史载连山县，康熙年间即"土瘠薄而民不知法，又山瑶野僮，逼处为患"，"宜善各村民僮杂处，僮多而民少"③，显然也属汉族人口较少之地。再从怀集和连山两县所处的环境条件而言，怀集、连山一带尽管山多田少，但由于位置偏僻，交通不便，人烟稀少，因而少量的汉族移民

---

① （明）杨芳：《殿粤纂》卷二《怀集县图说》。
② 周赞元等纂修《怀集县志》卷一《舆地·附城十二堡说》。
③ （清）刘允元纂《连山县志》卷首，《序》，卷一《村落》。

进入,并不致造成耕地的紧张状态,①特别是汉民进入这些地区后,往往选择山谷地带进行垦植,一般不与壮瑶民众争地,这种情况也恰似康熙四十年(1701),广东提督殷化行等疏称的:"州县民人,亦多散居山谷,与各瑶村落相望,田土错连。"②同时,怀集壮族也是"治木货以供日食,居外峒者与民杂,居深山者与瑶杂"③。由于没有人地矛盾,因而壮汉等民族和睦相处,相安无事。

与桂西和桂西北地区汉民的"壮化"比较,怀集和连山地区汉民的"壮化"过程较为清晰。由于宋元时代,南下之汉民大多选择桂东北、桂中及桂西北等地,因而怀集和连山一带并未形成汉民"壮化"的态势。而自明朝后,随着中央政府对桂东和粤西北一带统治的加强,不少汉民以及"汉化"程度较高的壮民开始拥入怀集、连山一带,至明朝中后期,迁入这些地区的汉民与当地壮瑶民族的融合则达至一个较高境界,因此,明朝中后期,应是当地汉民"壮化"的高峰期。

不过,至清朝后,随着汉人大量拥入怀集与连山一带,汉文化的强势影响力开始彰显威力,以至当地壮族在服饰、语言、文化及生产技术上,明显受到汉族的影响,因而"汉化"趋势开始在当地的壮瑶民族中出现。至明末清初时,当地已是"獞瑶亦习中国衣冠、言语,久之当渐改其初服"。道光年间时,更是"獞民薙发去环,服礼教,习儒书,与齐民齿,今无獞类矣"④。怀集、连山一带,汉族"壮化"与壮族"汉化"同时存在的文化现象,反映出怀集、连山地区入清之后,汉壮两族关系

---

① 如连山县枫村的文氏族谱,载其先祖于崇祯十一年(1638)从连麦到此经商,见此土地肥沃,水源充足,气候适宜农耕,且地广人稀,地价便宜,便弃商从农,购买田地,定居于此(参阅广东连山壮族瑶族自治县政协文史资料委员会、福堂镇人民政府编《古往今来话福堂》,载《连山文史》第二十辑,2006[内部资料],第245页);这里的山间洞面,灌溉条件好,是主要的稻耕区,多由原来的"主獞"耕种。由桂岭、怀集一带迁入的汉民,或进入洞面边缘与壮人杂居,或进入山区开垦;所谓"内五排,隶连山县,……连山县内七峒乡民,宜善司外七峒獞民,皆五排蚕食之地"(见周赞元等纂修《怀集县志》卷十《杂事志·瑶獞》)。至清康熙年间之后,怀集、连山一带,呈现出明显的汉、壮、瑶杂居的地理分布格局。
② (清)姚柬之:《连山绥厅志》卷一《总志》。
③ 周赞元等纂修《怀集县志》卷十《杂事志·瑶獞》。
④ (清)顾炎武:《天下郡国利病书》第二十七册,《广东上·阳山县志》;(清)姚柬之:《连山绥厅志》卷一《总志》。

密切发展的趋势。

明清时怀集、连山地区的汉族"壮化"现象之所以在历史上影响较深，归根结底与当地的人地关系有着较为密切的关系。历史上怀集、连山一带，虽然山多田少，但壮、瑶、汉三族，充分利用当地丘陵地区山低、坡缓的地形，开垦出大量的田地，这一点也正如史书评价的那样："连山皆丘陵，无原衍，民皆依山开垦，瞑田悉奇零硗确，刀耕火种。高者为瞑，种麦黍，蹲鸱有秋地，有夏地，秋地岁两收，夏地一收。下者为田，宜稻。"① 由于在开垦的坡地上，种上了大量的棕、茶、桐、烟、姜等各种经济作物，而在低洼之地，则选择开挖成塘，养鱼蓄水，兼资灌溉，其他条件好的土地则一般改为水田使用，结果地尽其利，既合理利用了相对紧缺的土地资源，又有效地缓解了人地关系与民族矛盾。这种良好的人地关系最终对汉民族的"壮化"及壮瑶等民族的"汉化"创造了有利条件。

---

① （清）姚柬之：《连山绥厅志》卷二《食货志》。

第四章
壮族形成与发展过程中的人地因素剖析

第一节 壮族族群形成的历史演进脉络辨析

作为中华大地上生存、繁衍与发展历史最为悠久的民族之一,壮族的生存繁衍与发展的历史可追溯到距今 80 万年前的旧石器文化时期,经过多年的繁衍发展,他们的祖先早在 2000 多年前的周代就以瓯邓、桂国、损子、产里、九菌等名载于史册;秦汉至隋唐又进一步演进成西瓯、骆越、乌浒、俚、僚等称谓;宋代始,在我国的局部地区又将其称为"僮""撞",明时虽有"俍"之称呼,但至清朝后,就基本上固定在"撞"或"僮"的称谓上[①];新中国成立后,经过调查识别并充分尊重壮民族自身的意愿,族称统一定为"僮族";1965 年经周恩来总理的提议而改为"壮族"。新中国成立前,除了历代统治阶级的称呼外,壮族还有布僮、布侬、布越、布雅依、布僚、布侬、布曼、布傣、布土、布陇及布沙 20 余种自称。从地域上看,壮族人口主要分布在东起广东省连山壮族自治县,西至云南文山壮族苗族自治县,南至北部湾,北达贵州省从江县一带的范围内。

从社会发展演进形态上看,壮族先后经历了先秦远古时代的自主发展、

---

① 上述关于壮族的称谓大多是当时的统治阶级对壮民族的歧视性称呼。

秦汉至民国时期在中央政权治理下与汉族及其他少数民族杂处中的共生与发展以及新中国成立后的民族区域自治阶段。在先秦远古时代的自主发展阶段，壮族的社会结构属典型的由原始氏族部落社会向阶级社会过渡时期，此时社会生产力水平已有了一定程度的提高，畜牧农耕也已逐步取代采集经济而在社会生产生活中占据了主导地位。自秦兼并岭南并形成了统一的多民族国家后，历代中央政权对壮族的统治及其壮族先民自身的统治形式也经历了一个演进过程：秦代至宋的郡县划一时代——奴隶制形成与发展时期；唐至五代的羁縻时代——奴隶制由发展到衰亡时期；宋至清的土司制度时代——封建领主制时代；清中叶至民国——资本主义列强入侵和旧新桂系统治的半殖民地半封建时代。中华人民共和国成立后的民族区域自治时代——是壮族人民当家做主、翻身解放的时代。

一 民族过程的内涵简析

民族族群形成的过程与我们通常所说的民族过程有着十分密切的关系。作为学术概念的"民族过程"理论是由苏联民族专家提出的，一般泛指"民族"意义上的民族过程。民族过程理论在苏联学术界出现的历史并不太长，但不论是在基础理论研究方面，还是对当代民族的具体研究方面，苏联学术界都表现得十分活跃，以至20世纪80年代的民族研究几乎都是围绕民族过程理论而展开。尽管我国学者受"民族过程"理论的影响比较大，但从20世纪90年代后，我国学者在研究中又充分结合了中国境内各民族自身演进的历史与现实，从而在民族内涵的剖析上也就更加明确具体和切合实际了。①

---

① 尽管改革开放以来我国学者即开始引进和使用民族过程之概念，然而在相当一段时间内，人们对这一理论并未予以应有的关注，甚至对这一术语能否在汉语中通行都持有异议，认为照直译而来的"民族过程"语法不通，根本不能接受，即使勉强算通也决不会有生命力；后经讨论，虽接受了这一术语，但平心而论，多年来我国学术界对民族过程理论的研究并不热烈，专门论述这一理论的文章和著作尚未见到，间接论及的也仅限于概念的借用或转述（见覃乃昌《岭南文化的起源与壮族经济史——壮族经济史研究的一个基本理论问题》，《广西民族研究》2010年第3期）。关于这一点，著名的老一辈民族学家杨望先生在与王希恩交谈时也明确表示："民族过程这个概念来自苏联，苏联虽然倒台了，但这个概念不应随之消失。科学是不会因国家政权的变动而改变的"（见王希恩《民族过程与国家》，甘肃人民出版社，1998）。

第四章
壮族形成与发展过程中的人地因素剖析

民族过程乃一个涉及面十分广泛的概念，一个民族的产生、发展和消亡的全部历程都是其研究探讨的范畴，民族过程相对于人类历史发展的演进而言，既是同一的、又是特殊的，这种特殊性除了时段上的不同之外，还在于它不同的社会内容、运行方式和运行规律。由于民族过程综合体现了相关民族的生灭兴衰及分合演进的历史进程，因此，民族过程既统一于社会历史进程，又制约和受制于社会历史进程。任何一个民族都应被作为一种社会来看待，在这里，民族不仅有自己特定的群体，也有自身借以自下而上演进的经济基础和社会组织管理形式。

作为一种族群演进历程与痕迹的总结，民族过程的演进，还是族群族体形态过程、民族经济过程和民族政治过程三种内容的有机统一。就民族族群族体形态过程来说，其往往又会涉及族群血统、族群文化及族群规模三大要素。相比较而言，血统因素不是民族区分的必要条件，却是民族先天具有的自然因素，同时，任何民族的发展变化均会体现出这样的一种族体生物构成上的变化。在民族族体演进过程中，血统因素的重要性不言而喻，然而最重要的是民族文化的体现，文化因素的变迁往往会直接导致族的"变异"或"进化"。另外，民族族体的形成还需要一定规模的人口做支撑，否则族体的概念也就失去了其存在的基础与支撑。作为一种共同体，民族总是具有或大或小的规模形态，一般情况下，往往是民族兴则规模趋大，民族衰则规模趋小。就民族经济过程而言，民族体系的形成往往也是在经济交往与发展过程中形成的，同时，民族经济过程还能为民族体系的形成奠定坚实的物质基础；就民族政治过程而言，族体严格说起来也应属一种组织形式，因此，必要的治理模式和基于此基础上的政治制度也对其生存发展具有重要意义。

作为我国人口最多的少数民族，壮族族体的形成与演进也遵循着上述民族过程形成与演进中的相关规律，其历史进程也应是族群血统、族群经济、族群政治三大过程的有机统一。就血统而言，作为古代百越（粤）人的一支，壮族在历史上即与秦代前后出现于史籍中的西瓯、骆越有着渊源关系；就经济过程而言，"稻作文化"既是壮族适应和改造自然环境的结果，也是壮族族群体系的形成过程中的重要物质基础；就政治过程而言，无论是氏族制度到土司制度再到社会主义制度的演进，还是壮族"汉化"与汉族"壮化"的交叉进行，都无不对壮族民族族群体系的形成具有重要作用。

进一步分析，不难发现，壮族民族过程中的经济过程又决定着壮族民族过程中的族体形态过程和政治过程。由于壮族经济过程发展相对缓慢，当它发展的初期阶段，壮族则被顺理成章地纳入了统一的中央王朝的治理下并进而与汉族和其他少数民族在相互影响中演进着自己的历史。壮族社会的独立发展只经历了氏族聚落、古国、方国等，而没有进入严格意义上的国家时代，而恰恰是民族政治过程的这种转折和变化，又对壮族的经济过程和族体形态过程产生了重要影响。在氏族部落时期，壮族处在潜民族状态；从先秦至隋唐时期，壮族处在自在民族状态；宋代，由于北方战乱，南方社会相对安定，岭南地区经济迅速发展，大批中原汉族相继移居岭南，瑶、苗、回等民族也陆续进入岭南。随着民族间经济文化交往的增多，增强了壮族"相对他而自觉为我"的民族意识，壮族自称"撞"的出现，标明壮族由自在民族进入了自觉民族状态。①

二 壮族族称的缘起与演进

作为我国现阶段人口最多的少数民族，壮族不仅历史悠久，而且族体的发展演进也经历了一个十分漫长的过程，尽管其中由于史料记载的受限而导致演进痕迹追索的困难，但总体的演进脉络还是不难得到。

（一）自骆越至"撞"的演进过程

自骆越至"撞"，尽管演进历史跨度较大，但根据民族过程的相关规律，壮族族称的缘起及演进大致经历了三个阶段。

1. 第一阶段：从骆到瓯骆和骆越

壮族先民"骆"作为百越集团中世居广西以及广东雷州半岛、海南东北部及中部的一支，秦汉之际，骆逐渐演化成瓯骆和骆越这两个较大

---

① 覃乃昌：《岭南文化的起源与壮族经济史——壮族经济史研究的一个基本理论问题》，载《广西民族研究》2010年第3期。

的部族①；战国晚期至西汉，这两支越人部族即活动于岭南地区；公元前221年，秦始皇统一六国以后，兵分五路进军岭南，其中一路秦军在征战过程中就遭到了壮族直系先民西瓯人的坚决抵抗；公元前214年，秦军最后打败了西瓯人，终于统一了岭南，并在岭南地区设置了桂林、南海、象三郡，派官吏进行统治；公元前207年秦朝灭亡后，驻守南海郡的秦将赵佗开始剪除异己，并击桂林、象郡，建立南越国，自称为南越武王，赵佗建立南越国后，瓯骆役属南越，骆越也曾隶属于南越；后汉平南越之后，汉在原秦置三郡（南海、桂林、象郡）的范围内分置九郡，瓯越即居苍梧郡和郁林郡的大部分，成为汉王朝的郡县。在中原汉族先进的政治、经济和文化势力的影响下，一部分瓯骆人逐渐被汉化，但另一部分瓯骆人或深居山间，或因躲避兵灾而外逃，其中多沿西江而上或沿红水河西走，东汉后则成为俚族的一部分。相比较而言，骆越在瓯骆之西，居住地域大体相当于今天的左右江流域、贵州省西南部以及今越南红水河三角洲一带，② 因地域相对偏远，加之中原汉族势力影响的不足，骆越自身的生产生活习性此时并未受到外界的影响。

2. 第二阶段：从瓯骆、骆越到俚、僚以及乌浒蛮

从东汉到南北朝之时，骆越和瓯骆发生了复杂的变化，进入了俚族和僚族并行发展并穿插出现乌浒蛮的历史阶段。"俚族"亦称"里人"，是东汉至南北朝中国岭南地区的古代民族，是由部分瓯骆和苍梧族③融合发展而形成的。俚人最早见于《后汉书·南蛮西南夷列传》："建武十二年，九真徼外蛮里张游，率种人慕化内属，封为归汉里君。"此外，三国时期也有许多岭南俚人的记载。僚族则是战国和秦汉以来百越集团分化发展的结果，《隋书·南蛮传序》说："南蛮杂类与华人错居，曰蜒、曰儴、曰俚、曰僚、曰……所谓百越是也。"僚人的称呼在岭南的出现是在

---

① 《史记·南越列传》载："佗因此以兵威边，财物赂遗闽越、西瓯、骆，役属焉"，应该说此乃西瓯、骆越见于史籍之始。
② 今广东雷州半岛、海南岛和广西东南的陆川、博白、玉林、贵县、灵山、合浦一带则是瓯骆和骆越两个部族的交错杂居地区，同时，不少史籍在涉及这些地区的少数民族的分布时，也常将西瓯骆越连称。
③ 苍梧族乃是百越集团在岭南的一支，一般称为"南越"，又作"南粤"。苍梧是南越人自称的音译。

隋唐时期，以后则多以俚僚连用，再后来又过渡为乌浒蛮。经历了从骆到瓯骆和骆越到俚族、僚族及乌浒蛮的曲折发展，唐代之时，出现了新的转机。在魏晋南北朝时期，尽管俚族和僚族的一部分被汉族同化了，但是，地处僻远地区的绝大部分俚族和僚族，进一步形成和强化了自己的民族族体特征。

3. 第三阶段：从部分僚族发展为"撞族"

唐代统治者为了加强对岭南地区的统治，曾把岭南道分置岭南东、西两道并设王府经略使于广州，下分五管，其中桂、邕、容三管便是典型的壮族先民的聚居区。具体管理上，唐代统治者对岭南的东部地区实行了划州县、置官吏和征贡赋的制度，管理方式已与中原地区无异；岭南的西部地区由于地处偏僻和中央统治势力"鞭长莫及"，唐朝统治者在西部山区的五十多个羁縻州县，按唐初的惯例，主要是利用原来的壮族首领为都督、刺史，"虽贡赋，版笈多不上吏部"，进行间接统治。这一时期的岭南西部地区依然存在"无城郭，依山险，各治生业，急则屯聚"的状况。由于羁縻州县的设置，给壮族先民较大的自治权利，因此，壮族作为单一民族的形成，与这个政治经济制度的形成不无关系。

公元960年，北宋建立后，由于初期国库空虚，宋朝对西南，就采取了"必先取巴蜀、次及广南、江南，即国用饶矣"的决策，再加上北宋王朝残酷的民族压迫，把壮族先民一律蔑称为"蛮""峒獠""蛮獠"等，动辄杀戮和"夷其种党"，以至民族矛盾严重激化。11世纪中叶，侬智高起事后，其所建立的政权统一了左右江流域并按地区划分左右江溪峒壮族，另外建号置官，称帝施令。侬智高起事及其所建立的政权，尽管史界的评价存在争议，但是就壮民族这一族体的形成来说，多少还是存在一定的推动作用。

（二）由"撞"到"壮"：民族共同体的形成与演进

基于分布地域、社会组织形式、经济发展水平以及彼此间交往范围的制约，壮族民族过程从单个的分散布局至统一民族共同体的形成经历了曲折而漫长的过程。从"撞"到"壮"的过程就是上千年演进的历史积淀与升华过程。

史载何时有"撞"对探讨壮民族共同体的形成与演进具有重要意义，

因为"撞"毕竟是壮族族称来源的重要标志，更何况其后的"憧""僮""獞""壮"称谓的出现又均与此有着十分密切的关系。

关于何时有"撞"的问题，尽管目前的学术界仍存一定的分歧，但基本上还是认为出现在南宋年间。《续资治通鉴》卷一一〇记载，高宗绍兴二年闰四月丙申，神武副军都督统制岳飞引兵击曹成于贺州境上，大破之；继而又与杨再兴的反宋部队发生激战，因最初失利，因此"飞怒，尽诛亲随兵，责其副将王某擒再兴以赎罪。会张宪与撞军统制王经皆至，再兴屡战，又杀飞之弟翻"①。这是史上较早提到的"撞军"，因而研究者大多以此为据并进而认为其是"壮"。

尽管如此，文中的"撞军"到底属何种军队，又是由什么人组成的呢？严格说起来，仅从文中的记载去理解，应是十分困难的，鉴于此，对其他方面佐证材料的分析也就很有必要了。

好在曾任南宋广南西路经略安抚使的李曾伯于南宋淳祐年间（1241~1252）上理宗赵昀的《帅广条陈五事奏》中有这样一段记载。②

> 近自淳祐八年（1248），经司尝行下团结两江诸州峒丁壮，右江则黄梦应具到名帐共计一万九百六十二人；左江则廖一飞具到名帐共计二万二千六百人；其本州民丁在外。如宜、融两州，则淳祐五年（1245）亦有团结旧籍；在宜州，则有土丁、民丁、保丁、义丁、义效、撞丁共九千余人……③

对比史料，不难发现，岳飞在广西贺州所遇到的"撞军"其实也就是"撞丁"，而这种"撞丁"当时主要是宜州一带溪峒丁壮中的一种,④就当时的情况看，不少学者认为，无论是"撞军"还是"撞丁"均应是有编伍组织的军队或民兵，而并非一个族名。⑤

---

① （清）毕沅编纂《续资治通鉴》卷一一〇。
② 迄今为止，记载"撞"这一名称最早出现、且较为可信的史料，当属南宋末李曾伯的《可斋杂稿》。
③ （宋）李曾伯：《可斋杂稿》卷十七《帅广条陈五事奏》。
④ 范宏贵：《华南与东南亚相关民族》，民族出版社，2006，第70页。
⑤ 黄现璠、张一民、黄增庆著《壮族通史》，广西民族出版社，1988，第45~46页。

事实是否真的如此？进一步分析，其实不难发现，南宋理宗时的"撞"在相当程度上已完全具备民族共同体的特征。①

宋理宗在其《敕封梁熹忠祐侯吴辅显义侯制》的诏书中有这样的记载：

> 玉融为郡，僻处峤南。昔在天禧，摇撞为梗。尔熹尔辅，奋起遐裔，身率义旅，鏖击以毙。魂强魄毅，为鬼之雄，大芘其民。国家于尔，神褒赉之渥，亦惟远俗艰篾寇窃水旱之不常，非神无以托也，……特封梁为助信灵应忠祐侯，吴辅为助顺灵济显义侯②。

在这里，宋理宗将摇、撞并列，说明其时人们已开始将"撞"视为一个独立的族群。

总之，在南宋开始出现的"撞丁"和"撞"这一称呼，原先是指一小部分的人们共同体，所指范围也仅局限于广西宜州、融州一带的少数民族民兵队伍及民众。由于涉及范围毕竟有限，再加之当时广西境内还存在壮丁、峒丁等众多的少数民族民兵队伍名称，因此，以实际上只代表小部分群体的"撞"这一名称来涵括全部壮族区域的居民的做法，显然是不成熟的。实际上，这一时期的广西、云南东部等地所分布的后来称为壮族的民族，不论是自称，还是他称，均有很多；这一点，在《宋史》等官方史料以及众多的私人笔记、文集中都可以说明。当然，如果再结合宋代广西的峒丁、壮丁加以考察，就会发现，撞丁与峒丁、壮丁之间并非毫无联系。其实在宋代，广西的乡兵主要靠抽调强壮劳动力组成，农闲训练，有事则编入作战体系。其中，左右两江一带的少数民族，组成的壮丁，又称峒丁。总体上看，"撞"在当时只是偶称而已，在当时绝大多数汉族文人眼里，广西少数民族缺少礼义，以至人们通常认为

---

① 刘祥学：《壮族地区人地关系过程中的环境适应研究》，广西师范大学出版社，2013。
② （宋）宋理宗：《敕封梁熹忠祐侯吴辅显义侯制》，载（清）汪森辑《粤西文载》卷二《制敕》。

"撞也,粤之顽民。性喜攻击撞突,故曰撞"①。同样,李曾伯所称宜州一带的"撞丁",也应是基于同样的认识。总之,自从南宋末开始以"撞"称呼宜州地区的少数民族之后,它的使用范围不断扩大,并由此有了新的含义,"撞"人逐渐演变成一个族名。宋理宗诏书中所称"摇撞",实际上已将"撞"视为一个族群。

关于"撞"的民族族体认同问题,尽管宋时仍处认识模糊阶段,但至元朝后,情况则发生了明显变化;此时的"撞"不仅更贴近民族族体内涵,而且文献中也逐渐地将其称为"撞人"了。

首先,元时,"撞人"已被作为一个民族群体而在生产经营中体现出来。例如,《元史·刘国杰传》就记载:至元二十八年(1291),"时知上思州黄圣许恃其险远,与交趾为表里,寇边。二十九年诏国杰讨之……国杰三以书责交趾,索圣许。交趾竟匿不与。夏,师还,尽取贼巢地为屯田,募庆远撞人耕之,以为两江蔽障"。显然,当时元统治者在岭南地区,已开始有选择地募招本地的"撞人"进行屯田生产,同时,"撞人"的族体事实上也得到了体认。其次,元时,"撞""㡣"的使用范围也明显扩大了。例如,《元史》卷一〇〇《兵三·屯田·湖广等处行中书省所辖屯田三处》就有"广西两江道宣慰司都元帅撞兵屯田"的记载。另外,顺帝元统二年(1334),在广西宣慰使都元帅章伯颜率大军镇压了广西东部地区的少数民族抗元斗争后,元人虞集便在其所撰的《广西都元帅章公平猺记》中记载,"桂林之所统,逾绝高险,外薄海岛,幅员数千里,山川郁结,瘴病时起。其俗之难制,则固有之,若所所谓曰生摇,曰熟摇,曰撞人,曰款人之目,皆强犷之标也。曰溪,曰洞,曰源,曰寨,曰团,曰隘之厉,皆负固自保,因以肆慕之所也",又言:"以蛮攻蛮,古之道也。藉撞人以制摇,撞强而败,假融款以制撞,款盛则又助叛者。"当时桂林为广西两江道宣慰司驻地,统辖范围与今广西行政区接近。可见,元时对"撞人"分布地域范围的认识不仅更明确,也更广泛了。此外,可能是考虑到"撞人"这一称呼,容易招致误解,元

---

① (清)金拱修、钱元昌纂《广西通志》卷九十二《诸蛮》。

代有时也将"撞人"写成"憧人"①。最后,元时"撞人"的分布地域集中性也得到了充分的体现,同时,"撞"作为族称也逐渐地固定下来了。

　　至明朝时,尽管"撞"的称谓还能偶然见之,但绝大多数壮人的称呼已固定在"撞人"这一名称上了。明代,不仅诸如《明史》《明通鉴》《永乐大典》等著述上普遍采用"撞人"的称呼,而且"撞"这一称呼的适用范围也已扩大到了广西的桂林、古田、龙胜、古化、石龙、柳州、上林、罗城、洛容、柳城、宜山、忻城、平乐、荔浦、修仁、永安、岑溪、浔江、武宣、象县、平南、藤县、马平、阳朔、苍梧、怀远、迁江、来宾、贺县、容县、怀集、北流等30多个县的范围。当然,这里还值得指出的是,尽管壮民族对广西的开发和自身文明的进步做出了巨大贡献,但封建统治阶级的民族偏见与歧视政策依然没有改变,因而,不少史书记载和上报奏折中,"撞"字还往往被改成了"獞"字,明显含有歧视与侮辱之意。总之,明时,尽管当时壮族还有许多别称,但称"撞"是主流,这表明壮族的民族化进程在不断加快,统一的民族共同体最终形成。

　　到清代,"撞"这一族称的使用范围又进一步扩大了。当时,除了右江一带的壮民族聚居区广泛使用这一族称外,原来一直不使用这一族称的左江壮民族聚居区也开始使用这一称呼。《清史稿》列传中就有这样的记载:"康熙二十一年（1682）,阿达哈哈番疏言:臣昔任思南副将,深知左江为滇黔门户,接壤交南,环以瑶獞土司,不时反覆。"乾隆年间曾任广西按察使的申梦玺也在一奏折中说:"查粤西偏在边隅土处,杂处瑶、狼、狪、撞,种类更多。"② 而《清史稿·土司传五》则描述得更为具体:"明建广西省,瑶撞多于汉人十倍,盘万山之中,踞三江之险。"由此可见,"撞"作为族称在清代已遍及广西境内,以至连邻近的贵州、湖南、广东等有壮族踪迹的地方也普遍使用这一族称了。③

　　民国时,大量著作以及国民党政府的相关文告仍然使用带歧视、侮

---

① 例如,《元史》卷五十一《五行二》载,至正十一年（1351）,"广西庆远府有异禽双飞,见于述昆乡,飞鸟千百随之,盖凤凰云。其一飞去,其一留止者,为憧人射死";又如史料记载,元时曾在桂郡,"简义兵憧卒"[（元）梁遗:《重修桂林府学记》,见《粤西文载》卷二十六]。

② 中央档案馆明清部藏乾隆二十五年卷号54~75（二）。

③ 范宏贵:《华南与东南亚相关民族》,民族出版社,2006,第73页。

辱性质的犬字旁书写的苗、瑶、侗、壮等民族的族称。20 世纪 30 年代后，一些研究历史的学者逐渐将犬字旁改成了单人或双人旁，以示对少数民族的尊重。① 基于当时的历史背景，这些修改也仅限于少数学者之中，难以从根本上改变包括壮族在内的少数民族受压迫和歧视的处境。

新中国成立后，由于铲除了长期存在的民族歧视与民族压迫政策，再加之民族平等与民族团结政策的实施，我国彻底废除了歧视侮辱少数民族的族称，于是，"獞""撞"等统一改成了"僮"，另外，在充分调查研究和征求各方意见的基础上，还将自报和自称为"侬人""沙人""偏人"的人民统一称为"僮人"。1965 年周恩来总理提议，将"僮"改为"壮"。

三 壮族族群文化的形成及其特点

在民族的形成演进过程中，一个民族之所以能成为一个民族，除了彼此间的血缘关系、经济关系、社会关系及发展环境关系外，最具关键意义的因素应是自身特有的民族文化的形成。实践证明，一个民族之所以成为"此民族"而非"他民族"，最重要的标志即在于自身的那种极具个性的民族文化。

壮族族群的形成与演进情况也不例外。作为岭南珠江流域的世居民族，壮族先民在征服自然、改造自然及其与其他民族共处过程中，创造出了具有自身特色的物质文化与精神文化。

基于对地域情况、发展条件、发展基础、发展过程以及发展趋势的适应与综合考量，壮族的民族族群文化有着自身的鲜明特色。

第一，"那文化"在民族文化体系中的中心地位十分突出。壮族先民居住和生活的岭南及珠江流域地区属于比较典型的亚热带气候地区，地理、土壤与气候环境条件十分适宜水稻的种植与生产，因而这一带不仅自古以来即是我国典型的稻作文化区，而且也是我国稻作农业的重要起源地之一。受此影响，壮族先民的生产生活方式也就打上了深厚的稻作

---

① 例如，马君武在《安南纪游》中、徐松石在《粤江流域人民史》中、江应樑先生在《西南边疆民族论丛》中就将"獞"字中的犬字旁去掉并加上了单人或双人旁。

文化痕迹。总体上分析，壮族的稻作文化主要有三方面的特征：一是冠之以"那"字头的地名在广西到处可见。① 不仅如此，由于壮民族在整个岭南地区分布的广泛性，以至目前从中国华南到东南亚的不少地方均有"那"地名的分布，而不仅仅局限在广西境内。二是随"稻作文化"而起的生产性工具也充分体现出了壮民族在征服和改造自然中的聪明智慧。因稻作文化而起的主要生产性工具是双肩石斧和大石铲。双肩石斧的出现和使用促进了壮族先民的原始农业，同时也使野生稻逐渐被驯化成了栽培稻；大石铲乃是从双肩石斧演变而来，随后又进一步演化成了一种对丰收和稻作文化赞美的祭祀用神器。三是适应"稻作文化"环境而生的、具有典型"那文化"特征的居住文化、饮食文化、服饰文化及节日文化。就居住文化而言，凭"那"而起的居住文化主要表现为干栏建筑，这种架空而起的民居，既适应了岭南山区潮湿多雨及地势不平之自然环境，而且也具有明显的防潮、防兽害、通风和节约用地的特点，因而被壮族先民广泛采用；因"那"而起的饮食文化也十分丰富，诸如石磨盘、石锤等加工谷物工具的出现以及将稻米加工成各种食品的生活习惯也说明了"稻作文化"在日常生活中的重要地位；就因"那"而穿的服饰文化而言，日常服饰颜色上的"以蓝黑为主"以及款式上"以宽大为特征"的选择，充分体现了壮族人民对岭南环境和稻作生产特点的适应；依"那"而乐的节日文化而言，诸如"蚂拐节"以及各类祭牛、祭耕、祭插秧和收割等与稻作生产密切相关的节日文化的形成也充分反映了壮族先民对"稻作文化"的依赖性。

第二，思想文化和艺术文化的民族特征日渐成形。在民族的形成与发展过程中，艺术文化特征的形成更能体现出民族的自身特点与演进历程。壮族的形成与发展历程同样如此。首先，以《布罗陀》为代表的神话文化既很好地反映出了壮族人民在生产生活以及征服和改造自然环境过程中形成的对自然、对社会、对自身发展的深入思考，也很好地反映了壮族先民精神文化的演进轨迹。其次，以"诺鸡"和"麽"为代表的

---

① 在广西，以"那"字开头的地名，大的有州县、乡镇名称，小的则在圩场、村庄、田峒甚至是田块的名称上广泛使用，进而形成了特有的地域性地名文化景观。

原始宗教文化、以"岜来"为代表的艺术文化、以宇宙"三盖"为基础的朴素的哲学思想、以"欢敢"和"欢亚圭"为代表的歌谣文化以及以"依托"为特征的医药文化充分体现了壮族先民对人与自然关系的独到认识。最后,以"咽"为代表的青铜文化更是壮族人民勤劳智慧的写照。铜鼓在壮语中称为"咽",其产生并流行于我国西南、岭南以及东南亚的部分国家与地区,它也是"稻作文化"的一种反映,其纹饰中诸如太阳、雷纹、水波纹、蛙纹等均与稻作生产有关。

第三,壮民族发展过程中的主体性、开放性、包容性得到了有机结合与体现。秦汉以后,中原汉族南下"与越杂处"并在长达2000多年的历史进程中,经过民族间的交融整合,既共同创造出了丰富多彩的岭南文化,也形成了壮族族体文化中的主体性、开放性、包容性。

首先,在广西东道的越人[①]尽管自唐以后即逐渐融入汉人,汉越融合后的汉人保留了许多越文化的特征,以至从严格意义上讲,其已不再是中原地区的汉人,而是名副其实的岭南化的汉人了。[②] 以语言为例,粤西和桂东地区广泛使用的粤语就吸收了古代汉语和越语两种语言的词汇与语法结构,据统计,百越语词在现代粤语中所占之比例高达20%[③]。在经济生活中,除了城镇汉族外,生活在乡村的汉人也基本上承传了越人据"那"而作、凭"那"而居、赖"那"而食、靠"那"而穿、依"那"而乐以及以"那"为本的生产生活模式。

其次,岭南西道[④]的壮族先民在历史过程中对汉族先进文化表现出了积极而开放的胸怀。具体体现在:一方面积极吸收汉字及其构字方法的有效成分来构造本民族的语言文字;另一方面又通过吸收汉民族的宗教文化因素来形成自己的以"筛"为代表的宗教文化。此外,汉民族的政治治理方式也对壮民族社会组织结构的演进产生了重要影响。

最后,桂西地区的汉人长期与当地壮人杂处并日益融入当地壮人中。

---

① 包括今广东西部、广西东部及北部地区生活的越人。
② 历史上汉越民族间既无宗教上的分离,也无信仰上的对抗,生活中他们杂居共处,频繁交往,相互通婚;而事实上也正是这种文化上的彼此认同,成了粤西、桂东、桂北汉越间融合共进之基础。
③ 参阅张声震《壮学丛书》总序。
④ 包括今桂西南、桂西北、桂中南以及滇东、黔南、粤西等地区。

例如，地处广西西部地带的靖西、德保、那坡等县，自古代至近现代均有汉人因从政、从军、经商、开垦等原因而迁入并纷纷"壮化"。

第二节 壮族族体形成历史演进过程中的地域因素剖析

民族过程是一系列自然因素和社会因素综合作用与影响的结果，其中民族自身对自然环境的适应与改造是极其重要的因素。

在民族过程中，一个民族对环境的感知与适应能力，不仅关系他们的生存状况，而且关系其与周边相关民族的关系与地位。同时还深刻影响他们自身的地域分布格局以及经济活动、政治生活、习俗文化等诸多因素的空间演化。这是一个十分重要的问题，20世纪以来，国外地理学界开始密切关注民族演进与环境影响间的关系，一些学者甚至明确提出，地理环境乃是"民族产生和发展的必要条件，是民族过程赖以展开的最有效舞台"。

一 民族族体演进过程与地域因素影响间的关系

纵观民族族体演进过程中的路径选择，尽管各民族的具体取向区别较大，然而，地域环境特点及其影响始终是其中的一个关键性因素。进一步分析，其实不难发现，民族族体特征形成及其发展取向的调整，在相当程度上取决于区域环境特点的历史变化。

众所周知，地理环境乃是人类赖以生存并获取生产与生活资料的重要基础，其不仅在族体演进的初期具有关键性作用，而且随着人类社会进步及其征服自然和改造自然能力的提升，民族族体演进仍然必须合乎环境特征及其阈值。显然，不了解地域环境特点在民族过程中的影响，就很难正确把握相关民族族体演进的历史脉络。

一般而言，越是生产力水平低的民族，其发展过程中就越易受到环境的影响与制约。因此，人地关系宽松和环境条件易于人类生息繁衍的地区，往往会率先成为人类和民族繁衍的首选地；相反，诸如高山险谷或是气候恶劣的地区，往往很难形成人类活动的社会群落。进一步分析，

第四章
壮族形成与发展过程中的人地因素剖析

我们甚至可以认为，人类文明最先产生于诸如气候和水土条件优越的地区。古代中国、埃及、印度及巴比伦四大文明古国的演进历史，都已很好地说明了这一点。

地域环境对民族过程演进的影响主要体现在三个方面：首先，地域环境特点能影响不同民族间在生产方式选择中的价值取向。历史上，受土壤、降雨量、气候、地形等地理要素的影响，人类在开展生产活动时，都要根据所处地域的气候及土地等方面的条件去选择经济形态与生活方式。一般而言，在温暖肥沃的低地平原及河谷地带，选择农耕生产就远远比从事畜牧业合适；同样在高原草地，由于更适于放牧，因此农业种植一般难成主流；高山深谷地区，不具备大规模水田生产条件，因此将旱地坡地种植与狩猎结合起来，当更有生命力。所以"种与不种，牧与不牧，猎与不猎"均离不开对所处环境的综合考量。《周礼》所载的"土会之法"，即是当时人们对自然生态的基本认识和经验总结，在这里人们就已总结出如何根据自然环境的差异而选择不同的生产生活方式——"一曰山林，其动物宜毛物，其植物宜皂物，其民毛而方；二曰川泽，其动物宜鳞物，其植物宜膏物，其民黑而津；三曰丘陵，其动物宜羽物，其植物宜覆物，其民专而长；四曰坟衍，其动物宜介物，其植物宜荚物，其民皙而瘠；五曰原隰，其动物宜臝物，其植物宜丛物，其民丰肉而庳"①；而司马迁在《史记》卷一二九《货殖列传》中，按地理环境将全国分为四个经济区域，其中"沂、泗以北，宜五谷、桑麻、六畜"，而天水、陇西、北地、上郡等，水草肥美，宜于放牧，故"畜牧为天下饶"，因此各地在进行生产经营时就有必要根据自身的环境条件而"因地制宜"地加以选择，正所谓"大率高地多寒，泉冽而土冷，传所谓高山多冬，以言常风寒也，且易以旱干；下地多肥饶，易以滇浸。故治之各有宜也"②。其次，不同的地域环境特点还对民族过程中的民族文化特征的形成具有重要影响。民族间的区别，主要体现在民族文化的差异。例如南方民族的文化特征，尤其是生活习惯与北方民族比，差别就显而易见；

---

① （汉）郑玄注，（唐）贾公彦疏《周礼》卷十《大司徒》。
② （南宋）陈旉：《农书》上卷，《地势之宜》。

东部地区的民族与西部地区民族的文化也有较大区别。进一步分析,生活在平原地区的或是沿海地区的民族与生活在高山大川或是沙漠戈壁地区的民族比,饮食和居住方式的选择就存在很大的差别。最后,地域环境特点能影响民族过程中的民族心理。生活在平原河谷地区的民族,由于生产条件优越,经济相对发达,交通条件便利,生活相对富裕,因而民族开放心理与对外交往欲望就比较强烈;生活在高原地带的游牧民族,民族心理方面往往表现得粗犷豪放和具有进攻性;生活在高山深谷与沙漠戈壁地带的民族,因环境艰苦,人地关系紧张,经济相对欠发达,因而其民族心理的自卑感和封闭感相对强烈。

二 地域特征对民族族体特征形成的影响:以广西壮族为例

也正如我们前面所分析的那样,作为广西境内主要的世居民族,壮族的生产生活方式选择中不仅体现出了浓郁的岭南地域特色,而且也在与汉民族及周边其他民族交往过程中彰显出了自身民族文化的开放性、共生性和包容性。壮族演进过程中的族体文化特征的形成并非偶然,其中,壮族所处的地域环境特点的影响就具有重要意义。

(一) 壮族分布地区的地域特征

1. 地形特征

壮族主要分布在从云贵高原向山地丘陵的过渡地带,地势是西北高,东南低,自西北逐渐向东南倾斜,受河流切割的影响,地形较为破碎,境内山岭连绵,因而山地丘陵是这一地区的主要地理特征。这一区域的西部,山岭多呈西北-东南走向,而东部山岭则多呈东北-西南走向。

壮族分布的最西部是云南东南部的文山州,这里地处云贵高原南缘的斜坡地带,全境以山区为主,山区和半山区占全境总面积的97%以上,其中坡度在25度以上的山地就占到了总面积的46.7%,海拔在1000~1800米,区域内多高山峡谷,交通十分不便。

壮族分布最集中及人口最多的广西,境内山地丘陵占总面积的76%,平原仅占总面积的14.6%,四周山脉横亘,形成一个不规则的盆地,称广西盆地。其中盆地西北部为云贵高原南缘的延伸部分,这里分布有青龙山、金钟山、岑王老山等山系,平均海拔在1000~1500米;正北部则有凤凰山、九万大山、大苗山、大南山、天平山等，海拔在1500米左右；东北部为南岭西段山系，分布有苗儿山、越城岭、海洋山、都庞岭、萌诸岭等，海拔在1000～1500米；东部及南部地区有云开大山、六万大山、大青山、十万大山、公母山等，海拔在1000米上下；中部还有驾桥岭、大瑶山、莲花山、大明山、都阳山等弧形山脉分隔。此外，在广西盆地边缘地区还有一些缺口，它们既是气流运行的通道，又是广西与外界交通联系的重要孔道；而广西盆地的西北部，地表切割严重，河谷幽深，交通极为闭塞，历史上称"西北居牂牁夜郎之上游，山石险屹，水复湍急，控扼洞落，接乎黔中"①。

壮族分布地区不仅高山连绵，深谷众多，而且在连绵的山地中，岩溶地貌又占了很大一部分。这种地形的分布大致以今湘桂线为界，西北溶峰高大、密集，属峰丛洼地；东南溶峰矮小、分散，属峰林谷地与残峰平原。相比较而言，桂林一带的岩溶地貌，以景色秀丽著称于世。这里，地下溶洞甚多，暗河发育，地表土层较薄，不易蓄水，易涝易旱，古人云："广右石山分气，地脉疏理，土薄水浅。"②

广西境内的平原面积不仅较少，而且只零星分布于广西东部南部地区，一般沿河流中下游两岸展开，多为冲积平原与溶蚀平原，总面积34079平方公里，这些平原集中了广西大部分的耕地，是广西历史上最重要的农耕区域。此外，在少数民族聚居的山区，还有一些封闭性较强的山间坝子与小盆地，古代常称为"峒"。从地质成因看，"峒"一是指溶蚀的洼地，四周为石山环绕，中间为平坝，四周的石山可以阻挡寒潮的侵袭。在自然条件较好，土地肥沃，灌溉较为便利的地方，"峒"地区农业通常都较发达，一年可以两到三熟，但位于高山地区的"峒"，一般也只一熟而已。"峒"也可以由某条河谷或数条溪谷联合而成，因面积大小不一，容纳的人口多寡相差也极大，故峒又有大峒、小峒之分。还值得一提的是，"峒"既是对某种区域地貌的称呼，而且也是南方民族地区的一种聚落单位。在广西左右江流域河谷平原一带，峒的面积较大，峒之

---

① （明）林富、黄佐纂《广西通志》卷一《图经上》。
② （明）王士性：《广志绎》卷五《广西》。

小者有的成为市镇，大者则发展成为州县一级辖区，古书所载："羁縻州峒……大者为州，小者为县，又小者为峒"①，可见"峒"最初是羁縻州下属的基层单位。②

2. 气候特征

壮族分布区域大部分处在北纬22°~26°，北回归线从中间穿过，气候炎热，降雨丰富，日照充足，无霜期长，属典型的热带季风气候与亚热带季风气候，常年受海洋暖湿气流的影响，所有植物都可全年生长。但这一地区易受冷暖气流交汇的影响，天气复杂多变，尤其是境内的高山地带，又易受海拔高差影响，山区气候呈垂直分布，早晚温差大。境内降水虽多，但季节分布和地区分布都很不均。此外，台风、低温、旱涝等灾害天气时有发生，也对农业生产造成了较大影响。

3. 土壤与生物特征

根据土质成因，壮族地区的土壤主要有红壤、赤红壤、砖红壤、黄壤、石灰土、紫色土、水稻土等几种类型。砖红壤主要分布于北纬21°30′~22°以南的北部湾沿岸地区，这一线以北至贺州信都—太平—金田—合山—巴马—田林一线以南地区为赤红壤分布带，中低山地区为黄壤分布区，红水河及南盘江、驮娘江谷地则为红壤分布区。此外，石灰土与紫色土散布于桂西南等地，水稻土则主要集中于平原盆地以及山间溪谷地带。相比较而言，红壤、赤红壤、砖红壤有机质含量较少，铁铝富集，结构不良，自然肥力不高，但在地表植被十分茂密的情况下，有机质也会大量附吸，土地肥力亦随之提高。此外，因纬度、海拔高低、土质差异以及人为因素的影响，壮族地区的生物资源十分丰富。

4. 河流特征

壮族分布地区地处珠江水系中上游，水系极为发达，除西江水系外，还有长江水系和独流入海水系。其中西江水系流域面积最大，南盘江、

---

① （宋）范成大：《桂海虞衡志·志蛮》。
② 在广西的峰林石山地区，有峒达15000多个（见曾昭璇《珠江流域的人地关系》，载谢觉民主编《人文地理学笔谈：自然·文化·人地关系》，科学出版社，1993，第91~100页）。

红水河、左右两江、柳江、桂江等呈树状分布，河流径流量大，汛期较长，但受地形西北高东南低的影响，汛期时，河水涌集东下，易致洪灾。梧州是广西东南最低之处，境内的西江汇集了珠江上游各条河流，暴雨季节，排泄不畅，河水漫溢，几乎年年遭灾。

(二) 地域特征对壮族生产生活的影响

地域环境特征对民族生产生活方式的影响体现在多个方面，其中既有对地域环境特征的被动适应，也有对地域环境特征变化的主动反应。当然，无论是哪种情况，均会推动民族过程的顺利展开。

壮族的情况也不例外。在适应、改造与征服自然的过程中，壮民族的民族族体也是以逐渐的形成展开的。

(1) 尽管壮民族在民族过程中形成了具有诸多共性的族体文化，然而因区域内地域环境反差的巨大，生活在不同地域范围内的壮族的生产生活方式选择又各具特点。也正如我们在前面所分析的那样，民族族体特征形成与演进的重要基础乃是实践中存在的共同的地域空间活动范围，因此，在壮族民族族体特征的演进过程中，"山地多平原少这一地域环境总特征"，就必然会影响到区域内所有壮民族生产生活方式的选择。换言之，只要是岭南地区的壮民族，其生产生活方式的特征形成，均要或多或少地打上"山地多平原少"这一地域环境总特征的烙印。

从地理上看，云南文山、广东连山、湖南江华以及贵州的从江等地与广西连在一起，进而构成了壮族地域空间分布的区域整体。由于在此区域内，各地的地域特征相差很大，因而生活在不同地域空间范围内的壮族先民的生产生活方式仍有一定的差别。相比较而言，东部、南部地区多为低山、丘陵与平原。西部、北部地区则多为中高山地，平原较少，河流切割较深，沟谷幽深，交通极为不便。由于山岭分隔的影响，各地自然条件相差极大，因而在壮族区域内部又形成了各具特色的小区域文化。

具体说来，在桂西及桂西北壮族聚居地区，由于统治阶级"鞭长莫及"，因此桂西及桂西北部以岩溶山地为主的地区，因缺乏强大的经济基础，自然也就产生不了强有力的地方政权。唐宋时期，左右江一带的壮族先民，依托左右江平原，一度形成了几支较强的势力，相互雄长，可谁也无力完成对整个壮族分布区域的掌控。黄乾耀、黄少卿、侬智高盛于一时，但在中央王朝的征剿下，终归陷于失败。明代，桂西地区土司林立，最后还是在明王朝的军事打击下败亡。事实上，也正是由于桂西及桂西北地域地理区域的差异，彼此阻隔，因而历史上在西瓯、骆越分化过程中，形成了众多的支系，一部分小的支系发展成了后来的侗族、毛南族、仡佬族、水族等，另外一些支系，经过长时期的发展与整合，最后发展成壮族。可以说，壮族的民族形成过程，并非一朝一夕完成，而是经历了一个较长的历史时期。

值得一提的是，在桂西及桂西北壮族聚居地区，尽管高山深谷众多，人口分布分散，然而这些地域范围内的那些地势相对低平和水土条件较好的山间坝子、小盆地与河谷平原地区，又有着较多的壮族人口分布。不过，一旦有汉族迁入，它相对封闭的地理、社会环境即被打破，同时，原来的"峒"这一称呼，随即也可能发生演化。因此，历史上"峒"这一地名的减少以及在地理上的分布格局变迁的过程，也就是汉族逐渐进入和参与民族地区开发的过程。由于这些地区地处偏远，加之汉族中央统治势力的影响又相对较弱，再加之壮族与其他少数民族在这些地区的分布又比较分散，因此为便于统治，中央王朝一般根据壮族统治阶层统辖峒的多少，分别授予其土知州、土知府、土知县等名义上的官职，设立独立性较强的土司，以实现间接的统治。

相比较而言，广西东部及中南部面积较大的平原和三角洲地区，地势平坦，土地肥沃，便于灌溉，农业较为发达，可以容纳较多的人口。自秦汉以后，中央王朝便在这些区域设立统治机构。之后，每当中原战乱，广西偏安之时，大量的汉族移民即通过桂东北与中原相通的几条孔道，不断进入广西并定居于治所及交通沿线附近，与最早定居于此的壮族先民形成交错杂居之势。当定居于平原地区的汉族累积发展到一定程度之后，由于既有政治与军事上的支持，又拥有较为先进的文化，因而分布于这些地区的壮族先民，为了适应平原地区社会发展的变化，一部分主动向汉族靠拢，最终融于其中；少部分的则选择退避，退避到平原的边缘地带以及平原之间的丘陵山地地区。

此外，在壮族居住的缺少平地的山区，因生态环境较为脆弱，以至仅在有溪水汇流的山麓地带，才能满足生活、灌溉的需要，这些地方虽分布有一定的壮族人口，但毕竟数量有限。从壮族分布的山区看，溪水的丰枯，决定了山上植被的好坏；而山地坡度的大小又决定耕地面积的多少，最终决定了适于生存人口的多少、壮族聚落的大小以及聚落位置的选择。由于壮族基本上是与汉、瑶、苗等民族交错杂居在一起，因而在民族关系发展过程中，小区域内的人地关系状况对民族关系发展具有较大影响，尤其是其间的民族迁徙、民族纠纷等，都与人地关系紧密相关。因此，处理民族关系的基本前提就是调适人地关系。

（2）地域环境的区域差异又使得壮族在生产技术、耕作制度、生活方式与土地利用方式等的选择方面存在较为明显的差异。首先，就平原与山地之间的差异而言，平原及低山地带，因土地相对肥沃，水热条件较好，因此，汉族人口较多，农耕生产相对发达。分布于此的壮族受其影响较深，汉化现象较为严重，在生活方式、生产工具的使用、生产技术、耕作制度与土地的利用方式上，与汉族别无二致。突出的如清代初期平乐府境荔浦县咸亨里一带，就是"悉属僮类，沃野良田"①，壮人们不仅主要从事农耕生产，而且耕作技术也有了较大提高；而永安州（今蒙山县）一带，也是"百姓居三，摇僮居七。……僮与民相近"②。考虑到当地汉壮等民族间的区别已很小，因此清代对当地"僮田"收取的租赋与当地"民田"就基本一样，都为"亩九厘，粮四升二合八勺"，只是谷米折银稍有差异，僮田"每石折银三钱五分"，民田则"分五钱、三钱五分不等"③。

地处同一地区的山地壮民因环境条件受制和其他方面原因的影响，不仅"汉化"程度不高，而且生产生活方式上也更多保持了自身的民族特色。例如，同为平乐府的昭平县境，因山地较多，山田土瘠水冷，稻田改造较为困难，肥力提高缓慢，日照时间有限，农作物的播种与收获季节要略晚于平原地区20天左右，单位亩产量不高，因此，当地壮族往

---

① （清）胡醇仁重修《平乐府志》卷四《风俗》。
② （清）胡醇仁重修《平乐府志》卷四《风俗》。
③ （清）胡醇仁重修《平乐府志》卷十一《赋税》。

往"以耕山为业,不轻出城市者也"①,不仅所种植的水稻品种与平原壮族有所差异,而且芋头、玉米、番薯等杂粮的种植面积也明显多于平原地区。此外,山区壮族先民还因地选种了多种杂粮,地边间种果蔬,以更好地利用土地。还值得一提的是,在桂西部和桂北部的岩溶山区,因地表土层浅薄,地表缺水,因此,当地壮族就多以种植玉米、番薯等旱地作物为主业。

平原与山地在农业生产方面区别明显,在畜牧品种及副业发展方面的差异也比较明显。一般而言,平原地区的壮族人家,畜牧多以水牛为主,山地的壮族则多以黄牛为主;而岩溶山区,因田地较少且陡,一些地区的壮族则干脆以马为畜力。副业方面,平原地区,壮族多以饲养鸡鸭等禽类为主;岩溶山地,水少,坡陡,不宜开垦,当地壮族主要以发展牧业为主,尤其以成批牧养攀爬能力较强的山羊为主。而更偏僻的山区,狩猎往往成了主要的副业。

其次,广西东西部间的差异巨大。壮族分布区域的东部,由于自然条件相对优越,加之当地壮族受汉族影响较大,因此,无论是生产力水平,还是经济生活水平均明显强于西部地区的壮族。同时,由于区域自然条件的差异,桂西部与桂北部岩溶山地生活的壮族,在耕作制度上也与东部山地的壮族有显著的区别,在这里,除水田较少外,不少山区农作物一年只能一熟,贫瘠而有限的山地,使不少地方所产粮食并不能满足人口生存的基本需要。于是一些西部山区的壮族在发展农耕外,还间或以打猎为生。

第三节 地域因素影响壮族文明演进的实证分析

地域因素对于民族过程中的影响可谓广泛而深远,其中不仅涉及生产生活方式的调整,而且涉及民族文明的演进和路径的选择取向。考虑到我们上面已对相关的特征性事实进行了剖析,因而下面我们再着重探讨一下地域因素影响壮族文明演进的具体情况。

---

① (清)胡醇仁重修《平乐府志》卷十《猺獞》。

第四章 壮族形成与发展过程中的人地因素剖析

一 岭南文化起源中的地域因素

岭南文化本身乃是一个涉及内容和涉及地域十分广泛的概念,不过,限于研究目的与研究范畴,我们在探讨岭南文化演进历史时,主要还是以生活在岭南地区的广西境内的壮族为主。

一般而言,地域环境特征对民族文化起源和发展的影响主要体现在三个方面。

首先,地域环境特征会在相当程度上决定着民族文化演进的类型。广西壮民族生活在云贵高原向东南方向倾斜的珠江流域地区,这里高温湿热,降水充沛,十分适宜水稻的培育与种植,因而处于这种环境下的广西壮族先民不仅创造了适合稻作生产的各类工具,而且也创造了基于这类地域环境特征和"稻作生产需求"的饮食文化、居住文化、宗教文化、歌谣文化。

其次,不同的地域环境会孕育出不同的民族文化。事实上,壮汉间的文化之所以会存在一定的区别,原因并非汉壮两个民族在个性的生理特征上有何差异,关键性的原因还得从汉壮间不同的地域繁衍环境中去寻找。对此,长期从事历史地理研究,特别是岭南历史地理研究的曾昭施教授就曾指出:因地理环境的不同,"在古代我国基本上可以划成三个民俗文化带。一是北面蒙古草原游牧文化带,它向西可连入青藏高原牧区,和国外的中亚草原游牧文化带连接。二是中原农业民俗文化带,西连藏南农业区,东连日本、朝鲜;人们常说的巴蜀四川盆地文化区、齐鲁山东半岛文化区、荆楚两湖盆地文化区、关中平原秦陇文化区、三晋黄土地带文化区、长江三角洲的吴越文化区等,即在其中。三是五岭以南的热带近海越族民俗文化带,这一带西延是人类起源地的南亚区云南省高原。……珠江水系即由云南高原流来岭南地区,故岭南文化渊源古远,南连越南、泰国、马来西亚、新加坡、印度尼西亚"[①]。民族文化演进与地域环境间的关系由此可见一斑。

最后,无论是考古学、体质人类学的研究发现,还是民族学、历史

---

① 曾昭施:《曾昭施教授论文选集》,科学出版社,2001,第289页。

学的综合考察结果，都说明，居住在华南珠江流域的壮侗语民族及其先民从旧石器时代开始，经新石器时代，再到近现代，都没有发生过整体性的迁移或者说他们中的主体部分历史上就生活在这一区域。这正如我们前面所分析的那样，作为稻作农耕民族，壮侗语民族与游牧民族及旱作民族间的不同之处在于，稻作农耕的生产方式决定了他们守土性强和不轻易背井离乡的品格。费孝通先生在《中华民族多元一体格局》中说过："农业是离不开土地的，特别是发展了灌溉农业，水利的建设更加强了农民不能抛井离乡的粘着性。农民人口增长则开荒辟地，以一点为中心逐步扩大，由家而乡，紧紧牢守故土，难得背离，除非天灾人祸才发生远距离移动。"显然，在这种条件下，他们的文化创造，不仅具有鲜明的地方和民族特色，而且是一脉相承的。

总之，作为我国华南地区的世居居民，壮族居住地区的自然生态环境决定了壮族的经济文化特点。壮族把野生稻驯化成为栽培稻，不仅创造了稻作农业文化底蕴，而且也为人类社会的进步和发展做出了重大贡献。此外，新石器时代的稻作农业经济也孕育了壮族早期的共同地域、共同语言、共同物质生活及共同心理文化等特征。

受社会经济发展及地域环境变化态势的影响，壮族民族过程中的"纵向历时性"特点①也直接影响到了壮族的族体形态过程，其中包括由血缘民族向地缘民族转化及族体规模、行为方式、价值观念、风俗习惯等。当壮族处在氏族部落时代时，是它独自发展的时期；当壮族先民西瓯、骆越人从氏族部落社会进入阶级社会、由蒙昧时代进入文明时代时，发生了秦瓯战争，秦始皇统一了岭南，西瓯、骆越地区纳入了祖国统一的版图；自此至民国时期止，壮族由独立发展时代转入了统一的中央王朝治理下与汉族和其他少数民族杂处中生存和发展的时代。民族政治过程的这种转折和变化，不仅对壮族的经济过程和族体形态过程产生了重

---

① 这种特点主要体现在壮族发展过程中所经历的五个具体发展阶段上：从氏族部落时期的原始农业形成到西瓯骆越时期（先秦至秦汉）、农业和手工业的分离；俚僚时期（魏晋南北朝至隋唐）农业、手工业的发展和商业、集市的形成；僮土时期（宋元至民国）农业、手工业、商业和矿冶业、交通业的发展；民族区域自治时代的工业化和现代化五个阶段。此外，经济全球化和知识经济时代的冲击，更使壮族经济逐步走向市场化。

要影响,而且也对汉壮融合和民族特色文化的形成和发展产生了重要影响。壮族族体形态的这种巨大变化,尽管基本原因是经济发展,但归根结底,地域环境的影响更是不容忽视。

二 "那文化"演进中的地域因素考量

作为我国珠江流域的世居民族之一,适应于岭南地区的水土条件,壮族早在距今一万多年前即已把野生稻驯化成了栽培稻并进而成了我国最早创造稻作文明的民族之一。由于壮族把水田叫作"那",因而我们通常又把"那"字后面蕴含的民族文化和稻作文化称为"那文化"。显然,"那文化"的形成既是壮族先民适应和改造地域环境的重要成果,也是壮族为中华民族文明演进所作出的重大贡献。

(一)依山临"那"而居的地域情况考量

依山傍水,临"那"而居,乃是壮族生活形态的一个显著特征。在壮族聚居区,人们大都有一个常识,即只要有河有水的地方,就可以找到壮族村寨。当地俗语还总结道:"汉族住街头,壮族住水头,苗族住山头。"事实上,桂西北与黔东南地带有不少由河谷天然形成的扇形小坝子,由于水源灌溉得到保障,因此现实中,这些坝子大多被开垦成了旱涝保收的良田。每个坝子面积在300亩到500亩之间,基本上是一个坝子一个村落,稍大的坝子有两个村寨。从环境形态看,这些村寨都坐落在坝子与大山接合部,属依山临"那"而建,因此,壮族村落与山、林、泉、田、河结合得非常自然并形成了人与自然和谐的生态环境。壮族百姓如此选择建寨地点,据传其本意是"找好靠山,全寨平安"。然而,从今天的角度看,更主要的是不占用良田和保护耕地,同时,尽量留出生存与未来发展空间。此外,壮族先民的村寨,还有自己的"山泉"和"养山"①:山泉从村子旁边流过,便于引水入户或直接取水;养山一般就在寨子的后山上,其主要作用是保持水土、避免水源枯竭和防止山体滑坡,同时还可有效调节村寨的小气候。

---

① 所谓的养山其实是指村寨周旁的保护水源的山林。

（二）日常生活方式选择的地域情况考量

除了依山临"那"而居外，在其他生活方式选择方面，壮族先民也十分注重对地域环境的尊重与适应。例如，在日常饮食方面，基于稻作文明的内在要求，壮族日常生活除饮食稻米以外，生活中忌食和忌杀与稻作生产有关的一切牲畜。例如牛、马、驴、狗等。而像猪、鸡、鸭、羊、鹅、鱼虾、昆虫等属于稻谷转化物的动物，才能作为日常的食肉选择。此外，其他相关方面的饮食禁忌，也无不体现出壮族先民对环境和农耕生产的尊重。

农耕和饮食如此，狩猎和其他生活习俗的形成方面也不例外。壮族主要从事农耕，也有捕猎活动：可以捕鱼虾和吃昆虫和鼠类等。长期的农耕生产生活，还使壮族先民们有着比较多的与自然节令相应的节日活动，而这些节日又都有着以大米及其转化物为祭品的祭祀仪式。这些仪式都表现出了壮族"爱生命、爱万物"的生态伦理取向。

（三）人际关系处理中的地域情况考量

壮族先民们在处理人际关系方面也无形中受到地域特征的影响。之所以如此，原因在于，农耕文明不仅需要遵循季节时令以及要求人与自然的和谐统一，而且也需要社会稳定、邻里和睦相处、有难互相帮助以及由此而形成的一种人与人和谐相处的社会关系。

壮族先民在人际关系处理过程中对地域情况的考量，主要体现在两个方面。

首先，壮族先民在维系社会关系上具有泛亲戚化的倾向。以前，由于地域的相对封闭和农耕文明"亲上加亲"传统观念的影响，壮族先民，尤其是生活在桂西和桂西北地区的壮族先民们，彼此间长期相互通婚，七弯八拐几乎都可以扯上亲戚关系，尽管这一情况后来有了很大改变，但当地壮族在维系社会关系上所具有的泛亲戚化倾向仍很浓厚。泛亲戚化观念所维系的是"四海皆近邻，天下皆兄弟"的亲情社会关系。不仅如此，居住文化也能体现出壮族对亲情关系的维护。例如，当地壮族的住房布局有一个特点，就是兄弟之间虽然分家，但房屋往往是建在一起和连成一排的，并且多数是共用一道闸门。壮族先民们之所以如此看重亲情关系，除了历史延续的文化因素外，自然条件的艰苦、生产技术的落后、单个家庭和个人抵御自然灾害的"势单力薄"以及自然灾害的频发等都是其中的原因。其次,生产劳动过程中相互帮助风气相当盛行,这一方面出于壮民族文化的影响;另一方面则也是壮民族在长期的农耕生活过程中形成的互帮行为,离开了彼此间的支持和帮助,别说生产生活水平的提高和民族的进步,大概连维持基本的生存条件都有可能变成奢望。

三 生产技术、生活方式和社会制度变迁的地域因素评价:以龙脊壮族为例

在民族文明演进过程中,无论是生产技术的适应,还是生活方式选择和社会制度变迁,均需在相当程度上综合考量地域环境因素的影响与作用。由于地域生态环境乃是人类赖以生存和发展的关键性基础,因此人类文明演进在深层次机制上均带有地域生态因素影响的烙印。贝特茨(Daniel G. Bates)曾精辟地论述过这个问题:这种民族文明演进过程好似机体或机体种群对他们的环境作出有利于自身生存和再生产的调适,这一过程正是我们通常所说的文化适应。

地处桂北的龙胜龙脊地区的壮族先民在生存繁衍过程中所形成的文化特点和文明进步即很好地体现出了地域环境对民族生产生活方式选择和社会制度演进的影响。

龙胜龙脊壮族聚居区位于广西壮族自治区龙胜各族自治县和平乡境内,地处桂林市以北 80 公里和龙胜县城东南 27 公里处,这里山多地少,自然条件相对艰苦,生活在这里的人们主要以壮、瑶、苗等少数民族为主,历史上即以"龙脊十三寨"闻名于世。历史上,"龙脊十三寨"既是一个地理名词,同时也是一个"寨老"组织。如今,"龙脊十三寨"已经被重新组合并分属于和平乡金江、龙脊、和平行政村。在龙脊壮族聚居区内,尽管山岭绵延,地势高低不平,但龙脊壮族仍发展出了独具特色的梯田稻作形式并在此基础上形成了独特的文化适应体系。由于山地生态环境的限制,龙脊壮族聚居区的梯田大都比较狭窄,大的不过一亩,小的则只能种几十棵禾而已。不过,梯田虽然狭小,但有其独特的功能:一方面传承了壮族先民的传统生计方式,使稻作文化得到了较好的延续

与发展；另一方面梯形田埂又把土壤和水分很好地控制在稻田中，既保护了关乎生存和发展的水土资源，也比较好地维护了龙脊壮族村民生存的根基。

总之，由于山地环境的限制，龙脊壮族先民"因地制宜"地发展起了独具特色的梯田稻作文化，这种"梯田稻作文化"本身乃是该地区壮族先民们对地域环境特征的文化适应结果，但同时其又不同于一般意义上的"文化适应"，它蕴含着相当复杂的、涉及诸如生产技术、生活方式、社会制度、资源管理等因素在内的机制，是对传统文化特质的进一步改造与发展。

（一）生产技术的变迁与适应

龙脊地区的壮族先民们还在生产技术演进方面采取了许多变通措施并形成了一定的特色。

基于山地条件和梯田耕作的需要，龙脊地区的壮族先民们在生产工具方面进行了很多变革甚至是创造，从而适应了地域环境条件的特点，也满足了生产活动的需求。

就生产工具的使用而言，因自身比较特殊的地域条件与生产经营方式的影响，龙脊壮族先民考虑到这里山区地陡田小，牛拖犁耙不宜使用，又易踩塌田埂，因此，这些地区 2/3 的耕地必须使用人力犁耙，所以这里的犁耙也比别的地方较为短小。再如，割草用的镰刀，为了适应本地山高石头多的特点，其刀尖较为上翘。小田锄、小镢、禾剪则是龙脊壮族聚居区独具特色的农具，因而也是适应山地地形和梯田耕作需求的产物。

就耕作方法而言，龙脊壮族聚居区独特的生态环境造就了与生产力发展水平相契合的耦耕方法。有关这种耕作方法，广西民族学前辈刘锡蕃曾经描述道："邻黔诸蛮，间亦采用'耦耕'方式，即以二人负犁平行，代牛而耕，一人执犁以随其后，其艰苦尤不可言"；同样，龙胜地方文化专家黄钟警也曾详述道："在热火朝天的耕犁图中，那用人力代替耕牛拉犁的耦耕最为引人注目。两兄弟、两父子或两夫妻作一对耕犁的搭档，一人在前面拉犁，一人在后面掌犁和推犁，一根当作牛轭和传动轴用的犁杠重重的落在两人的肩上，把他们紧紧地连在一起。前者一手紧握那紧贴脸颊的杠头,一手紧抓其身后系在犁杠上的绳索,既要使劲往前拉犁,又要保持行进的平衡,以防止脚步趔趄,左右摆动;而后者则一手掌着犁把,一手扶着犁弓,还要极力地用肩膀抵着犁杠往前推。"人力耕作方式的使用,是由于梯田的面积太小以及坡陡而不便于畜力的展开。不仅如此,有些面积更小和乱石更多的梯田甚至是连"耦耕"也不适合而不得不采用"人力锄耕"。

就灌溉技术方面,龙脊壮族充分利用了当地的地理环境特点与条件。考虑到本地区山岭众多,同时,岭上泉水终年不息并大多顺着峡谷奔流而下,因此,当地壮民就结合山地特点发展了独特的灌溉系统——他们在山腰适当地方开凿出渠身狭窄的灌溉沟,而在无法挖沟的地方则用水槽将两段灌溉沟或田地连接起来①。在灌溉资源的分配方面,龙脊地区的壮族先民们也形成了一套行之有效的方法——第一种方法是,如果一灌溉渠流经之地有较多田地,则首先须满足先辟之田用水;若一条主渠流经之地有许多支渠,则首先必须满足先凿支渠用水,即便是后辟之田或支渠在较接近主渠的水源地方,也不能自行导水进行灌溉。第二种方法是:如果一条主渠或支渠需要灌溉许多田地,则在分水地方安放一块平整的木块或石块,上面凿出多个"缺口",这种分水方法科学合理,因而也就很好地保证了灌溉的先后次序,有效地避免了争水的发生。

(二)生活方式的选择与适应

生活方式的选择与形成并非"自古天成",也是基于地域气候等环境条件的考虑而做出的一种适应性安排。这一点也恰似雷蒙德·弗斯所分析的那样:"任何一种生态环境总要在一定程度上迫使生活在其中的人们接受一种生活方式。"②

龙脊地区壮族先民们的情况也是如此。龙脊壮族聚居区的山地环境也迫使当地壮族村民接受一种与之相适应的生活方式,这种方式突出地表现在包括饮食、居住、交通等在内的各个生活领域。

---

① 水槽往往也是就地取材,将当地生产的毛竹一剖为二并打通其中竹节即可。
② 〔英〕雷蒙德·弗斯著《人文类型》,费孝通译,商务印书馆,1991,第39页。

首先，就具体的饮食文化而言，龙脊壮族村民仍然保持着"饭稻羹鱼"的饮食文化。历史上，龙脊壮族先民为适应当地自然环境，反复筛选已有品种并进而培养出了同禾、香糯、大糯、黑须糯、白莲糯等适合当地种植的稻谷品种，使之成为日常生活中的主要食物来源。与此相适应，壮民们还用糯米做成糍粑、乌饭、粽子等食品，进而形成了一系列的民俗饮食文化。除了盛行以糯米为原料的饮食外，龙脊壮族村民还在一定程度上保持着养鱼、抓鱼、吃鱼的传统。

其次，龙脊壮族村民的饮酒习惯比较浓厚。之所以如此，一方面是由于当地天气湿冷，再加之劳动强度也比较大；另一方面还因当地出产的糯米等作物比较适合酿酒，因此，龙脊壮民的酿酒和饮酒习惯自古至今均比较浓厚。

再次，龙脊壮族村民以梯田稻作农业为主的生活方式也决定了他们以干栏建筑为主的居住形式。龙脊壮族的干栏建筑一般分为三层，上层存放杂物，中层住人，下层用以圈养牲畜。这样既能使人们免于潮湿，也可积肥和防虫蛇侵扰。此外，特定的山地环境与梯田稻作也使龙脊地区的道路交通具有一定的独特性。龙脊壮族聚居区山势险峻，交通不便，男女外出劳动，全凭肩挑，或者负以背篓。因此，当地的壮族村民便克服种种困难，在村寨与梯田之间修筑了条条迂回道路，路面全用宽平的石块铺设，从山脚到山顶、从屋舍到田园以及从村寨到圩镇，处处都有石板路相通并形成了独具一格的交通网。

最后，在龙脊壮族村民的日常生活中，也广泛存在着互惠互助的生产和生活方式。而这一点表现得最为突出的就是当地的"打背工"习俗。"打背工"涉及范围很广，以至在做田工、建造房子、砍柴以及举行婚丧嫁娶活动时，都有"打背工"相助的习惯。龙脊等地的壮族先民们之所以十分重视彼此间的"互惠互助"，其实与当地自然条件艰苦、生产力欠发达以及单凭个人或个别家庭的力量很难以应对环境的挑战有关。

（三）社会组织的乡约制度的选择与适应

地域环境条件对民族族体文明形成与发展的影响，不仅体现在生产技术调整和生活方式选择的适应上，而且也对民族地区乡民组织和乡约

第四章
壮族形成与发展过程中的人地因素剖析

制度的选择与适应具有重要影响。龙脊地区的壮族尽管人口不多,涉及区域也不广,然而因独特的地域环境条件的制约,在生产技术和生活方式调整的同时,其乡民组织和乡约制度的演进也体现出了独特的地域环境特点。

总体上看,适应龙脊地区梯田稻作文化和山地生活环境需求的乡民组织和乡约制度最有特色和影响最大的乃是当地的"寨老制度"和"乡约制度"。

龙脊壮族"寨老制度"产生较早并在很长的时期内发挥了重要作用。寨老制一般又可以分为村寨、联村寨和十三寨三级组织。各级寨老组织通过制定乡约条规,调节社会关系以及维持梯田生产,比较好地适应了当地自然环境和社会环境变化的要求,经济、社会功能十分明显。此外,为了维护正常的农业生产秩序,当地的寨老组织还制定了很多相关的乡约条规。例如,道光二年的《龙脊乡规碑》就规定:"田土山场,已经祖父卖断,后人不得将来索悔取补。今人有卖业者,执照原契受价,毋得图利高抬,如有开荒修整,照工除苗作价。"① 而同治十一年《龙胜南团永禁章程》又进一步对不同情况予以规定:"民间田土基业、山场等件,上前卖者,照依时价变卖,今卖今收,时卖时管,后人不得异言,翻悔生端,需索妄取,如有翻悔者,执照经官究治。……买田基业,其田边向本有荒地草土,除地作价之外,或在内契务要批明在契方卖,请白买主,以好挖开耕土,以后不得异言。故意藉端,如有妄索,头甲送官究治。"② 总之,龙脊壮族传统的寨老组织和乡约制度发挥了重要的经济、社会功能,特别是相关保障梯田稻作农业正常生产的条规,对于维护龙脊壮族聚居区的生态环境有积极作用。时至今日,龙脊壮族寨老制度仍然存在并继续发挥着作用。

---

① 广西壮族自治区编辑组编《广西少数民族地区碑文、契约资料集》,第173页。
② 广西民族研究所编《广西少数民族地区石刻碑文集》,第154页。

第五章

壮族分布版图变迁的历史演进脉络及地域因素影响

第一节 区域人地关系与民族关系过程中的空间特征

在人地关系与民族关系的演进过程中，地域环境因素不仅对民族关系变迁和演进有积极影响，而且在相当程度上影响到民族分布版图变迁的历史演进。从民族学角度看，不同空间地域特征的区域，其人地关系和民族关系演进中的区别也是十分明显的。

壮族的分布版图演进其格局形成就既是历史因素影响的结果，同时又反映出了地域空间因素差异影响的内在机理和规律。

作为地球表层陆地空间系统中最为重要的两大类要素的相互作用——"人"和"地"的关系，一直以来都是地球表层系统中最重要的研究对象，而且已成为区域发展研究的重要领域之一。从研究的发展趋势看，地理学视角下的人地关系研究已经从最初的理论研究逐渐走向实证研究，并进一步发展到理论研究与实证研究相结合的综合集成研究，其主要研究方法则遵循钱学森院士提出的"从定性到定量的综合集成（M-S）法，基本目标是通过对区域人地关系的深层次研究，切实提高区域可持续发展以及从根本上实现人地关系地域系统的协调共生。

历史上壮族在生存发展过程中，其人口的地域分布有着自身明显的空间特色。一般而言，地势低平的平原与河谷地带往往是壮族先民的主要聚居地，相反，条件相对艰苦的高山险谷地区原本并无多少壮族先民

第五章
壮族分布版图变迁的历史演进脉络及地域因素影响

生活,后来随着汉族统治势力的深入以及平原河谷地带人地关系的趋紧,壮族不得不迁往相对偏远的高山险谷地带。这种人地关系的分析方法,我们还可以选择运用张雷等提出的人地关系演进状态评价模型来定量分析广西壮族主要聚居区的资源环境基础、人口密度、经济密度以及人地关系状态并进而在此基础上揭示它们的空间差异。

在张雷等提出的人地关系演进状态的评价模型中,其资源环境基础的评价指标主要考虑了国家和地区社会经济整体发展过程中依存程度及使用程度最为普遍的五大类"公用性资源",即耕地资源、淡水资源、矿产资源、能源资源和森林资源。本研究在对广西各地区资源环境基础进行评价中,结合了区域资源特点和具体情况,同时还在原有的五大类"公用性资源"的基础上,进一步增加了草地资源和旅游资源。此外,在对人的活动程度的评价中,本研究还采用人口密度和地均 GDP 作为评价指标。

评价结果表明,在"地的承载能力"指标方面,广西的桂林－柳州－南宁——北海轴线及其周边地区,环境条件相对较好,同时,土地和环境的承载力较差,因而这些地区成为汉族等民族在广西的主要聚居区域;桂西、桂西北、桂西南等地区,土地的承载力较差,成为广西壮族的主要聚居区。从人口密度的评价结果上看,高人口密度地区主要集中在广西的桂林－柳州－贵港－南宁－玉林－北海轴线及其周边地区;人口密度处于"第二阶梯"的地区有来宾市、梧州市和钦州市;人口密度处于"第三阶梯"的地区有百色、河池、贺州、崇左、防城港等,这些地区人口密度指数与"第二阶梯"的相差较小,但人口的带状和零散特征比较突出。再从经济密度的评价结果看,高经济密度地区主要集中在桂中地区及桂南地区;较高经济密度地区主要集中在桂北和桂东南的部分地区;较低经济密度地区分布较为零散,滇东北和桂西南均有分布;低经济密度地区则主要集中在桂西和桂西北。总的来看,广西各地区人口密度的空间格局与经济密度的空间格局具有较高的对应关系,其基本的分布规律是人口密度大的地区同时也是经济密度高的地区,这些地区总体的发展水平较高;人口密度低的地区同时也是经济密度低的地区,这些地区则相对落后。

第二节　自南宋至元、明、清、民国时代的壮族
　　　　分布版图变迁的历史演进脉络

由于历史上南宋以前各代对岭南壮族先民生活地区的统治力量比较分散，再加之受制于交通和实践认识等方面的原因以及当时的文人所持有的认识偏见等因素的制约，史料对壮族空间分布变化情况的记载十分有限，以至我们在探讨壮族先民地域分布变迁过程时，不得不侧重于南宋以后。

一　南宋时期壮族先民分布版图变迁态势

由于自北宋始封建统治势力对岭南地区的统治得到强化，因而在族称上对壮族先民的称呼也开始日趋集中为"撞"，同时，关于"撞"民居住的地域分布情况也逐渐得以清晰。

从史料记载所反映的人口状况与分布区域状况上看，宋代壮族的分布，大致活动在四个主要区域。这些区域尽管在生产生活方式和姓氏称呼方面有所区别，但其实又均是壮族先民的有机组成部分。

（一）左右江流域以及滇东南地区

宋代这一区域分布的广源州蛮，大多源自唐代的西原蛮，主要分布在"邕州西南郁江之源"，即今之左右江流域①；姓氏上，北宋时主要以侬氏、黄氏两者为主，计有"四道侬氏，谓安平（大新县境）、武勒（扶绥）、忠浪（今越南境）、七源（今越南境）四州，皆侬姓；又有四道黄氏，谓安德（那坡境）、归乐（大新西南）、露城（今地不详）、田州（田阳）四州，皆黄姓"②，以至宋史称其为"颇有邑居聚落"③，人口数量不少。

为加强对这一地区的统治，宋代一方面在此设有 44 个羁縻州、5 个

---

① 《宋史》卷四九五《广源州》。
② （宋）范成大：《桂海虞衡志·志蛮》。
③ 《宋史》卷四九五《广源州》。

羁縻县以及若干个羁縻峒,由邕州统辖。另外,宋还在此设置了带有军事性质的太平(今崇左市)、永平(今宁明县境明江镇)、古万(扶绥)、迁隆(宁明那堪镇)、横山(今田东县)五寨。① 史载宋代时,左右江一带接受朝廷招抚的"蛮族"约有"四百五十余峒"②,可见当时的左右江一带,生活的壮族先民已不少。此外,在右江流域还有不少"獠族"分布,这一点也恰似《桂海虞衡志·志蛮》所载的那样:"旧传其类有飞头、凿齿、鼻饮、白衫、花面、赤挥之属二十一种,今在右江西南一带甚多,贻百余种也。"

(二) 红水河游流域地区

与左右江地区相比,南宋时,这一区域"蛮"族更多,据载绍兴二十四年(1154),广西经略安抚使吕愿中所招降的这一区域的"蛮族"即有31种,③ 其中势力较大的主要有:南丹州蛮——分布在今红水河上游两岸广大地区,当时的首领莫氏,强盛一时;抚水州蛮——分布在"宜州南,有县四:曰抚水,曰京水,曰多逢,曰古劳"④,大致相当今之河池、宜州之北至环江一带,以蒙姓势力最强,其后又有宜州蛮、安化蛮、环州蛮等,皆从中发展而来,应该说,这些"蛮"也是后来壮族的主要来源。此外,在红水河下游流域的宾州、象州一带,"蛮"族人口也不少,如史料所载,宾州,在五代时即"蛮獠杂处",南宋时"宾人计口筑室如巢窟","病者不求医药,惟事鸡卜"⑤;象州,史载当地居民也是"信鬼神,好淫祀。又云俗以鸡骨卜吉凶,旧经云人多骋猎,家少秀民"⑥。以上所载的巢居、信鬼神、好淫祀、卜鸡骨等正是后来史料记载壮族习俗的重要内容,因此可以断定这一地区的居民当属壮民。

---

① 五寨中横山寨辖领最多,史载"横山寨,至州七程,每岁市马于此。领峒县六十有二,内十六县峒系熟峒,内二十三州县系熟峒,内七州峒系嘉祐归明,内六州县于治平四年(1067)归明,内五州于熙宁元年(1068)归明,内五峒相继归明"[见(宋)王象之《舆地纪胜》卷一〇六]。
② 《宋史》卷四九五《蛮夷三·抚水州》。
③ 计"得州二十七,县一百三十五,寨四十,峒一百七十九及一镇、三十二团,皆为羁縻州县"(见《宋史》卷四九四《蛮夷二·南丹州》)。
④ 《宋史》卷四九五《抚水州》。
⑤ (宋)王象之:《舆地纪胜》卷一一五。
⑥ (宋)王象之:《舆地纪胜》卷一〇五。

(三) 大容山以东，珠江三角洲以西的区域

根据史载，这一区域分布的少数民族"夷獠"，也有相当人口。容州，史称"夷多夏少"①；雷州，则"地滨炎海，人惟夷獠，多居栏以避时郁"②，为当时岭南东部地区较为重要的包括壮民族在内的少数民族聚居区域；此外，当时的德庆府也是"夷獠相杂"；南恩州则是"环山绕林，襟岩带峒，与夷獠杂居"；肇庆府则"有夷夏人织蕉竹、经麻、都落等布以自给"；滕州也是"夷人往往化为讴"③。至于新州、化州与高州之地，尽管史料没有详细的居民族属记载，但从其习俗记载看，其境内不少居民应属"夷獠"无疑。如新州，"俗以鸡骨占吉凶。衣服即都落古贝蕉布，豪渠之家丧祭则鸣铜鼓，召众则鸣春堂"④；化州则是"夷俗悉是椎髻左衽"，高州则为"悉以高栏为居，号曰干栏"⑤。不过，随着汉族先民的不断涌入，这一地区在南宋时社会风俗已发生很大的改变。⑥

(四) 南岭以南，九万大山至宜州一线以东，十万大山东南以及大容山、六万大山一线以西至北部湾这一区域

在这一区域内，尽管汉族人口较多，同时，北部地区还是瑶族的重要分布区域，但总体上看，多族杂居的分布状态还是十分明显。突出的如静江府，史载"俗杂华夷，地兼县道，文身椎发，渐尉佗南越之余"，"控联溪峒，参错蛮毛"⑦；应该说这里的"夷""蛮"只是泛称而已，实际上应包括当时的瑶、壮等民族在内；至于融州境内，"州之西北，民瑶

---

① (宋) 王象之：《舆地纪胜》卷一〇四。
② (宋) 王象之：《舆地纪胜》卷一一八。
③ (宋) 王象之：《舆地纪胜》卷九十八、九十六、一〇九。
④ (宋) 王象之：《舆地纪胜》卷九十七。
⑤ (宋) 王象之：《舆地纪胜》卷一一六。
⑥ 如容州，"北客避地留家者众，俗化一变，今衣冠礼度并同中州"（见王象之《舆地纪胜》卷一〇四）；化州也是"士民被礼逊之教，出入颇衣冠相尚，虽贱隶服亦襟衽，无复文身断发之旧"；高州，原是北宋时有名的"瘴乡"，尽管有"高、窦、雷、化，说着也怕之谚"，但南宋时已"无甚瘴病"了（见王象之《舆地纪胜》卷一一六）。但总的来看，这一区域中，容、藤、雷三州中的"夷獠"还占多数，其余各州，也均与一定数量的汉人杂居在一起。
⑦ (宋) 王象之：《舆地纪胜》卷一〇三。

杂居"①，从宋代设置羁縻州所统辖的情况看，也为多民族杂居之地。贺州，因土地和气候条件比较理想，因此，汉人大量进入，只在山区有部分"蛮瑶"杂居，且"溪峒蛮瑶亦皆委顺服役，而无剿效之患"②；昭州与梧州境内也分布有一定数量的"夷人"，史料记载他们在谷熟季节，"男女盛服，椎髻徒跣，聚会作歌，悉以高栏为居"③；得州境内则少数民族不多，史称"蛮溪獠峒不际其境"④；横州、贵州（治今贵港市）原系乌浒蛮的重要分布地，至宋时，除有少量瑶人分布外，多为汉人所居；郁林州则主要在丘陵山地中有少量的"夷人"散居，如史料"夷人居山谷，食用手，挏酒名都林，合糟共饮，刻木为契焉"，又载"古党峒夷人女以乌色相间为裙，……徒跣吹笙，巢居夜泊"⑤；沿海的钦州、廉州，也分布有多种少数民族：首先是以入海捕鱼为生的"夷人"，其次是少量的"俚人"，最后是"獠子"⑥。

总之，南宋时期，尽管各地分布的壮族多寡相差悬殊，也没有一个统一的族称，但从自称看，已渐趋统一。如左右江流域的广源州蛮，多自称"土人"。从当时壮族先民分布的地域特征上看，随着南宋对岭南地区统治的加强以及汉族先民的大量南移，岭南壮族先民的分布地域格局开始出现调整，由于汉族先民的大量拥入以及部分包括壮族在内的少数民族对汉民族先进生产技术和民族文化的接受，这些地区的壮族先民部分开始迁往地域条件相对受制的桂西、桂西南以及桂东南等地区，以至最终形成了壮族分布版图上的"东西部多，中部少，南部多，北部少的格局"。

二 元朝时期壮族先民分布版图变迁态势

应该说与两宋相比，元代时的壮族先民不仅居住范围更广，而且在地域分布上也呈现出了自身的某些特征。

---

① （宋）王象之：《舆地纪胜》卷一一四。
② （宋）王象之：《舆地纪胜》卷一二三。
③ （宋）乐史：《太平寰宇记》卷一六三。
④ （宋）王象之：《舆地纪胜》卷一一〇。
⑤ （宋）王象之：《舆地纪胜》卷一二一。
⑥ 这些"獠人"往往是"巢居海曲，每岁一移。凿齿、风风赤棍、短褐"，在廉州，他们被称为"蛮獠"，从他们的习俗看，显然也是壮族的一种。

（一）左右江流域地区

元时，左右江地区的撞人仍较多，由于史称这一地区是"夷獠杂居，吏民不遵王宪"，因此，史上这些撞人又被称为"岂徼外蛮"①。为加强对这一地区的统治，元初曾于此设立左右两江宣慰司都元帅府。总体上看，当时的左右江地区，土司势力仍有相当影响，尤其是当地较大的土司势力——左江流域的黄氏与右江流域的岑氏，他们甚至已控制了整个左右江流域。从控制区域上分析，黄氏家族世代占据左江上游地区，其头目黄圣许（又称黄胜许）降元后曾被封为上思州知州，至元泰定年间叛服不常，一度占据左江溪峒90余寨；岑氏则主要控制右江流域，元初归降，其首领岑雄、岑世兴父子被封为来安路（今田阳）总管，不时起兵反元，攻伐各地，势力强盛一时。泰定二年（1325）十一月，岑世兴联合"八番蛮班光金等合兵攻石头等寨"②，势力一度越过红水河，发展到今黔西南一带。此外，在两江之间的结合部镇安路（今那坡），也是岑氏土司辖地，当地土官岑修文，曾统率当地的"山僚、角蛮六万余人为寇"③。黄氏土司与岑氏土司各有势力范围，互相雄长，"屡相仇杀"④。总之，这一区域撞人占据绝大多数，史称其"椎髻蛮音，衣冠不正"⑤。

（二）滇东南地区

这一地区主要包括南盘江以南以及驮娘江、西洋江以西地带，其自古即为"獠"的分布区域。⑥ 由于民族史学界一致认为"獠"乃是壮族的重要来源之一，这一区域无疑也是壮族的世居地之一。许多研究材料均说明罗雄-师宗-宁州-蒙自一线是元代时期"獠人"分界线。一般而言，较大的水体、山脉，是民族分布的天然界线，结合这一地区地形

---

① 《元史》卷一六三《乌古孙泽传》。
② 《元史》卷二十九《泰定帝一》。
③ 《元史》卷三〇《泰定帝二》。
④ 《元史》卷六十一《地理四·云南行中书省·曲靖等路宣慰司军民万户府·罗雄州》。
⑤ 《元史》卷六十一《地理四·云南行中书省·临安广西元江等路宣慰司兼管军万户府·临安路》。
⑥ 如《华阳国志》卷四《南中志》载兴古郡（相当于滇东南等地）"多鸿僚、濮"；《新唐书》卷四十三下《地理志·羁縻州·诸蛮州九十二·蜀爨蛮州十八》也记载，自峰州（今越南山西省白鹤县境内）以北至南诏相接的丹棠州（今红河上寨忽），一千余里范围内"皆生僚也"。

第五章 壮族分布版图变迁的历史演进脉络及地域因素影响

判断分析，南盘江以南，蒙自一带往东的红河东部地区应是其时"獠"人的分布区域。不过，这一地区除"獠人"之外，还分布有侬人、沙人以及山獠等部，这些部落依然都是壮族的重要组成部分。当然，值得一提的是，当时元代统治势力在云南西北部的影响尚受到一定的局限，原因主要在于特磨道的壮族不服元朝统治并进而阻断了广西与大理之间的交通往来，因此元初之时，统治者不断采取措施诱降这一地区的壮族首领，至元十二年（1275）二月时，"宋神州团练使、知特磨道事农士贵，率知那寡州农天或、知那吉州农昌成、知上林州农道贤，知县三十有七，户十万，诣云南行中书省请降"①。元遂于其地设置广南西路宣慰司并以其为宣慰使，实行羁縻统治。

（三）红水河流域与柳江流域地区

红水河流域与柳江流域地区在元代主要为庆远南丹溪峒等处军民安抚司与融州辖地，尽管这一区域的北部及东部地区有瑶等民族杂居，但在红水河流域腹心地带，则主要以撞人为主。史载"南丹州安抚司及庆远路相去为近，所隶户少"②，同时，庆远"控西南之边隶五县，羁縻十七州，扼束七十二寨"③，大致说明了这一地区在籍汉族人口不多这一情况。此外，虞集《平猺记》也载元统二年（1334）三月，柳州皂岭瑶族李全甫"累降复叛，投充屯撞"，说明柳州附近不远处即为瑶、撞分布地。总之，红水河上中游地区的居民在元代主要以"撞""瑶"等民族为主，相比较而言，红水河下游流域的宾州一带与柳江流域，撞人尽管为数不少，但多与汉、瑶等族杂居在一起。

（四）桂东部地区

我们这里所谓的桂东部地区主要指天平山－驾桥岭－大瑶山－罗阳山－十万大山一线以东地区，大致相当于元代融州、柳州、象州、贵州（今贵港市）、横州、南宁路、思明路一线以东地区。这一区域的"撞人"

---

① 《元史》卷六十一《地理四·云南行中书省·临安广西元江等路宣慰司兼管军万户府·元江路》。
② 《元史》卷六十三《地理六·湖广等处行中书省·广西两江道宣慰使司都元帅府·庆远南丹溪峒等处军民安抚司》。
③ （元）罗咸：《庆远城池记》，载（清）汪森《粤西文载》卷二十二。

往往以"蛮"以及"蛮摇""峒蛮""獠"相称,多与汉族、瑶等族杂居,在小区域内呈聚居状,但总体上分布较散。

具体说来,元时,桂东南一带的滕州、郁林州、廉州的部分区域,是撞族分布较多之地。《元文类》卷四十一《政典·杂著·招捕·左右两江》记载——大德七年(1303)滕州大任峒的黄德宁自称皇帝,史载其"三代为寇,六次叛伏",随即将其镇压。次年,"都窝峒贼叛",至大二年(1309),"常丰峒蛮,大弟什用纠集什王、不鬼、散毛等峒蛮,劫掠永宁之阿那禾寨"。由于"峒寇"活动频繁,且常跨越州境,所谓"宾、象、混、滕,疆土犬牙。溪瑶峒獠,且发夕至州"①,以至正年间不得不增筑了贵州与滕州城墙。显然,这里的"峒"仍多指山间及河谷两岸的少数民族聚落,而且主要以当地的壮人村落为主;既然"峒人"活动如此频繁,事实上也就说明了元代时这一地区壮瑶等少数民族不仅人数很多,而且历史也是比较悠久的。相比较而言,桂东北地区虽也有部分壮族分布,而且往往还以"蛮"以及"獠"等称呼出现,其实都是壮人的别称。由于这一区域宋以来汉族人口迁入较多并进而在城郭平原地带形成了明显的优势,因而壮族等少数民族在这些地区的具体分布情况,史书上的记载或缺。至于在广东西部地区,史载除海北三道尚有部分"蛮寇作孽"外,②其余各州有关"蛮獠"的记载均较少见。显然,这种情况也无形中说明宋代在此分布的"夷""獠",至元代时已渐融入汉族之中了。此外,元时在湖南道州一带存在的部分"撞人"活动,据湖南江华瑶族自治县壮族家谱记载,这部分壮人在元代主要是由广西宾州迁去的廖氏宗族,但数量不多。与宋时相比,元代壮族空间分布版图最大的变化是在东部区域:一方面少数撞人发展至南岭北坡地区;另一方面,受汉族人口不断迁入与民族融合等因素的影响,珠江三角洲以西,云开大山以东以南地区,壮族较少分布。当然,这其中的原因也与古代族群的进一步分化以及民族逐渐形成有一定关系。

---

① (元)邹鲁:《修筑贵州城记》;(元)吴琼:《增筑藤县城垣记》,载(清)汪森《粤西文载》卷二十二。
② (元)吴琼:《增筑藤县城垣记》,载(清)汪森《粤西文载》卷二十二。

三 明朝时期壮族分布版图变迁态势

与元时相比,明代对岭南壮族生活地区的统治不仅进一步加强,而且由于明代本身统治的时间长达 270 多年,再加之随着包括壮族在内的各少数民族与迁入岭南地区汉族间民族融合的强化,明代史载中的关于壮民族生活地区的版图描述进一步清晰。

(一) 分布总特征

明代随着壮汉间民族融合的进一步深化,壮族分布集中地域更偏向于条件相对艰苦的桂西以及桂西北地区,而且在民族称呼上也基本上集中在"撞"这一常称上。《明史》记载:"广西猺獞居多,盘万岭之中,当三江之险,六十三山倚为巢穴,三十六源踞其腹心。其散布于桂林、柳州、庆远、平乐诸郡县者,所在蔓延。田州、泗城之属,尤称强悍。种类滋繁,莫可枚举。蛮势之众,与滇为坍。"① 由此可见,当时的壮民族在地域分布上基本保持宋元格局;另一方面壮族集中的区域更多集中在桂西和桂西北等自然条件相对艰苦的地域。而平原与河谷等条件较好地区的壮族基本上与当地的汉族无多大区别了。

(二) 分布情况概述

1. 左右江及邕江流域地区

明代的左右江及邕江流域地区尽管是土司集中之地,但总体上看,在南宁周边地区,壮汉杂居态势还是比较明显的。当时的左右江及邕江流域地区的中心城市应是南宁,史称"南宁领州四,曰新宁(扶绥),曰横州(横县),为流官;曰上思州,曰下雷州(今大新县下雷乡),为土官。县三,曰宣化(今南宁、邕宁),曰隆化(今扶绥县西南),曰永淳(今横县地)"②。其中宣化县"无猺獞,民多安堵乐业";而隆化县"为朗宁(南宁)极西之区,无猺、獞、伶、侗,但三面联络诸土州";永淳县(今横县西)"地广民稀,俗朴而陋。……然弥者亦稍稍知所向

---

① 《明史》卷三一七《广西土司》。
② 《明史》卷三一七《广西土司·南宁》。

矣"①。从记载上看，永淳县的居民为壮人无疑，否则不会有"向化"的必要。事实上，不少史载也均反映出了明代的南宁盆地至隆安段的右江河谷一带，主要以汉族居民为主，但南宁西北向的左江河谷自扶绥以南，右江自隆安以西，皆为土司之地，其中左江的黄姓土司与右江的岑姓土司仍是当地统治的主宰，也是威胁明朝在广西统治的重要力量。这些土司皆为壮人，其治下民众也主要以壮人为主。

2. 红水河流域 – 柳江流域地区

红水河流域 – 柳江流域地区主要指思恩土府以及庆远府和柳州府的部分地区，与广西的其他地区相比较，明代时，上述地区的壮族分布不仅相对集中，而且影响和力量也比较强大。

史载，明代思恩土府即是岑氏土司统辖之地，不仅当地的壮族被称为"土蛮"，而且当地壮族军队也被称为"土兵"，并被明征调赴桂林等处哨守。当地虽也有部分瑶族分布，但以壮人居多。这种情况在该地区的今属上林和忻城两县的相邻地区表现得更为明显。② 同样，明时的河池、罗城一线以南地区，也为壮族的主要聚居之地。史载，除河池县在弘治时由县升州并改为流官统治外，"东兰、那地、南丹皆土官，县五、忻城土官。又长官司二，曰永安、永顺"③。其境内所辖之民皆称土民，实则是壮人之别称。其中，永安司由天河县（今罗城境）分设，是壮人的聚居之地，史载该县"旧十八里，后渐为憧贼所据，止余残民八里"；而永顺司则由宜山县分设④。另外，明正统时又于宜山东南设永定长官司，为此，明还特迁"宜山东南弃一百八十四村地，宜山西南弃一百二十四村地"⑤，这些村当然是指壮村。应该说，柳州府也是壮族分布较多

---

① （明）杨芳：《殿粤要纂》卷三《宣化县图说》《隆安县图说》。
② 例如，嘉靖时，包括思吉、周安、古卯、古逢、古钵、都者、罗墨、剥丁在内的思恩府的八寨地区（隆庆时，又有龙哈和怖咳二寨，遂称十寨），便被明人称"八寨贼巢，实为柳、庆、思恩各贼渊薮"［见（明）刘尧诲重修《总督苍梧军门志》卷二十四；林富《议处思田事宜疏》］，王守仁曾率大军加以征剿，之后，为加强防御，明廷即在思恩府地设巡检九司，即兴隆、那马、白山、定罗、旧城、下旺、安定、都阳、古零（见《明史》卷三一七《广西土司·庆远》）。
③ 《明史》卷三一七《广西土司·庆远》。
④ 两长官司之设皆因壮人较多而汉人较少，明廷无力实行直接统治。
⑤ 《明史》卷三一七《广西土司·庆远》。

之地，且又多与瑶族杂居，正所谓"郭以外，绕地率摇僮"①。但从史料记载看，柳州府南部上林、迁江、象州一线以北以及罗城以东和怀远以南地区，则是壮人的聚居之地，其余则为杂居之地。由于上林县，"摇僮最稠"，因此，明代干脆设有上林土司。而迁江县（今来宾市境）的情况则是"民少僮多"，来宾也是"诸僮反侧"，"城以外，比迹僮人"②；马平县（今柳江县）也是"郭以外，山川曾阻，夷种环居"；象州则是"山多田少，自郭三里而外，摇僮丛错"③；洛容县（今鹿寨县），当地壮族多与瑶族相杂，所以史载：洛容县"所辖五乡，摇僮丛杂。重邻修、荔，数肆剿掠，丰轨乡地最险，有五练、大木诸村，皆经剿遗种，而托定、洛斗及木头、马腰诸累累又皆狼性，不可测也"④。可见，当地壮族为数不少。不仅如此，柳城县也是"四面崖岗蟠结，僮逾其半。……西北与罗城连，内称盗区；东北有上油岗、达古、龙古、古板等村，皆贼寨也"。融县（今融水、融安县境）则是"辽阔多僮"⑤。该地区最南部的宾州（今宾阳县）史载也是"地饶民庶，摇亦不甚为梗"⑥；而最北部的怀远县，则是"摇、僮、拎、侗蟠居山谷，最繁又最悍"；西部的罗城则"伶壮居之，西北通那地土州，与摇僮交煽乱。……而婴田、芦荻、古盘又皆系贼巢"⑦；思恩县（今环江毛南族自治县）为"僻在万山，摇僮杂居"；荔波县也是"各里摇僮又最称勇悍"⑧。总之，明代时，结合现代地形与明代政区设置综合分析，不难发现，在广西的右江与红水河的分水岭青龙岭－都阳山－大明山一线以东，武鸣－宾州一线以北，凤凰山－河池州－天河县－罗城县－坏远县以南，象州县以西地区是壮族的聚居区；而融县－罗城县－河池州一线以北地区为杂居区，越往北壮族分布越少。

---

① （明）杨芳：《殿粤要纂》卷一《柳州府图说》。
② （明）杨芳：《殿粤要纂》卷一《来宾县图说》。
③ （明）杨芳：《殿粤要纂》卷一《象州县图说》。
④ （明）杨芳：《殿粤要纂》卷一《洛容县图说》。
⑤ （明）杨芳：《殿粤要纂》卷一《马平县图说》。
⑥ （明）杨芳：《殿粤要纂》卷一《宾州图说》。
⑦ （明）杨芳：《殿粤要纂》卷一《罗城县图说》。
⑧ （明）杨芳：《殿粤要纂》卷二《思恩县图说》。

3. 滇东南地区

明代，滇东南地区壮族主要有"侬人""沙人"与"土撩"等支系，史载这一地区的广南府就是"其地多侬人，世传以为侬智高之后"①，乃明时壮族中侬人的主要聚居地。除此之外，该地区的土富州（今云南富宁县）也是"其地亦皆侬人"②，其土司为沈氏，沈氏与侬氏之间不时发生争斗。而作为多民族的聚居之地，广西府则是"夷罗四面杂处"③，其中分布有壮族一支"沙人"，史称"沙夷"或"沙蛮"，势力较强。④ 此外，这一地区还有"土撩"的分布，他们是由元代的"山撩"演化而来，主要分布于广西府境师宗州、弥勒州、维摩州等地的山区之中。⑤ 土撩流动性较大，再加之族群并不稳定，政治、经济生活通常从属于当地主要民族，因此，在"沙人""侬人"分布区域内的"土撩"一般被看作是壮族的组成部分。总之，在这一区域，广南府境内广南县与富州是壮族的聚居之地。

4. 浔江下游流域与桂东北、桂东南聚居区

浔江下游流域聚居区主要指藤县至苍梧50多公里的浔江下游地区，这里的壮族分布相对较为集中。如史称藤县即"江山险扼，民与夷杂居。外则赤篱、古稳等瑶，牛岭、高段等獞"⑥。苍梧也是"层嶂纤迴，瑶獞环列。而东安多贤，诸乡复与蛮撩错，时没时出"⑦。

与浔江下游流域聚居区相比较，桂东北聚居区往往是壮族与瑶等族错杂相处，分布特征上也呈点状零星分布格局。如桂东北地区的临桂即是"西有獞五十余村"⑧；而灵川则是"瑶獞惟六都、七都最多"⑨；阳朔

---

① （明）陈文修：《云南图经志》卷三《广南府·风俗》；（清）顾炎武：《肇域志》。
② （明）陈文修：《云南图经志》卷三《富州·风俗》。
③ 《明史》卷三一三《云南土司·广南》。
④ 史书载："沙夷犹称强悍""有曰沙蛮者，戴竹捧笠，坐鼓墩，掘鼠而食"（见顾炎武《肇域志·云南·广南府》；陈文修：《云南图经志》卷三）。
⑤ 史载师宗州就是"州之夷民有曰土撩者，以犬为珍味"（见陈文修《云南图经志》卷三《师宗州·风俗》）。
⑥ （明）杨芳：《殿粤要纂》卷二《藤县图说》。
⑦ （明）杨芳：《殿粤要纂》卷二《苍梧县图说》。
⑧ （明）杨芳：《殿粤要纂》卷一《临桂县图说》。
⑨ （明）杨芳：《殿粤要纂》卷一《灵川县图说》。

第五章 壮族分布版图变迁的历史演进脉络及地域因素影响

即"西南界连荔浦横木,獞人时启戎心";义宁"户口止十二里,余皆瑶、獞、伶、狙等丛居,有上中下团,有九户,有桑江七十二团";富川大多"多高山邃谷,瑶獞凭为巢穴,而县峙其中。有抚瑶、抚獞、抚民,多奉约束"①;贺县"民夷杂居,溪谷易于啸聚,西与北陀接,数称阳山袤徒,瑶獞出没之冲"②。与桂北和桂东北的其他地区比,兴安、灌阳两县虽无壮族分布的记载,但根据明人杨芳《殿粤要纂》所绘军事地图,在兴安东部与西部山区以及灌阳县西部山区仍有少量的壮村分布。

明时的桂东南一带,"狼兵"的驻防是影响壮族分布的重要因素。例如史载容县便是"山川夷旷,民作息耕凿而无瑶獞者,其余即有,鲜有为我梗者,而辛墟水源罗龙诸狼,则不惟不为我梗,且听我分班调护焉"③;而博白则"无獞,独错狼瑶二种,近且向化与编民齐,然周迥、万山实为贼薮,西南密迩海洋,两省亡命之徒互勾结票"④。相比较而言,岑溪仅在县治东部、南部大峒城有少量壮村;陆川"东四十里为四贺山,林深岭阻,萦连北流、信宜",明朝在此设有部分"狼兵"驻守,县境的南部山地也有部分"狼兵",与民村相杂⑤;兴业县"在万山丛中,孤城斗绝,境内民狼杂处"⑥;贵县(今贵港市)也是"险阻绵亘,瑶獞错居。自北至西以折而南,所接五山、九怀诸峒,其人架鹜负固,根连株结始末,未尝不跳梁"⑦。显然,在桂东南地区,壮族的分布不仅人数上相对较少,而且民族杂居现象明显,"狼兵"分布也比较普遍。

5. 桂东部地区

明时的桂东部地区主要指柳州府-南宁府一线至粤西地区,大致相当于天平山-大瑶山-罗阳山-十万大山一线以东,珠江三角洲以西广大区域。在这个区域内,壮族多与瑶、汉等族杂居,且呈典型的大杂居、

---

① (明)杨芳:《殿粤要纂》卷一《阳朔县图说》以及《义宁县图说》等。
② (明)杨芳:《殿粤要纂》卷二《贺县图说》。
③ (明)杨芳:《殿粤要纂》卷二《容县图说》。
④ (明)杨芳:《殿粤要纂》卷二《博白县图说》。
⑤ (明)杨芳:《殿粤要纂》卷二《陆川县图说》。
⑥ (明)杨芳:《殿粤要纂》卷二《兴业县图说》。
⑦ (明)杨芳:《殿粤要纂》卷三《贵县图说》。

小聚居格局。其中突出的壮族聚居区域主要有三个。

第一是洛清江中游－府江流域聚居区。在这一聚居区中,洛清江流淌在天平山与驾桥岭之间,流域中南部为低山与丘陵地区,是明代广西东部壮族聚居之地,而流域中游所经之地为古田县,当地也分布有较多的壮族。

第二是府江一带的壮族聚居,这一带主要是指阳朔而下至昭平县,流经平乐府属境内的一段桂江流域。从史料记载看,府江两岸也是壮族的又一重要分布地。由于当地壮族多与瑶族杂居,再加之汉族人口又占有较高比例,因而,这一地区的壮族分布基本上以融合为主,聚居分布态势不明显。尽管如此,因历史原因的影响,各地的实际情况又有所区别,例如"平乐郡中猺獞十居七八"①,同时,府江流域的平乐县、荔浦县与昭平县境也有不少壮族分布。② 此外,永安(今蒙山县),原称力山,也分布有相当的壮人,与瑶族相杂,史称"永安在深谷中,猺獞顺轨,固亦无虞"。

第三是武靖州(今桂平市境)聚居区。相对而言,武靖州也是明时壮族的重要聚居地之一,明成化间平定大瑶山瑶族起义后,实行"以夷制夷"之策,从桂西征调"狼兵"驻防,在位于大瑶山东南丘陵、河谷地带设立武靖土州。初置时,由隆州土知州岑铎为知州,土人覃仲英为土官吏目,因而最初这里的壮人多由桂西一带迁来,同时,至万历时这些壮族已出现一定程度的汉化倾向,时人称"武靖州有獞而与编氓同"③。

---

① (明)杨芳:《殿粤要纂》卷二《平乐府图说》。
② 史载"府江有两岸三峒诸獞,皆属荔浦,延裹千余里,中间巢峒盘络,为猺獞巢穴"(见《明史》卷三一七《广西土司·平乐》);而修仁县(今荔浦修仁乡)也是"地僻邑小,东北獞稀而良。……而仁化、归化二里,内有顽獞梗摇,构仇格斗,殆无虚日"(见杨芳《殿粤要纂》卷二《修仁县图说》),当地獞人以梁、罗二族为大姓,"性齿繁移,汉民仅二三户,良獞类汉者仅九十户"(见杨芳《殿粤要纂》卷二《平乐府图说》);平乐县"为民村者一百一十有五,为猺獞村者,不舍倍焉"(见杨芳《殿粤要纂》卷二《平乐府图说》);昭平"编氓于猺獞十之三",尤其是县境的北陀"故称夷窟",獞人较多。
③ (明)杨芳:《殿粤要纂》卷三《贵县图说》。

6. 北部湾沿岸地区

北部湾沿岸地区的廉州府,也属"民夷杂处"之地,有僮、"狼"分布,其中壮人"来自广西上思州,为人质耕,岁久土著"①;而"狼"人则是受明廷征调驻防瑶壮而来,与瑶壮呈杂居状态,"狼、猺杂居,岩障幽阻。……附郭之民,朴茂而稍知分。至于远乡,不服勾稽,不供税赋,一或被获,宁甘服毒。否则群起而夺之,逃于他境,以为常。其语音杂侏𠌯,师巫之流,相为授受,所撰俗字,官师不能识"②。整个廉州府相比较而言,境内的壮族又以钦州分布稍多。史书载:"去郭三十里,多无舍宇,结木为栅,覆以茅竹,中半架阁,人居其上,牛居其下,谓之高栏。"③ 此外,该地区灵山县东的百零山等地区,也"狼、猺出入"。

总之,明代广西地区壮族分布的版图变迁情况以左右江流域、红水河流域至柳江流域为主要聚居之地,而南宁、浔、梧等府则为主要的散居之地。鉴此,明人王士性判断:"广右异于中州,而柳、庆、思三府又独异。盖通省如桂平、梧、浔、南宁等处,皆民夷杂居,如错棋然,民村则民居民种,獞村则獞居獞耕。州邑乡村所治犹半民也。右江三府则纯乎夷,仅城市所居者民耳,环城以外悉猺獞所居。"④ 明时的粤西地区也有壮族分布,其中又以怀集县的壮族分布较为集中。⑤ 而肇庆府作为当时壮族的重要聚集地之一,其中高要县的"鸡笼山獞"在天顺时十分活跃,⑥ 而封川县、德庆州和阳春县,明嘉靖年间也有不少的"叛僮"纷起反抗明的统治。此外,明时的高州府和罗定州也"皆猺、獞所居"⑦。

---

① (清)顾炎武:《肇域志·广东·廉州府》。
② (清)顾炎武:《肇域志·广东·廉州府》。
③ (清)顾炎武:《肇域志·广东·廉州府》。
④ (明)王士性:《广志绎》卷五《西南诸省》。
⑤ 史称怀集即是"地险隘,与猺獞项背相接"(见杨芳《殿粤要纂》卷二《怀集县图说》),当时,县境的三鸦、鸡笼岭等处即是壮族的分布地;而连山县的壮族也很多,以至明英宗天顺年间,当地因"猺獞出没,地方残破"而被迫将县治撤走。
⑥ 鉴于此,史载"合广西流贼陷开建",明成化年间,粤西地区瑶族蜂起反抗,明廷"用狼兵雕剿,肇庆自罗旁、绿化至怀集要害皆置戍兵"。而正德年间在征讨阳春瑶人时,明廷又"以石绿獞为导",但因壮与瑶暗中相通而遭失败(见陆黎、陈恒奎纂修《肇庆府志》卷二十四《猺獞》)。
⑦ (清)顾炎武:《肇域志·广东·罗定州》。

还值得一提的是，明代还有一部分广西壮族进入广东、湖南等地，这也有可能造成壮族分布区域的变化，从《明实录》的记载看，广西壮族进入广东后主要集中在连山、阳山、封开、化州、阳江、阳春、英德、信宜以及湖南的江华一带。① 上述不难发现，明代广东壮族的分布区域主要在北江-珠江三角洲以西地区。

四　清朝时期壮族先民分布版图变迁态势

（一）总体态势

与明代的统治相比较，清朝对国家边境地区的统治不仅进一步得到了强化，而且在统一全国后对边境民族地区的统治也得到了切实的规范。具体到广西壮族地区的情况而言，清政府随着改土归流制度的完成以及对壮族生活地区直接统治势力的增强，既破除了土司之间的界限，又对壮族分布地域的调整变化产生了相当程度的影响。与明时相比，尽管壮族在分布区域格局上并无大的变化，然而相对而言，壮族分布的区域分散性更加突出，同时，与汉族的融合程度也有了进一步提升。

（二）具体分布情况

1. 左右江与邕江流域聚居区

清时的左右江与邕江流域聚居区大致在十万大山以北、宾州（今宾阳县）以南以及横州以西的广大地区。与宋、元、明时代相比，清代这一地区仍是壮族的主要聚居区，史书记载："宾州以南多僮"②；横州则"民一僮三"③；上思的"那懒墟及那标上、下洒三村，瑶僮杂处"④。不仅南宁府属的归德（平果县境）、果化（平果县境）、忠州（扶绥县西

---

① 《明英宗实录》卷三中记载有：天顺三年三月，"连山及贺县僮贼纠众流劫湖广江华县"；又江华壮族《贝氏族谱》也载其先祖于明万历时，由贺县南乡峒迁往井头村（今江华小好、清塘一带）；《韦氏族谱》则云其先祖于洪武八年（1375）自南宁宾州，迁至江华（见湖南江华瑶族自治县县志编纂委员会编《江华瑶族自治县志》，中国城市出版社，1994，第577~578页；伍新福著《湖南民族关系史》上卷，民族出版社，2006，第191页）。
② （清）谢启昆纂修《广西通志》卷二七八。
③ （清）金拱修、钱元昌纂《广西通志》卷九十三《诸蛮·蛮疆分录》。
④ （清）金拱修、钱元昌纂《广西通志》卷九十三《诸蛮·蛮疆分录》。

第五章
壮族分布版图变迁的历史演进脉络及地域因素影响

南）皆为土州，治下民众多为壮人，而且太平府和安平土州、万承土州也同样以土人居多，兼杂狼人、侬人。

与左江流域比，清时右江上游流经的思恩府西部及泗城府虽也有壮族分布，但与其他民族呈交错杂居之势，这种分布态势越往北、西越是明显。这一点与清时壮族与其他民族的迁移有关，同时长期的交往也使得上述地区壮与其他少数民族间的融合分布态势基本定型。

史载右江流域的田州等地，虽散居着被称为侬人的壮族，但泗城府境内少数民族则主要以"猺人"和"狼人"为主，① 其中西隆州（今隆林各族自治县）即"民有四种，曰侬，曰徕，曰课秒，曰仲家"②，同时部分被称为"土人"的壮族在西隆州也有分布。此外，黔西南其余各地，主要居民以"仲家"（布依族）为主，往北则杂有苗、瑶等族。③ 至于南宁附近的宣化县（今邕宁县境）、武缘（今武鸣县）和邕宁县则汉人分布较多，与当地壮族呈杂居状态。总之，结合明代这一地区壮族的分布情况，不难看出，清时，从邕宁沿左江流域至扶绥东北，沿右江流域至隆安东南仍是以汉族分布为主的区域，兼有部分壮族杂居其间。

2. 红水河流域、柳江流域与黔江流域

清朝时的红水河流域、柳江流域与黔江流域主要包括庆远府、思恩府与柳州府大部分辖地以及浔州府西部地区。在这一区域的北部主要是多民族杂居之地，大致以思恩县（今环江毛南族自治县）－天河县（今罗城西南）－罗城县－融县一线为界，这一线以北，壮族分布数量不多，且多与苗、侗、瑶等族杂居；而东部则以融县－锥容（今鹿寨县）－象州一线为界，以东也是多民族杂居之地。以至庆远府就是"宜山而外，北为天河，地尽猺；西则思恩、河池，亦号蛮数；而西北之荔波，极西之东兰，尤诸夷奥区"④，而该地区北部的荔波县更是计有"水、佯、伶、

---

① （清）金拱修、钱元昌纂《广西通志》卷九十三《诸蛮·蛮疆分录》。
② （清）金拱修、钱元昌纂《广西通志》卷九十三《诸蛮·蛮疆分录》。
③ （清）爱必达撰《黔南识略》卷二十七《兴义府》载："仲苗居十之八九，棵夷居十之一二"；同书卷二十八《册亨州》也载有："苗惟仲家一种"；卷三《门顷州》则载"汉人、仲家苗"；卷五《永宁州》载有"苗有仲家、蔡家、花苗、革佬、棵锣、瑶人六种"。
④ （清）金拱修、钱元昌纂《广西通志》卷九十三《诸蛮·蛮疆分录》。

侗、瑶、㐌六种，杂居荔波县。雍正十年自粤西辖于黔之都匀府"①。此外，贵州东南部的黎平府古州（今榕江县）也零星分布着一些壮族，总体态势仍是"苗有峒苗、山苗、水西苗、瑶苗、㐌苗五种。……㐌、瑶皆自粤迁来者，统计峒苗、山苗十之七，水西苗、㐌、瑶十之一二"②，民族杂居情况明显。与红水河流域相比较，柳州府"融、雒、象州以东，交错桂平"，民族杂处情况也相当明显，以至"固多瑶㐌；而罗城、怀远以北，界接黔中，亦杂苗狼"③，怀远县更是"有瑶、㐌、侗、伶、狙、苗六种"。

在上述思恩县（今环江毛南族自治县）-天河县（今罗城西南）-罗城县-融县一线的以南、以西地区，情况有所变化，壮族分布不仅较多，且主要与瑶族相杂，其他民族在该地区的分布较少。④ 还值得一提的是，作为壮族重要的分布地，大明山以北的思恩府地也是"愚㐌、顽苗在在皆是者也"，尤其以地处红水河下游的迁江、上林等地较多。⑤

清时的柳州府中南部主要是指地处柳江中下游的融县、柳城、马平以及红水河下游的来宾等地，也是壮族分布的重要聚集之地。如史载融县"瑶㐌甚夥，有㐌村、瑶村，或分地而居，或彼此相错"；柳城

---

① （清）鄂尔泰监修，靖道漠等纂《贵州通志》卷七《苗蛮》；此外，（清）爱必达也在《黔南识略》卷八《都匀府》中载当地"㐌苗住八迁、莺甫三峒，巴容、瑶庆五里，俗与仲家相似"；而清人陈浩在其所撰《八十二种苗图并说》第三十二图中，则直接将荔波的"㐌"人称为"伶㐌"。
② （清）爱必达撰《黔南识略》卷二十二《古州同知》。
③ （清）金拱修、钱元昌纂《广西通志》卷九十三《诸蛮·蛮疆分录》。
④ 例如，史载庆远府的河池州就是"瑶㐌十居八九"（见金拱修、钱元昌纂《广西通志》卷九十三《诸蛮·蛮疆分录》），天河县则"多夷种，……西则㐌人，南则狼种"（见李文琰修、何天祥纂《庆远府志》卷十《诸蛮》）；思恩县"在城三里，民㐌杂居。思恩、金城、镇宁三乡系㐌人"（见李文琰修、何天祥纂《庆远府志》卷十《诸蛮》）；罗城"平西、布政、高悬里咸狼种"（见金拱修、钱元昌纂《广西通志》卷九十三《诸蛮·蛮疆分录》）。同时，庆远府西部的南丹土州与那地土州（今南丹县西南）分布的基本上也都是"狼人"或"土人"，其中那地州"尽是狼人"，南丹土州则土狼杂处；此外，位处红水河腹地的忻城土县虽"瑶狼杂处"，但以壮族为多，史称该县"瑶三㐌七"（见李文琰修、何天祥纂《庆远府志》卷十《诸蛮》）；而永定长官司（今宜山市西南）更是"只有土㐌"，而永顺副长官司（今宜山市东北）则"狼㐌杂处川"。
⑤ （清）金拱修、钱元昌纂《广西通志》卷九十三《诸蛮·蛮疆分录》。

则是"上油峒诸巢皆蛮窟也,其种有侬、猺、水、伶,言语不通"①;马平县"去城十里外则有獞,百里外则有猺",壮瑶杂居情况明显②;来宾县"县近城者皆居民,郭外十数里则皆獞",可见汉人主要分布在城市中,而周边主要是壮人聚居区。③ 此外,雒容县也是"獞人与伶、狼杂居";象州则"诸邑各有猺獞";而浔州江府西部的贵县"五山、九怀狼獞杂居",武宣"南乡之分岭、桐岭等村接贵县界,北乡盘古、牛栏等村接来宾界,皆獞人也",壮族在这些地区的分布均有一定规模和历史。④

3. 东部地区

清时的东部地区主要指广西东部的桂林府、平乐府、梧州府、得州府东部、直隶郁林州以及珠江三角洲以西的广东省广大地区,其分界线大致相当于天平山－驾桥岭－大瑶山－罗阳山－十万大山一线以东地区。总体上看,这一地区与明代相比,壮族分版图的变化不大,基本上仍呈大杂居,小聚居的分布格局。

首先在洛清江流域就聚居了不少壮族。洛清江流经的太平山南部地区,为永福县、永宁州(今永福县寿城乡)以及临桂县部分辖地,这里虽为桂林辖区,但仍聚集了不少壮民,史载桂林"为粤西省会,控制百蛮,东北起于全州,带灌阳与湖南蛮夷错壤,南则阳朔,西则永福、永宁,崇岗叠嶂,号称蛮窟。而附郭之临桂,西北之灵川与兴安、义宁,大抵皆民夷杂处"⑤。这一地域汉与包括壮在内的其他少数民族的杂处现象明显,但部分地区的壮族聚居现象仍比较突出,其中永宁州就是"僻在山谷,有狼、獞二种",永福县更是"民三獞七"⑥,临桂县的壮人在"西南二乡,界连阳(朔)、永(福),多有之"⑦。不过,到清朝末期后,上述地区的壮族分布范围更趋狭小,不少已与当地的汉族融合在一起了。

---

① (清)王锦修、吴光升纂《柳州府志》卷三十《猺獞附方言》。
② (清)王锦修、吴光升纂《柳州府志》卷三十《猺獞附方言》。
③ (清)王锦修、吴光升纂《柳州府志》卷三十《猺獞附方言》。
④ (清)金拱修、钱元昌纂《广西通志》卷九十三《诸蛮·蛮疆分录》。
⑤ (清)金拱修、钱元昌纂《广西通志》卷九十三《诸蛮·蛮疆分录》。
⑥ (清)金拱修、钱元昌纂《广西通志》卷九十三《诸蛮·蛮疆分录》。
⑦ (清)金拱修、钱元昌纂《广西通志》卷九十三《诸蛮·蛮疆分录》。

其次是在府江西岸地区也有着壮族分布。清朝时的府江西岸地区包括阳朔西部、荔浦县、修仁县（今荔浦修仁乡及金秀瑶族自治县部分地区）、永安州等地，这些地区的壮族尽管人数不多，但在分布上仍呈聚居状态。例如，阳朔"僮人有两种，来自零陵者曰南僮，来自永福者曰北僮。各里所在皆有之。……今县治西南有金宝堡、庄头、鬼子、擂鼓、严塘、阳朔峒诸巢，悉北僮盘踞"①，而荔浦县的"僮则来自柳、庆、古田，散居于咸、亨、通、津四里"，修仁县"正西老县村至寨堡石墙汛，去汛五里曰头排，至五排、十排，峰峦险僻，自石墙西而来曰九排、八排、七排、六排，则皆僮人"②，永安州"民居三，摇僮居七。摇居深峒中……僮则与民杂处"③。由此可见，上述阳朔、荔浦等地的壮族聚居情况还是相当明显的，只不过在桂林府其余地区，壮族则呈散居状态，仅在部分县境有少量的村落。④

再次是府江东岸地区的壮族分布相对比较分散，之所以如此，关键性的原因即在于当地壮族的汉化现象较为严重，从而使壮族的分布由原来的聚居变成了散居状态，且多与瑶族、汉族杂居，数量已然不多。史书称平乐府即"府江两岸故摇僮渊薮也，恭城而北，昭平以南……比年群夷向化，穷瞰奥谷，靡不蒸蒸"，其中恭城县"附县又村，民僮杂处"，平县东北、西南、西北皆为瑶族所居，"其余各乡则民僮杂处，恩来里、北陀四十里，……原为僮数"⑤。同样，贺县壮族也是"居县属南乡，有生熟二种"⑥。壮族虽有一定的分布，但总体上看已为数不多，绝大多数已与汉民族融合。

复次是桂东南和粤西北地区的壮族基本与瑶族和汉族杂居，但壮族人口相对占多数。如桂东南地区梧州府的苍梧县就是"僮则自为一

---

① （清）金拱修、钱元昌纂《广西通志》卷九十三《诸蛮·蛮疆分录》。
② （清）金拱修、钱元昌纂《广西通志》卷九十三《诸蛮·蛮疆分录》。
③ （清）金拱修、钱元昌纂《广西通志》卷九十三《诸蛮·蛮疆分录》。
④ 例如，灵川就是"七都多僮"，而兴安"僮人居富江"，其他地区则很少，义宁县"编户有僮里。……县治西北边分上、中、下三寨，则皆僮人所居"（见金拱修、钱元昌纂《广西通志》卷九十三《诸蛮·蛮疆分录》）。
⑤ （清）金拱修、钱元昌纂《广西通志》卷九十三《诸蛮·蛮疆分录》。
⑥ （清）傅恒等撰《皇清职贡图》卷四。

种……居外峒者与民杂,居深山者与摇杂。……而北陀东岸、西岸皆憧人也",同时,"六围,与六山相近,其憧多良。……俱在长行乡山槽中",而藤县"在山者曰摇憧……至于大黎里、杨峒里、大任里皆憧人也"①,容县则"摇与憧杂处……所居曰六便、六青,曰龙坟山、鸡笼山、东叶山、东瓜山、石羊山、横山,各有酋目隶属,而石羊山北,万山攒峙,憧摇错处",杂居情况十分明显。② 相比较而言,粤西北地区怀集县的壮族"居外岗者与民杂,居深山者与摇杂"③;浔州府中东部地区的桂平县也是"狼摇杂处";平南县"乌路里民摇狼杂处,归政里民狼杂处……又大同里多摇憧",杂处情况也比较明显。④ 清时直隶郁林州的壮族,不仅人口少,而且主要分布在"州东北四十里,抵大容山",同时,"按州治平原广泽,民居八九,狼处一焉"⑤。此外,清时的广东廉州府(在今桂南沿海地区),也分布有少量的壮人和"狼人"。

最后在珠江三角洲以西的粤西地区,壮族的分布态势相对分散,同时,原分布的大多数壮族民众也已基本汉化。例如,肇庆府的阳春县就仅有少量汉化程度较高的壮族活动,而高州府的茂名县、电白县、信宜县和化州等地,则只有少量的"狼兵"或"憧兵"与"狼寨",影响也在日渐缩小。

4. 滇东南地区

这一地区作为我国壮族的重要分布地,清时其分布范围在明代的基础上又有扩展。例如,该区域内的广南府作为多民族杂居之地,境内除有侬人与沙人外,还有花土撩、白土撩、黑沙人、白沙人等,其中富州(今富宁县)为黑沙人、白沙人聚居之地,广南县为侬人聚居之地。⑥ 此外,当时还有部分侬人已开始向今文山、麻栗坡一带发展,总体拓展趋势是由滇东南地区向北、西周围地区发展。不仅如此,据雍正《续修建

---

① (清)吴九龄修、史鸣皋等纂《梧州府志》卷八《摇憧》。
② (清)傅恒等撰《皇清职贡图》卷四。
③ (清)周硕勋修、王家宪纂《廉州府志》卷十《兵防》。
④ (清)周硕勋修、王家宪纂《廉州府志》卷四《风俗·狼人附》。
⑤ (清)金拱修、钱元昌纂《广西通志》卷九十三《诸蛮·蛮疆分录》。
⑥ 史载:"侬人,其种在广南……王弄山教化三部亦有之,盖广南之流也"(见金拱修、钱元昌纂《广西通志》卷九十三《诸蛮·蛮疆分录》)。

水州志》卷二《种人》记载，当时，建水州内也居住着"课罗、霸夷、窝泥、毋鸡、蹼拉、沙人、土撩、侬人、白人"等多种少数民族，① 可见临安府境的建水州已有沙人、侬人、土撩等壮族支系分布。还值得一提的是，清时元江府境内也有侬人与沙人分布，其中侬人分布只在元江境内的"惠远、定南二里"，习俗与广南侬人完全相同。据乾隆《开化府志》卷九《种人》所记载，其时开化府境内八里也分布有侬人、沙人、土撩、摆夷、淮喇、汉等众多民族，各族村寨总数为 1203 个，其中侬人村寨 265 个，沙人村寨 47 个以及若干个土撩村寨。此外，清时贵州东南部地区的黎平府古州（今榕江县）也零星分布着一些壮族，史载当地"苗有峒苗、山苗、水西苗、瑶苗、僮苗五种。……僮、瑶皆自粤迁来者，统计峒苗、山苗十之七，水西苗、僮、瑶十之一二"②。而柳州府的"融、雒、象州以东，交错桂平，固多瑶僮；而罗城、怀远以北，界接黔中，亦杂苗狼"③；怀远县则"有瑶、僮、侗、伶、狙、苗六种"④。在上述分界以南和以西地区，壮族分布较多并主要与瑶族相杂居。

五　民国时期壮族分布版图变迁态势

（一）总体分布态势

民国时期壮族分布版图变迁态势与清时相比较，最大的变化主要体现在两个方面：一是壮族的分布地域略有拓展，这一点主要是由于民国时期部分壮民开始不断外迁的结果；二是壮民族汉化及其壮民与其他少数民族杂居现象更加明显。此外，这一时期，壮民族的人数有了一定程度的增长。

（二）区域分布特点

1. 桂东北地区

桂东北地区的壮族分布尽管在数量上因汉化等原因的影响而有所下

---

① （清）鄂尔泰监修，靖道谟等纂《云南通志》卷二十四《土司·种人附》。
② （清）爱必达撰《黔南识略》卷二十二《古州同知》。
③ （清）金拱修、钱元昌纂《广西通志》卷九十三《诸蛮·蛮疆分录》。
④ （清）金拱修、钱元昌纂《广西通志》卷九十三《诸蛮·蛮疆分录》。

降，然而部分地区集中分布的情况仍比较明显，其中又以永福一带的情况表现得最为突出。

作为桂东北地区壮族的主要聚居地，永福一带民国时的壮民集中分布情况仍较集中，民国《广西通志稿》上就载有百寿县（今永福百寿乡）集中了"黄、莫、罗、韦，邑称四大姓，丁口最多；四姓之中，亦有汉人，但其数较寡"，由于上述"四大姓"又均为明代自河池、南丹、东兰一带迁来的狼兵，后经过不断繁衍，最终才散居于修（仁）、荔（浦）、平（乐）、钟（山）、富（川）、贺（县）等县。[1] 显然这里的众多人口中，以壮族为主的少数民族仍占据着主要地位。桂东北永福县的"僮姓有黄、莫、罗、韦、覃诸氏"，来源与百寿县基本相同，均为壮族的重要组成部分。[2] 此外，当时的平乐、荔浦、阳朔、灵川、龙胜、全县（今全州县）一带，也有少量的壮族分布，只是占总人口比例不高而已。在钟山、富川、贺县一带，则只有少量的壮族与瑶族杂居，明显的壮族聚居区并不多见。

2. 桂东南地区

总体上看民国时桂东南地区的壮族分布不仅相对分散，而且人数也不多。据清末所修方志记载，当时尽管贵县、桂平、平南一带有少量壮族分布，但总体上看人数已很少，而平南以东各地，原有壮族多已同化于汉族之中。如北流县"除汉族外，原有瑶、狼二族，今已完全同化"[3]；岑溪"本县住有瑶、僮二族，今已完全同化"；苍梧县"僮与疍户早与汉化同化"[4]。至于原来壮族人口分布较多的藤县、容县等地，当地方志已明载"本县"全为汉族，而原来壮族分布不多的博白、兴业、陆川、灵山等地，在地方史志资料中已基本不见壮族的踪迹了，原因就是当地壮族汉化程度较高，民国时县志修撰人员已将其视为汉族的一部分了。[5]

---

[1] 蒙启鹏：《广西通志稿·社会编·氏族二·百寿县》。
[2] 蒙启鹏：《广西通志稿·社会编·氏族二·永福县》。
[3] （清）顾旭明修、唐廷梁纂《怀集县志》卷十《杂事》。
[4] （清）金拱修、钱元昌纂《广西通志》卷九十三《诸蛮·蛮疆分录》。
[5] 方光汉编辑《广西》第四编。

3. 滇东南地区

民国时滇东南地区的壮族分布基本上仍以文山一带最为集中。据新中国成立初期的一些民族调查资料统计，当时文山地区的"沙人"总人口在 15 万左右，其中广南约 4.5 万人，邱北为 2 万人，砚北为 1 万人，富宁有 6 万人；而"侬人"在文山专区有 19.5 万人，另外，蒙自专区也有少量"侬人"分布，两地"侬人"合计在 20 万人左右；其中广南县与砚山县的"侬人"数量最多，分别占当时当地总人口的 30% 和 25%，分布也较为集中，分别分布在广南县的中部和西部、砚山县的东部。此外，该区域还有壮族的其他支系"天保人""黑衣人"和"隆安人"，均为近代时从广西的那坡、靖西、德保等地迁去。① 民国时随着社会环境的变化以及生产、生活迁徙能力的提升，部分壮族不断往滇北部地区迁移并将分布区发展至滇北的宣威、会泽、华坪、宁蒗以及四川的木里、会东等地。此外，还有少量的壮族甚至迁徙到了凉山彝区，部分原因是嘉庆二年（1797）贵州南笼起义失败和太平天国时期石达开所部失败后，壮人流落至此。②

4. 左右江流域

民国时期，广西的左右江流域仍是壮族最主要的聚居之地，尽管民国时期的史料记载认为这一地区有壮族分布的只有少数几个县市，且人数不多。然而事实并非如此。这与当时壮族在编修家谱时多伪托祖先系由中原各地迁来有关，也与民国时期往往将汉化程度较高的壮族视为汉族的政策有关。以至民国时期这一区域的地方志，多称本县居民汉人为多，实际上，这些"汉人"大多都是壮族。有关史料所载情况也基本上说明了这一问题。例如，同正县志就载有"县属人民，多是汉族。……其为古来土养之民人，则多作岭峒中……当是猺獞遗种"③；田阳县的情况也是"土多客少，大姓为黄氏"④；而雷平县（今大新县境）居民尽管

---

① 陈志文：《建国初期文山壮族各支系调查识别情况》，载文山州政协《文山州文史资料》第十一辑，1998 年 4 月内部刊印本，第 1、6、8 页。
② 白柯：《四川的壮族》，载《四川统一战线》2002 年第 5 期。
③ 杨北岑等编纂《同正县志》卷七《种族》。
④ 蒙启鹏：《广西通志稿·社会编·氏族二·田阳县》。

有"中原民族"和"土著民族",但"全县通行交际,皆用土语"①。上述情况无疑说明了当时该地区壮族人口占多的情况。20 世纪 50 年代所进行的民族调查分析,更说明了当时该地区壮族人口众多且分布比较集中的情况。例如在该地区的上思县,除十万山南桂、米强、常隆等三个纯瑶族乡外,其余各乡均为壮族聚居地,而龙津县在 1953 年统计人口时,除在镇上有少量汉族外,居民绝大部分是壮族;平果县内的主要居民也是壮族;隆安县虽然有一些汉族分布,但壮族更多。

5. 邕江流域地区

邕江流域一带由于地理位置和水土条件相对较好,再加之历代统治势力在该地区影响的强大和深入,因此至民国时,该地区壮族人数已经很少了。例如,邕宁县,史载分布的民族就包括了"汉、回、土、僮是也。……土族与僮族别,而言语与僮族同。沿河东南岸一带皆其部落,然与汉人杂错而居"②;而横县,由于汉族人口的不断迁入,壮族所占比例很小,杂居情况明显,因而民国史料也称"前志所载民一僮三,至今无从分辨矣"③。

6. 红水河、柳江与黔江流域

红水河、柳江与黔江流域民国时壮与汉等民族杂处的情况比较突出,但相对而言仍是壮族人口分布较多的地区。例如,该区域红水河流域北部的南丹与东兰即是壮族分布较为集中之地,同样,红水河中游与下游也是壮族聚居的重要区域。与红水河地区相比较,柳江流域各地,壮族多与瑶、苗、汉等族杂居,民国时出现了部分壮族"汉化"与部分汉族"壮化"的现象。从各地方志记载的情况看,这一区域南部壮族分布较为集中。如柳城县"僮人为居留此地最早之民族,多处于县境之西北部",另外当地还有"百姓人,闻其先多迁自湖南,散居于县境北部古碧、洛崖、大埔等区,性颇诚朴,较僮族为勤勉努力,然以居留年代已久,其

---

① 梁明伦等纂《雷平县志》第二编,《社会·人口》,第三编,《社会·方言》。
② 莫炳奎纂《邕宁县志》卷四十《社会志·民族》。
③ 王文做、谢凤训纂修《横县志》第二编,《社会·民族》。

风俗习尚暂为僮族所同化"①。既然外迁而入的汉民族的习俗能够为当地壮族所同化，就正说明此地壮族数量较多的事实。而柳江县当时也是壮与其他民族杂居相处，并形成了县属"住民除汉人外，尚有摇、僮、狼等族"分布的格局②；中渡县（今鹿寨县中渡乡）壮族人口不多，以至"本县人口土著占三分之一，摇民仅十余户。……韦氏于明隆庆间，征古田之乱，有从东兰征来"③；榴江（今鹿寨县境）的情况是"县属瑶僮杂处，据民国二十二年（1933）调查，共有九万七千八百七十余丁口，僮人约百分之六……僮人久已汉族同化"，壮族汉化现象已相当普遍④；锥容（鹿寨）的"民与僮并居"现象也基本定型；象县的情况据民国时《象县志》载全县汉族占95%以上，其中超过半数有姓氏来源可考者，其余则为"数典忘祖""多操僮语"的"汉族"⑤，显然据此保守估计，民国时象县尚讲壮语的壮族至少也在50%左右；位处黔江流域的武宣，原即是壮族聚居之地，清末时当地方志文献称"土语多僮音"⑥，考虑到民国时距清末不远，显然，此地也应该是壮族的重要聚集地；宜山县的壮族史载以"覃、莫、蓝、韦四姓最巨，邕土著也，人口半全县"⑦。而在罗城－融县一线以北地区，壮族呈零散分布状态。总之，在都安以上的红水河西岸地区，壮族分布不多，主要与瑶等族杂居；而这一区域南部的宾阳一带与北部一带，壮族分布也不多。壮族较为集中之地主要在红水河以东，大瑶山以西，河池－罗城－融县一线以南，大明山以北地区。还值得一提的是，由于"汉化"和人口统计上被归入汉人范围等因素的影响，红水河、柳江与黔江流域一带原本占人口绝大多数的壮族不仅人数上已不再占优，而且各民族间的杂处现象也十分明显。

7. 广西北部湾沿岸地区以及粤西与湘南一带

广西十万大山以南的北部湾沿岸地区，民国时壮族的分布不仅分散，

---

① 何其英等修，谢嗣农等纂《柳城县志》卷四《民事·民族》。
② 蒙启鹏：《广西通志稿·社会编·氏族二·柳江县》。
③ 蒙启鹏：《广西通志稿·社会编·氏族二·中渡县》。
④ 吴国经等修，萧殿元等纂《榴江县志·民族》。
⑤ 苏瀚涛纂修《象县志》第二编，《人口》。
⑥ （清）褚兴周、夏敬颐纂修《浔州府志》卷五十四《民俗附瑶僮种俗》。
⑦ 蒙启鹏：《广西通志稿·社会编·氏族二·宜山县》。

而且人数较少,在西北部的山区尚有少量壮族分布,其他地区由于壮族"汉化"等原因的影响,壮族在统计上的人数已相当有限。而粤西与湘南地区的壮族分布范围也进一步缩小。例如,当时广东壮族的分布范围就主要集中在怀集和连山一带的狭小地区,而湘南的壮族,主要分布在江华的清塘一带,与前代相比没有变化,人数不多。

六 自南宋至民国时代的壮族分布版图变迁特征及其人地因素的影响剖析

自南宋至民国时代,随着社会发展、经济进步、封建统治势力对岭南地区影响的不断深入以及民族间相互影响的强化,壮族分布版图变迁呈现出了自身的一系列特征;了解这些特征不仅对壮族发展演进过程会形成更清晰的认识,而且也对梳理民族关系与人地关系的适应性问题具有重要意义。

(一) 南宋至民国时代的壮族分布版图变迁特征

首先,南宋至民国时代壮族分布的杂居性日趋明显。

应该说秦以前的壮族人口基本上集中分布在岭南地区,而且因无势力强大的外力进入,因而壮族在分布版图上的聚集色彩也就相当浓厚。秦以后,随着中原地区汉人的大量进入以及封建统治势力对岭南地区影响的强化,壮族大规模聚居之格局得以改变,大杂居与分散布局开始形成——总体情况是广西东部地区主要是以壮与汉、瑶两族杂居为主,而北部与西地区则呈多民族杂处格局,广西单纯的壮族聚居区域这时已基本消失并最终导致在整个广西的壮民族分布,距离聚居中心地域越远,壮族分布越少,杂居现象就越严重。

其次,南宋至民国时代,尽管壮族的主要聚居区并未发生大的改变,但壮族在我国其他地区的杂居分布态势却呈现出了比较明显的向西扩散以及在其他地区逐渐收缩的特征。

南宋至民国时代,甚至是新中国成立后至今,相比较而言,壮民族在国内最主要的聚居区依然是广西的左右江流域和滇东南的广南与富州地区,这两大地区的壮民族不仅分布地域上的聚集程度高,而且壮民族的生产生活习惯和民族文化特征也保存得相对完整,因而至今仍属比较典型的壮民族具有原生态特征的聚居地。但自南宋至民国时代,壮民族在我国西南地区的分布不仅与相关民族间的杂居态势更趋明显,而且分布地域的向外扩散特征也越发突出——原来生活在滇东南地区的壮族不断向西、向北发展,以至自明代起,这一地区壮族的分布即发展到红河流域,而至清代与民国年间,最西甚至发展到了澜沧江流域,向北则发展到了金沙江流域。总体态势基本上呈现出了一种大致随着距离核心聚居区越远,壮族人数越少和分布越呈零星状态之趋势。与向西扩散有别,桂东与珠江三角洲以西的粤西地区,自宋元以来,壮族的空间分布版图则不断内缩,以至民国年间,粤西一带的壮族分布区域萎缩至连山与怀集间狭小的山区地带,而平南县以东以南的桂东南各地,自南宋至民国时代的壮族分布地域也不断减少,以至目前集中连片的壮族聚居区基本消失。相比较而言,在桂东北地区,原来的府江西岸地区虽也是壮族的重要聚居区域,但民国时当地壮族已属少数;同时,整个桂东北地区民国时尽管仍有部分壮民分布,但基本上已呈零星态势。

最后,南宋至民国时代,壮民族分布的核心聚居区域内缩化态势进一步凸显。

从宋元以来壮族分布区域的演变脉络上看,滇东南的广南与富宁、广西的左右江流域以及大瑶山以西的红水河与柳江流域乃是壮民族分布的三个主要聚居区。相比较而言,三者中除滇东南的广南与富宁这一聚居区域变化不大外,以天平山-驾桥岭-大瑶山-罗阳山-十万大山一线为界的桂西两个壮族聚居区,自明代后,即不断收缩——首先是在南宁至扶绥以及南宁至隆安段的左、右河谷两岸平原地区,随着汉族的不断迁入,不仅壮汉杂居态势明显,而且壮族人口因"汉化"等方面原因的影响也在不断减少;而百色以北的桂西北地区,壮族虽然仍占大多数,但自清以后,也渐成为壮、汉、瑶、仡佬、彝等多民族杂居地区,左右江流域的壮族聚居区已逐渐退缩至百色以南、隆安-扶绥一线以西以及十万大山以北的桂西南地区。同样,宋代,红水河与柳江流域大部分地区,都是壮族先民的聚居区域,但明代时,融县-罗城县-河池州一线以北地区则逐渐发展成了壮、瑶、苗、侗等多民族杂居区,而且越往北壮族分布越少,以至到民国时,壮族聚居区的北界逐渐南移至罗城-柳城一线。总之，随着壮族聚居区域内多民族杂居区的发展，壮族聚居区总体上呈不断缩小的态势。

（二）南宋至民国时代壮族分布版图变迁的主要原因

南宋至民国时代的壮族分布版图变迁之所以会呈现出上述系列特征，关键性的原因主要在三个方面。

首先，封建统治势力的积极影响与民族间彼此制约的关系对壮民族的分布地域变迁态势形成深远影响。

从历史上看，岭南地区在秦以前基本上是壮族先民的聚居地，尽管当时的岭南地区也存在其他民族的生活痕迹，但壮族先民在岭南的主体民族地位是确定的。自秦开始，尤其是宋以后，随着中原封建统治势力对岭南地区影响的深入以及汉民族的不断南迁，岭南地区壮族先民或是日趋融入汉族文化中，或是通过不断外迁的方式来寻求新的生产生活空间和发展之地，进而在分布版图上渐呈向封建统治势力和汉民影响相对较弱的桂西山区和其他周边山地转移。应该说，之所以宋以后的壮族分布在滇东南和桂西北地区相对集中，关键性的原因也即在此。

不仅如此，在民族分布地域选择过程中，民族间关系的处理与民族间的实力大小强弱也具有重要意义。事实上，一个民族的发展方向与空间布局选择既受自身发展的影响，同时也在相当程度上受到其他民族分布的影响。实践证明，在一定地域范围内，若一个民族的人口较少且政治经济和文化的影响力又相对较弱时，其不仅无力阻挡其他民族迁往本区，而且还极有可能被"鸠占鹊巢"；相反，当一个民族人口众多，且政治经济和文化的影响力又相对强大时，其不仅会有足够的力量阻挡其他民族往本区发展，而且随着人口增长，其对外扩张的欲望和行动也会倍增。

事实也的确如此。在桂东北以及桂东南等地区，在汉族尚未大规模进入这一区域之前，这一区域当然是壮族先民的重要聚居区域，然而，随着封建统治势力对这些地区控制的强化以及当地汉族人口达到一定规模后，基于自身在政治、经济、文化处于相对弱势地位的壮族先民，或是退避，或被同化，进而形成壮族空间分布版图的变迁。壮族如要从聚居区往东部区域发展，必然要遭受来自汉族的阻力，为了克服这种阻力，壮族先民只能在汉族力量相对较弱的东部山地形成小范围的聚居群落，而原先分布在平原地区的壮族，则随着汉族影响的加大，不断汉化和最终导致民族特征消失。相比较而言，由于桂西和桂西北地区，一方面汉族统治势力的影响相对较弱；另一方面由于迁入的汉民也十分有限，再加之环境条件和人地关系的相对宽松，因而壮民族聚居现象保持得相对较好。

其次，地理条件和人地关系状况也能在相当程度上影响到壮民族分布版图的变迁趋势。

历史上壮族的分布与聚居区域主要集中在北接云贵高原，南临大海，东向粤东南以及西临云贵高原西南边缘的范围内。显然，从地理和地形特征看，处此环境下，壮族先民往北和往南发展的艰辛度无疑要高些，而向东或向西发展的空间则要广泛和便利得多。事实也的确如此，桂西北和滇东南地区的壮族先民尽管自宋至民国时的聚居态势未发生大的改变，然而当地的不少壮族先民仍不断向西和西北地区迁移，甚至外迁到了四川北部和云南西北部地区。从壮族聚居区往西，虽有一些山脉与河流的阻隔，但大多处在云贵高原西南缘，海拔不高，且又并不构成壮族发展的重大障碍，因而在一定条件下，壮族仍可以缓慢向西扩散；而从壮族聚居区向东则多为低山丘陵地带，该区域尽管也存在一些东北－西南走向的山脉，但因多是海拔1500米以下的低山，再加之各山脉之间并不连贯和存在不少较宽的低平空隙地带，因而壮族先民可以通过这些地区不断向东发展，然而在此过程中，由于东部地区的人地关系比较紧张，再加之封建统治势力和汉民的影响都比较深入，因此，壮族真正东迁并形成较大规模聚居区的情况就并不多见。相比较而言，壮族聚居区向北发展除在湘南的永州等地有过立足外，明显的北移态势并未产生；而向南发展困难更多，一方面会直面大海，另一方面又会涉及中南半岛的国家和地区。可见，自然地理条件和人地关系情况的确会对壮民族的分布版图变迁形成很大的影响。

最后，人地关系状况、人口迁移取向以及行政区划的调整也均能对壮民族分布版图产生重要影响。

就人地关系而言，一般情况下，往往是人地关系宽松之地，对外来人口的吸引力和宽容度往往就高；相反，人地关系紧张的地方，外来民族的

第五章
壮族分布版图变迁的历史演进脉络及地域因素影响

人口融入常常会遇到困难。实践中，由于平原和河谷地带的水土条件相对较好，因而历史上人们也就倾向于在这些地区聚集和开展生产生活活动，因而人地关系较为紧张；山地高原地带由于自然条件较差，生活在这些地区的人口不多，因而人地关系也较为宽松。进一步分析，实践中当一个地区人地关系极其紧张时，人们的选择往往有两种常见的方式：或者是通过改进生产工具以及向本地区的先进民族学习，提高生产技术与效率，以缓解当地的人地矛盾状况和谋得本民族的生存空间；或是通过选择外迁来减少当地的人口压力和谋得自身新的拓展空间。事实上，上面我们已谈到从自然环境的角度看，壮族向东拓展无疑是最为便利的，然而由于东部地区的人地关系较为紧张，再加之封建统治势力在这里有强大的影响，东迁的壮族毫无可迁之地，最后壮族只有往西和西北走，由于那里人地关系相对宽松，再加之阻力又比较小，因此，壮族先民外迁时对西部和西北部地区的侧重性就比较大。

除了人地关系状况之外，政治和军事态势的调整也会影响到民族的区域分布格局。作为农耕民族——壮族主体迁移性并不强，在历史上因政治和军事因素变化而导致的壮族分布情况的迁移现象却很多。如明代为实行"以夷制夷"政策，就从桂西壮族聚居区征调了大量"狼兵"到桂东以及粤西地区屯戍，镇压瑶族反抗，由于这些"狼兵"一般分布在汉族与瑶族之间，再加之随着民族关系的缓和以及战事的减少，"狼兵"在当地发展繁衍，后基本与汉、瑶形成杂居分布格局；还有的则是因为反抗中央王朝统治失败后，被迫由平原向山地流徙，或离开原聚居地，远走他乡，从而形成新的壮民族聚落分布点，突出的如滇东南自称为侬智高后裔的壮族以及滇北、四川西南一带的壮族，就都是因此发展而来。政区的变动也对壮民族分布地域的形成产生了一定的影响并在此基础上形成了新的民族聚居区。例如在明代，广西泗城府与安隆司的辖境一直跨南盘江南北，在其境内的贞丰、册亨、兴义等处分布的"侬苗""侬家"或"侬家苗"，由于"相传为侬智高之裔"[①]，再加之其无论是语言，还是习俗又均与广西境内的壮族别无二致，因此从严格意义上讲，应为

---

① （清）靖道谟等撰《贵州通志》卷七，《苗蛮》。

壮族的一个重要组成部分，然而，雍正五年（1727）当南盘江以北改隶贵州并设兴义府后，贵州地方政府即将南盘江以北的这一部分"侬人"，视作"仲家"即布依族的一个分支，以至在清代之前，贵州的相关典籍中几乎未见有壮族的记载。

第三节 对壮族分布版图变迁历史演进脉络的进一步剖析：基于壮族聚居区域地名变化的思考

在前面对南宋以来壮民族分布地域演进脉络的分析过程中，我们通过对其中的政治、经济、文化以及人地关系等因素的剖析，基本上得出了影响壮族分布版图变迁的历史演进脉络进程的系列因素。考虑到壮民族本身的文化与分布变迁特征的复杂性，基于聚居区地名的考证与分析来深层次挖掘影响壮民族分布变迁的历史演进轨迹，或许具有相当的必要性与现实意义。

一 地名内涵及其相关壮族地名问题研究进展

（一）地名的内涵剖析

一般而言，地名乃是民族生存繁衍过程中的地理、历史和文化诸要素的综合体，它不仅浓缩和凝聚了一个民族文化的诸多内容，而且也对相关民族历史演进过程和生产生活文化特征具有重要意义。因此，地名作为"历史、地理和语言代号的累积物，不同历史时期的地名必然会反映不同历史时期的社会历史状况和文化特点"[①]。作为人们在社会生产生活中给地理实体、行政区域或居民点所起的名称，一定的民族群体对其居住及活动的环境所采用的地名，除标明地理位置和反映自然特征外，还包含着民族的生息繁衍、迁徙、生产活动、社会历史、习俗风尚等方面的信息。因此，地名不仅具有鲜明的地域特征和民族特征，而且也有着顽强的延续性和稳定性。

---

① 潘其旭：《从地名比较看壮族与傣族由同源走向异流——壮族文化语言学研究系列论文之二》，《广西民族研究》2001年第1期。

以壮族为例，作为我国古代百越民族的后裔，其与我国境内的傣、布依，境外的泰族、老族等民族具有相同的族源关系，因此在壮语地名系统中保留了许多与这些民族相同的地名命名方式和通名类型，语言学者称这一地名层为壮侗地名层，研究这一地名层可以帮助我们了解壮族的族源和迁徙问题。壮族地名在历史上不断受到汉族地名的渗透和影响，进而形成了一种被语言学者称之为汉文化影响的地名层，这些不同层次的地名层反映了壮族不同时期受汉文化影响的状况。因此研究壮语地名也主要是研究这一层次的地名，它可以为历史时期壮族的生产生活、地理景观、社会制度、宗教信仰以及壮族与当地各民族关系提供大量的地名空间分布和历史变迁资料。

（二）相关壮族地名问题研究进展

尽管唐太宗平突厥后，即在今广西西部、西南部、西北部广大少数民族聚居地区先后设置了 101 个羁縻州县，然而在相当长的一段时间内，国内学者们对壮族地区地名问题的研究并不深入。20 世纪 30 年代以后，相关学者对壮民族地名研究取得了一系列成果。突出的如徐松石先生在其先后出版的《粤江流域人民考》和《泰族僮族粤族考》中就比较全面地研究了壮侗语族语言地名的空间分布和这些民族的迁徙关系，文章内容深刻，见解独到，时至今日对壮侗语地名的研究，尤其是壮语和泰语地名的研究仍具有参考意义。新中国成立后，壮语地名研究更是受到了越来越多的重视，许多民族学家开始利用壮语地名来研究壮民族的历史文化和分布情况。[①] 此外，一些研究壮侗语族语言文化或壮族文化方面的专著也涉及壮语地名问题，如潘其旭的《〈麽经布洛陀〉与壮族观念文化体系》、李文波的《广西壮语区地名与壮汉语言接触文化交融初探》、覃凤余的《壮语地名及其研究——壮语地名的语言文化研究之一》、范宏贵的《同根生的民族——壮傣各族渊源与文化》、李锦芳的《侗台语言和文化》以及吴超强的《壮语地名初探》和元立的《壮族地

---

① 其中比较有代表性的研究成果主要有郑张尚芳的《古越语地名中的侗台语成分》、周振鹤、游汝杰的《古越语地名初探》、李锦芳的《百越地名及其文化蕴意》以及司徒尚纪从统计学角度对"那"字地名的统计研究。

名述略》等，上述研究成果不仅总结了壮语地名的特点、分类、成因、历史作用、演变趋势和社会价值，而且在地名选择的时空性方面也提出了自己的见解。具体来说，潘其旭从地理语言学、历史语言学和文化语言学的多向视角对壮语地名和壮语地名空间分布和历史变迁做了深层次的分析。李文波从语言学的角度分析了壮语地名的内涵和演变过程，并结合地名学、历史学、文化学来透视汉族对壮族的影响以及探索壮族地域开发的规律和历史进程；覃凤余则分别从语言文化的角度总结了壮语地名的内涵、特点，同时从壮族地名命名法的角度总结了壮族方位认知与颜色认知的特点以及进一步强调了壮语地名研究在人类学、民族学、语言学、农业史上的意义。尽管上述学者在关于壮语地名的研究中取得了很多成果，但总体上看，大多数研究基本上都是零散性考证，在系统的定量分析研究方面尚存欠缺。

二　壮民族地名内涵及其特征分析

（一）壮民族地名内涵

壮族地名不仅具有鲜明的地域特征和民族特征，而且也有着自身的延续性和稳定性。《广西壮语地名选集》[①]对壮族地名之内涵给出了相对明确的解释与定义——"壮语地名是用壮语命名的地名"，其用壮族人的思维方式命名，体现了壮族的文化内涵，同时也反映出壮族生产生活上的深层内容。例如，壮语中的"峨外"，意为"棉花地"，因村旁有种棉花的畬地，说明当地有棉花种植；"者苗乡"，意为"有神庙的地方"，因附近石洞中有神庙，说明当地存在宗教崇拜；"额怀"，意为"牛轭"，因村东南山沟弯曲似牛轭，说明当地的农作方式；"渠座"，意为"挡路的池塘"，因村中鱼塘妨碍村人进出得名，表明了人们的意愿。这些地名为研究壮族生活的自然环境、居民族群、生活习性、生产方式、宗教信仰等提供了大量信息。

总体上看，历史上壮族地名广泛存在于今日壮族居住的广东、广西、云南等省区内，共有十多万个。壮语地名多为两个字或三个字，其地名

---

① 张声震主编《广西壮语地名选集》，广西民族出版社，1988。

往往是用与壮语同音或近音的汉字记写，尽管字义上大多数与汉语无关，但也有少部分与汉语同义。

（二）壮民族地名概况与特征

作为岭南地区最为重要的世居民族之一，壮族在广西的生活不仅历史悠久，而且也留下了许多具有丰富民族文化内涵的地名。初步统计，与壮民族相关的地名即达75000多条，在全区89市县中，名称有2000年以上历史的7个、1500~2000年历史的4个、1000~1500年历史的26个以及500~1000年历史的4个，相比较而言，桂林、苍梧、荔浦、合浦、灌阳等历史最长，达2100多年。[①]

壮族丰富多彩的地名中保存着自身的内在规律。

首先，地名中的地域色彩浓厚。壮民族生存繁衍地区一般都山清水秀，因此，综合所处环境的特点来命名成了壮民族地名演进的重要原因。在壮族地名中，坡、坳、岜、冲、洞、峒、岩、弄、陇、崴、潭、坪、塘等词不仅运用广泛，而且也表现出了较强的喀斯特地形的地方特色。[②]

其次，壮语地名，通名与专名多为倒装，如岜莱、敢斗、达洪等，它们反映了壮语地名的命名特点。

再次，壮族聚居地通名有村、铺、圩、街、堡、家、寨、巷等，而地名专名则各有侧重。桂西、桂西北地区的地名又多以姓氏、传说和山形水色为主。如摩天岭、独田、龙山、红渡、板坡、仁寿等。桂东南、桂东北和桂南一带的壮族地名则多吉祥、图治、人事等雅化地名，人文色彩较浓。如蟠龙圩、平福、芳杰、仁义、福禄、金陵等。

最后，广西地名中还有相当数量的壮语地名和两语混杂地名，约占地名总数的1/3。纯壮语地名如浦土寨、岜黎、岉马、百秾等，混语地名一般专名为壮，通名为汉，如百色市、天等镇等；此外，专名中壮汉各半的地名，在壮汉民族杂居地或汉族地区也屡有出现，应该说这种情况既体现出了壮民族的民族文化特色，也无形中反映了壮语

[①] 元立：《壮族地名述略》，载《广西民族研究》1993年第3期。

[②] 对喀斯特洼地的通名，桂林地区一般用"崴"，都安、大化一带一般用"弄"或"山弄"，而靖西一带则用"陇"作称谓，这其实都是对喀斯特地理特征的综合反映和体现。

地名的汉化现象。还值得一提的是，壮语地名中，诸如那、岜、六、板、古、龙、陇、弄、拉、百、布、晚、浦土、秾、怀、坡等字的出现频率极高。

（三）壮民族地名的主要类别

壮民族带有民族特色的地名尽管有 7000 多个，然而总体上看，其基本上又可以划分为三种类型。

1. 记叙性地名

首先是以叙述文化景观为主的地名。

由于生产生活环境的影响，壮族先民在地名的命名过程中，选择和体现周边的通过了人类自身劳动改造过的文化景观作为地名，比较好地反映出壮族人民在改造自然过程中所创造的物质文明，如盘廷（盘：斜坡；廷：茅草棚）、黄兰（黄：日王；兰：房屋）、纳尧（纳：田；尧：烧窑）、纳花（纳：田；花：瓦窑）、桥利桥（桥：梁；利：畲地）、板埠（板：村；埠：码头）、江巷（江：中间；巷：码头）、把索（把：出口；索：码头）、梁朝（梁：山梁；朝：水槽）、那路（那：田；路：水车）。

其次是以记录人物和族姓为主的地名。

壮民族在地名演进过程中，以人物和族姓为主的地名也占有相当大的比重，尤其是选择始居者的名字和该地有影响或有特色的人物名字来命名地名。如："板乐"，是乐姓人创建的村子；"云莫"，即莫姓人居住地。此外，地名中还有用部落和族称来命名的。同时，体现民族杂居特色的地名也极有特色。如英瑶（英：乱石；瑶：瑶族）、英汉（英：乱石；汉：汉族）以及弄瑶（弄：弄场；瑶：瑶族）等。

再次是以记载传说或史实为主要依据的地名。

基于民族发展演进过程中的某些传说与史实，地名选择中以此为依据的也不少。具体情况则可能是先有地名，然后结合该地的地理特点创造传说故事；也有可能是先有传说，后根据传说命名地域。一般而言，地名传说表面看往往是解释地名来由的，其实是以地名为素材进行民间文学创作。例如，广西有一名为"剥隘"的村落，相传古代有一壮族父女首先定居该处，女子名"隘"，又壮语谓父为"剥"，人们便将该地定名为"剥隘"或"博爱"；又如，崇左县有个叫"屯村"的村子，相传此地有一寡妇生了一个儿子，取名周众，由于村里人歧视他并称其为野崽，因此，周众成年后，母亲把原委告诉他，周众大怒，大踏一脚，全村都震动了，因"屯"是震动之意，该村便以此得名。此外，行政区驻地的变迁也能在地名调整中得到比较好的体现。存在于广西各地的名叫"旧州（县）"的地名，都说明此地原来乃是行政区划"州（县）"的所在地。如东兰县的旧洲、田林县的旧州圩、巴马县的旧州、凤山县的旧州、鹿寨县的旧县、罗城县的旧县以及靖西的旧州等地名的来历就均属此种。

最后是以记载风俗风尚和信仰为依据的地名。

在壮族地名选择中，有些积极良好的风俗风尚由于深深地根植于民间以及有广泛的群众基础，也常被用作命名的依据。例如，历史上壮族人民喜唱山歌，因此广西各地壮族就有自己定期的歌会，称作"歌圩"。这一点在壮族地名中就有很多体现。例如，巴马县的作友（作，码头；友，游玩）、百色市的琴欢（琴：山窝；欢：指山歌）以及龙州县的峒埠（峒：场；埠：歌圩）等地名的来历即是如此。此外，壮族地名中还有宗教信仰的地名选择。例如壮族中现存的"夏彩"（吃素女人地）、"敢祭"（神仙洞）以及"六卑"（闹鬼山谷）等地名的来历即是如此。

2. 描述性的地名

首先是以描述地理位置为主的地名。

以描述地理位置为依据的地名，在所有民族地名的来历中都有着自身的重要地位。壮语地名中以地理位置为主要依据的主要有三种：其一是方位词+通名、准方位词+通名以及通名+方位词，例如肯东（石林上方）、肯塘（池塘上面）、拉达（峭壁下方）、拉莫（泉下）、雷刚（中间山头）以及内楞（湖里面）等地名的内涵即是如此；其二是以标明地域距离为主要内涵的地名类型，例如，里红（里：一华里；红：热闹。距热闹地有一华里）、二里（距离梅峒二里地）、中八步（中：走。中八步：只要走八步就到了）、百站（百：口；站：100里为一站）、二里（距某村两里）以及六料（六户人始居，每户相距一根牛绳）等地名的内涵即是如此；其三是用数字、天干、地支、生肖等来标明地域的序列和相关位置。例如，六圩（逢六成圩）、其习（其：街；习：地支的辰。辰日成圩)、羊场（羊：地支的末，属羊；场：灯场）等地名选择就含有地支或生肖序列内涵。

其次是以描述自然景观为主的地名。

自然地理实体的自然景观包括地域的形状情貌、土壤的状况、水文的特点以及气候状况等内容，由于这些自然景观与人们的生产生活密切相关，因而往往也是地名命名的重要根据。具体而言，壮民族地名命名中基于自然景观特色的主要有四类。一是峒原地名①。峒就是四周环山，中有平坝的山谷平原，② 因这些地区环境条件较好以及适应人类的生存和繁衍，因此，在今日的壮族地名中，峒原地名占的比例就很大，可以说，从今日广州市往西，经广西、海南到云南东南，几乎所有县都有以"峒"命名的地方。二是山岳地名。由于壮族分布地区往往不是丘陵地带就是石山丛集地区，因而，壮族地名选择中以山岳命名的地方也很多。三是体现泉河湖水内涵的地名。"汉族住街头，壮族住水头，苗族占山头"壮族与水不可分，在人口比较稀少的时候，壮族多沿江而居，靠水稻作，以至在壮族地名中，源于泉、河湖、水的地名所占比例很多。四是依据味觉选择的地名。由于生产生活过程中，壮族人民对周边植物特性的体认，地名选择中也往往会加入这种感知。例如，达弯（甜崖）、六恨（苦谷）以及板曼（辣味村）等地名就是如此。

最后是直接体现自然资源的地名。

壮族在传统地名的选择过程中，直接体现自然资源情况的地名很多。突出的像干前（干：岩洞；前：刺猬）、德纳（德：此地；纳：旱獭）、卜内（卜：此地；内：狼）、那拾（那：田；拾：黄牛）、弄林（弄：山弄；林：猴子）、才考（才：村寨；考：樟树）、坡岁（坡：山坡；岁：金刚木）、龙利（龙：弄场；利：梨树）以及寨律（寨：村寨；律：京竹）等就均直接体现出了相关自然资源的内涵。不仅如此，某些地下矿

---

① 隋朝以后，"峒"在汉字译写中往往调整为"洞""陇""弄""雄"等，但内涵基本未变。

② 至于"峒"的地形地貌情况，宋人江少虞于1145年成书的《宋朝事实类苑》卷七十七谈"结峒"时说得就很清楚："峒中有良田甚广，饶糯、粳及鱼，四面阻绝，唯一道可入"。可见一般为重要的生产生活地区。

藏一旦被发现也常常被用作命名的根据。如，那光（那：田；光：铁矿石）、板金（板：村；金：金矿）、切法（切：山塞；法：铁）以及仁广（仁：石头；广：矿石）等地名的内涵即是如此。

3. 寓托性地名

实践中，地名既是人们赋予地理实体的名称，也是一种观念形态的选择。相比较而言，描述性地名和记叙性地名反映的主要是某些地理实体的特点，而寓托性地名体现的往往是跟地理实体特点并无太多关系的思想、观念、情感、意愿或品质。在壮民族丰富多彩的地名类型中，基于寓托性选择的地名占有一定的比例。

具体说来，实践中基于寓托性的地名大致有四种情形。一是反映主观评价色彩的地名。这种评价有的是针对该地域物质条件的高下，有的是人们对地域具体情况的主观感受，还有的则是对当地人行为处世品质和作风的相关评价。例如，拉后（拉：下；后：臭）、江屯（江：饥荒）、上温（温：安稳）、坡平（坡：山坡；平：价钱贵）、欧屯（欧：老实）以及德梅（德：屋基地；梅：满意）等地名的内涵即是这样。二是直接寄托感情意愿的地名，其意愿主要是对富足生活的向往和追求。例如，纳托（纳：田；托：足够，是说此地出产的粮食够吃）、万伍（即一万五千两银子）、八塘（八缸银子）以及那银（那：田；银：银子）等地名即属此类。三是表现感情色彩的地名，如那余（余：乐意）和下爱（爱：满意）等地名。四是表现避讳感情色彩的地名，这是一种社会语言学中的"搭布现象"，目的是趋吉避凶，趋利避害。例如，壮族有一村寨"定龙"原名"定怒"（盛产泥鳅的积水潭），后来村里人觉得泥鳅嘴尖身滑，不是吉相，翻不了浪，成不了大事，于是干脆改"怒"为"龙"，成为"定龙"，意为吉利。

三 人地关系对壮民族地名选择的影响

正如我们前面分析的那样，在壮民族地名选择过程中，民族文化、社会经济发展、自然环境状况以及民族文化特征与宗教色彩等因素都会彰显出自身的影响力。

（一）壮族地名选择与山地环境间的关系

壮民族生活地区大多属山地与峡谷地带，自然条件相对艰苦，而这一点反映在地名中则主要是诸如"岜""巴""蕾""雷""坡""里""绿""六""弄""陇""更""岁""敢"以及"甘"等字冠首的、能充分反映壮民族生产生活环境特征的地名。此外，壮语地名中还有许多以"峒"命名的地名，这种现象也说明了山地环境对壮民族地名选择的重要影响。

（二）壮族地名选择与水资源环境间的关系

原始的壮族部落生产力水平低，当一个地方的环境不适宜生存时，部族就会沿着水路自发迁移，寻找新的有利于生存的地方。所以分析壮语地名的分布状况，绝对少不了对以水路为主的交通线路的研究，更何况壮民族自古以来就是一个典型的"稻作民族"。事实上，在壮语地名中不仅存在大量的具有水田含义的地名，例如以"那""纳""利"和"峒"等字冠首的地名，就均有着这方面的含义，而且与江河含义相关的地名也有不少。比如壮族中广泛存在的"达""驮""坛""蓄""潭""歪""怀""里""尾""懒""赖""布""咘""楞"等地名，也说明了壮族与水源之间的紧密关系。

（三）壮族地名选择与土地类型间的关系

在壮侗语族各语支和方言中，一般都以"那"字表示水田或田地。据研究，我国"那"字地名90%以上集中在北纬21°～24°且大多又在河谷平原地区。① 这些地区无论是积温、雨量，还是日照均适宜于水稻生长。总体上看，全国除广西以外，部分"那"字地名分布在包括广东西南部、云南南部以及缅甸、老挝、泰国北部等地区在内的地域。但"那"字使用最广泛的地名还是在广西。

总之，一般情况下，一种民族语地名的产生和发展，都有着自身深刻的历史地理基础和文化背景，而且也都会不同程度地反映出某一特定区域内民族的聚居、杂居与散居程度并历史性地折射出区域内的不同民

---

① 覃凤余：《壮语地名的分类——壮语地名的语言文化研究之二》，《广西民族研究》2006年第1期。

族构成。因此那些完全来自壮族的地名，一定与壮族的历史分布有着直接关系。在过去 1000 年左右（壮族形成于北宋）的时间里，壮语民族发生了一定规模的迁移，这在壮语地名上表现为一部分壮语地名不再使用而逐渐被其他地名替代，而另一部分壮语地名则被保留下来沿用至今。这种壮语地名分布与现在民族分布不一致的现象正折射出壮族人民迁移的历程。

第六章
壮族生产生活方式选择中的人地因素影响

第一节 壮族生产生活方式选择中的水因素分析

水是任何一个民族生产生活中不可或缺的重要因素之一，壮民族的情况也不例外，而且在某些方面表现得还更为明显。鉴于此，在探讨壮族生产生活中的人地因素问题时，以水因素为切入点，也就更具说服力与意义。

一 对壮民族传统水文化的简要剖析

水因素对壮民族生产生活方式选择的影响非常巨大，壮民族在生产生活过程中基于对水因素的适应和崇敬而衍生出了具有自身特色的水文化。应该说了解壮族水文化内涵，无疑对深刻认识壮族与环境的适应性问题有着重要的理论意义与实践价值。

从文化人类学的视角来看，壮族水文化乃是一个涵盖面非常广的体系，是生产生活方式选择的直接反映和总结，这在壮族传统文化的方方面面都有所体现。作为百越族群的后裔，基于所处的地域和气候特征的影响，壮族的传统经济生活大多是围绕着水来展开的并影响到了整个民族的社会组织关系和精神文化拓展方向。壮民族的水文化博大精深，主要体现在物质文化和精神文化两个方面。

（一）壮民族水文化的物质体现

总体上看，壮民族水文化的物质内容主要体现在用水技术和用水工具的进步上。就用水技术而言，由于壮民族聚居地区光照充足、雨量充沛，再加之在江河两畔和山岭之间一般又分布着一片片面积不等的平峒、弄场或三角洲，具有发展稻作农业的有利条件和巨大潜力，因而从古至今，壮民族不仅形成了自己的水稻种植传统，而且稻作文化底蕴深厚，稻作技术影响深远。壮民族在生产生活实践中形成了颇具特色的用水工具与用水技术——除了广泛的水轮车、脚踏水车、戽斗提水等灌溉工具外，山岭地区居住的壮族则主要利用山泉水进行农业灌溉。清人闵叙曾记述道："竹筒分泉，最是佳事，土人往往能此。而南丹锡厂统用此法。以竹空其中，百十相接，过溪越涧。虽三四十里，皆可引流。杜子美《修水筒》诗：'云端水筒坼，林表山石碎。触热藉子修，通流与厨会。往来四十里，荒险崖谷大。'盖竹筒延蔓，自山而下，缠接之处，少有线隙，则泄而无力。又其势既长，必有木耆阁，或架以竿，或垫以石。此六句，可谓曲状其妙矣。又《赠何殷》云：'竹竿袅袅细泉分。'远而望之，众筒纷交，有如乱绳，然不目睹，难悉其事之巧也。"① 这种灌溉方式在如今包括龙脊壮族聚居区在内的壮族聚居地区仍在广泛使用。此外，为了充分利用水资源，壮族先民还形成了一些较有特色的用水技术。如唐代《岭表录异》记载："新泷等州山田，拣荒平处锄为町畦。伺春雨丘中聚水，即先买鲩鱼子，散于田内。一二年后，鱼儿长大，食草根并尽。既为熟田，又收鱼利；及种稻，且无稗草，乃养民之上术。"②

（二）壮民族水文化的精神体现

壮族水文化的精神体现不仅涉及用水制度的演进，而且也体现出用水文化的族体信仰。

就具体的用水制度演进而言，由于传统的生产生活方式涉及无数用水个体，水资源又并非取之不尽和用之不竭，因此，自发或是有意的制度安排就显得十分重要。事实上，为了保证稻作农业生产的受益最优化，壮族民众很久以来就形成了一整套较为完备的灌溉用水方法。例如，在龙脊壮族聚居区，当地习惯法即规定：如果一条灌溉渠流经的地方有很

---

① 见（清）闵叙《粤述》，《丛书集成新编》第94册，台湾新文丰有限责任公司，1985。
② （唐）刘恂：《岭表录异》。

多要灌溉的稻田，则首先满足先开稻田的用水；如果一条主渠流经的地方有许多支渠，则首先满足先开凿的支渠，尽管后开辟的稻田或支渠在较接近主渠的地方，也不能导水灌溉。此外，还有一种情况是：如果一条主渠或支渠在某处需要灌溉多处田地，便在分水处安放一块平整的木块或石块，上面凿出多个缺口，缺口的多少和大小按需灌溉田地的多少而定。据太平土州《以顺水道碑》记载："凡有田者，必有水口。若无口之田，而其田近于水沟，且卑于水沟，如妄造取水者，即将其人拉到堂案报，照章治罪，以田充公。凡界俱定章程，各有额数，总入多寡。各宜守旧制，毋得借私婪取数外。凡界之下，沟口相连，不得以此沟多下之地，而凿开取水沟之水。"① 这些方法既充分考虑到了水资源特征和稻作农业生产的需求，同时又充分照顾到了壮族生产生活及用水习惯，因而不少制度沿袭至今仍具强大生命力和社会适应性。不仅如此，不少民间社会组织也在水文化传承与维系中发挥了强大的功能，它们或出台规章制度，或组建相关机构来协调本区域的生产生活用水。如在广东连山壮族地区就有一种名为"水利会"的民间公益组织，每户抽一人入会为会员，主要商议和动员兴修水利等事宜，通常是按各家田亩多少出资出力。该组织的存在不仅使受破坏的水利设施能够得到及时的维修，而且也有效地维护了正常的生产生活秩序。再如在广西龙脊壮族聚居区，为维护正常的农业生产秩序，村寨、联村寨和十三寨寨老组织也制定了不少用水规约。例如，同治十一年（1872）颁布的经过官府认可的《龙胜南团永禁章程》就规定："遇旱年，各田水渠照依旧例取水，不得私行改换取新，强夺取水，隐瞒私行，滋事生端，且听头甲理论，如不遵者，头甲禀明，呈官究治。"同样，光绪四年（1878）的《龙胜南团禁约简记》中也对此作了类似的规定："天干年旱，山田照古取水，不敢灭旧开新，如不顺从者，头甲带告，送官究治。"显然，由于明确了用水程序和管理权限，因而也就保证了正常的稻作农业生产和用水秩序。

就水文化信仰而言，由于壮民族的生产生活与水资源关系密切，壮族文化中包含了很多水信仰成分，以至壮族先民们普遍认为其周边的每

---

① 见广西壮族自治区编辑组编《广西少数民族地区碑文契约资料集》，民族出版社，2009。

一条河流、每一处山泉、甚至是每一片池塘都有水神栖息其中。① 总体上看，壮族民众围绕水崇拜和水神信仰所举行的宗教活动主要可分为三类。第一类属年节、节令的定期性祭祀活动，这类祭祀活动与其他类型的宗教活动差别不大，只是演化成民俗性的祭祀活动而已。例如广西田林县壮族群众几乎每个月都要祭祀河神，尤其正月初一和七月初七这两次特别隆重。祭河神多以家庭为单位，且多是妇女参加。妇女们清晨来到河边，在平时挑水洗衣的地方祭拜，意思是求河神保佑；再比如云南富宁、广南、西畴等县壮族人民，农历三月龙日这天，太阳出山时，由寨中有威望的老人带头，青年男女抬着煮熟的整鸡、整鸭、腊肉、五色糯米饭、水酒等随后，在寨旁的水边祭祀；祭祀时，众人面水而立，由老人点香，主持的人均为男性。第二类是功利性很明显的祭祀活动，例如，东兰县壮族民众认为池塘水神司管山塘水池起落，所以一到枯水时节，村民需奉献米酒、小猪、香火等祭品，由村老、墨公深夜到池塘边敬祭水神，求它"堵漏水""捉水獭"，保护人畜饮水；而山洪暴发时，则请它"拦洪护堤""排水封鱼"。龙州县一些地方遇到天旱时则请魁公向龙王求雨。举行求雨仪式时，魁公们要念经两天两夜，烧大量的纸钱，然后用一片大树叶盛上清水，拿到山坡上立杆挂起，由魁公用小尖棍将树叶戳穿，使清水淋下，象征下雨。都安县高岭一带的壮族则举行集体拜庙盛典，杀狗杀猫取其血，涂在鲤鱼身上，然后将其丢入水潭，意思是让它到龙王那里祭报，龙王就会降雨。天峨县白定乡的壮族认为降暴雨是龙王翻身，要敲鼓打锣并且把春节杀猪留下的颌骨烧成灰撒向天空，认为暴雨就会停止。第三类是专门为水神固定日期举行的祭祀活动，这类活动往往会成为一年之中最重要的宗教活动之一。

（三）壮民族水文化的生态价值

水是生命之源，实践中无论是生产还是生活，离开了水资源可谓是寸步难行。作为一个历史悠久的民族，壮民族传统水文化中所蕴含的丰富的生态文明因素对当前生态文明建设和环境保护具有独特的价值。

首先，壮族传统水文化中的相关制度因素和非制度因素对水资源的

---

① 覃彩銮：《壮族自然崇拜简论》，载《广西民族研究》1990年第4期。

保护与合理利用具有重要意义。事实上，壮族先民在水资源使用和分配上的制度与非制度安排使得水资源的利用秩序得以形成，而且也无形中使相对紧张的水资源在利用上实现了最大化目标。此外，壮族的各类水敬仰习俗也对合理利用和保护水资源具有重要影响。其次，壮族传统水文化中所包含的有效用水技术和工具也有利于从物质上建设人水和谐的生态文明。如水轮车、水坝、水渠以及分水装置、"竹筒分水"技术等，这些工具和技术迄今仍在广西少数民族地区发挥着一定程度的功能。最后，壮族传统水文化中所蕴含的人与自然和谐思想也有利于从精神上建设人水和谐的生态文明。事实上，在壮族人的观念里，没有水也就没有稻作农业，同样也就不可能形成以"那文化"为核心的稻作文化体系。

总之，在壮族传统水文化中，无论是技术层面的创新，还是制度层面的改革，抑或是信仰层面的保护，其实都包含了丰富的传统生态知识和对水资源的合理利用与科学保护。

二　水环境对生产与种植农作物的影响：以水稻为例

由于所处自然环境的影响，壮民族自古以来即在水稻生产方面积累了相当丰富的种植经验。

（一）基于水环境特征的水稻种植演进脉络

由于水稻种植对自然环境，尤其是水环境的要求很高，因而在水环境条件相对受制的地域，水稻的种植难以推广。而在壮民族生产演进历史中，其水稻种植和培育历史之所以悠久而辉煌，与壮民族生活地区的选择是分不开的。

水是生命之源，林是水之宝藏。作为南方一个典型的农业民族，壮族对水资源的认识和利用均达到了较高境界，尤其是水稻的种植更是充分利用水资源的重要表现。

壮族分布区域广大，所居地区既有平原丘陵台地，亦有中低山地，还有面积较大的岩溶地带。地形地貌情况虽差别较大，但水资源相对均比较丰富。相比较而言，壮族所居的平原地区，面积虽不大，却是最主要的稻作区域。之所以如此，除了平原地区的耕地资源丰富和耕作条件相对较好外，水资源的丰富和灌溉条件的便利是其中的一个不可忽视的

第六章
壮族生产生活方式选择中的人地因素影响

重要原因。虽然壮族地区多处于热带亚热带，降水较为丰富，河流汛期较长，但是，由于降水的年际分配与地区分布相差极大，旱涝灾害频发，因而农业发展对水利灌溉依赖较大，历史上，分布在平原地区的壮族为促进水稻种植业的发展兴修了很多水利工程。山区丘陵地域，尽管耕地和耕作条件相对受制，然而降水较多、山泉广布以及河流溪水纵横，因而稻作生产在山区丘陵地区也广受重视。总体上看，在壮族居住的山区，耕田多分布在缓坡和谷底溪流两旁的小块平地上，而在高寒山区的缓坡地带，耕田多呈梯田状，随着坡度的上升，耕田面积越来越少。低山地区，耕田多在山谷，沿溪河一线分布，越往上田面越小。这些地区，壮族最重要的灌溉方式就是充分利用山泉作为水源，自上而下浇灌。壮族地区所居山地分为东部土岭和西部岩溶山地两种地形，由于环境条件有别，因而灌溉方式也略有差异：东部土岭山区，山势较高，泉源高而旺盛，当地壮族只需自泉源处开挖浅沟，作为引水渠，再利用涧泉中较大的石块阻挡水流，简单地抬高水位，使水流沿开挖的沟渠，依山势自上往下，实现层层浇灌；而在西部岩溶山地，地表水易于疏泄，地下暗流发达，通过溶洞渗出地表，形成的泉水，成为当地壮族灌溉的重要水源。不少地区的壮族引灌山泉之时，还常利用竹筒和木槽作为辅助引水设施。

总之，在壮民族生活地区，稻作农业的发展程度与发展水平既受耕地条件影响，也与水环境条件息息相关。平原河谷地带由于水资源条件和耕地等方面的条件均比较理想，再加之水利灌溉条件便利，因而稻作农业往往相当繁荣；相比较而言，高山与石山地区尽管水资源并不稀缺，但因用水条件受制，再加之灌溉条件和耕地条件均欠发达，因此，稻作农业始终相对原始和滞后。进一步分析，还可发现，壮族的水利技术决定了耕种面积的宽窄；在缺少溪河的山区峒面，耕种主要依赖涧、泉的引灌，这时壮族的耕种面积大小主要受雨旱季节变化和地下水位变化的制约。显然，在此过程中，壮族稻作农业发展中人地关系演化的过程是：汉族移民的增加，成为壮族山地垦殖的外在动力；河岸台地的开垦，促进了溪河水利的兴修；而筒车、水车等灌溉工具的传入，既提高了壮族地区的灌溉效率，又推动了耕地面积的扩大，进而也推动了自然环境的变化和水资源的合理利用。

（二）水稻种植制度和品种选择中的环境因素影响

1. 水稻品种选择中的环境因素影响

一般说来，不同的农作物生长对地理环境有不同的要求，同样，不同的土质特征也会适合不同的农作物生长；否则，再好的环境条件，或者是再理想的农作物品种，也极有可能会在实践中难以达到应有的收获与效果。当然，壮族在农作物的种植与品种选择中，照样需要根据自然条件和环境特点来选择种植适宜的农作物品种。此外，各种人文地理因素也会对壮族的农作物种植和品种选择产生影响，从而造成壮族地区农作物分布的变迁和品种选择的优化。

在壮民族的农业生产和农作物分布中，水稻种植占据的比重最大，因而在整个农作物中的地位也最重要。壮族种植水稻的历史十分悠久，同时，也培育、引进和改良了很多品种。在水稻种植方面，壮族地区因气候和水热条件相近而在水稻种植的种类方面相差不大。嘉庆《广西通志》卷八十九《舆地略十·物产一》中就载："稻粳种类，各府略同。"但同样因水热和种植条件的差异，壮族的水稻种植在品种上的差异仍较明显，同时，数量也比较繁多。总体上看，对壮族水稻种植具体品种选择产生影响的因素主要有气温、生态条件、用途及水稻特性的认识、灌溉条件等几个方面。从气温条件看，壮族地区本身的纬度相差不大，因而各地温差的形成主要是山地海拔所造成，相比较而言，得到充分垦殖的平原丘陵地区，日照时间长，有效积温高，因而在种植上一年可两熟甚至三熟，种植的水稻品种选择余地一般较大；而在垦殖程度不高的山区，因为山岭以及林木的遮阳作用，日照时间较短，有效积温低，水稻的播种期与成熟期均较平原丘陵地区晚，同时，这里的多数地区一般也只能一年一熟，品种选择方面也大多侧重于生长期较长的品种。

具体说来，基于水热和气候等方面条件的差异，在水稻的种植中，平原丘陵地区的壮族，其籼稻种植往往占了较大比重，而分布在山区的壮族，种植的粳稻比重最大。之所以如此，关键性的原因即在于不同的稻种会有不同的生态要求。山区动物的活动情况也对水稻品种选择具有一定的影响。例如，山区因林木茂盛，野生动物较多，以至于像野猪这样的动物，一般成群活动且难以防范，它们既啃食薯类，也践食禾谷。

釉稻谷穗无芒或只有短芒,野猪尤爱践食,所获并不多;而种植的粳稻,产量虽低于釉稻,但因其谷穗有芒,野猪不敢吃食,受到的损失反而小。此外,山区壮族种植的水稻品种中,又有一种专门种在旱田的品种——陆稻。历史上,陆稻是广泛种植的稻种。

2. 水稻种植制度选择中的环境因素影响

作为壮族最为重要的粮食作物,自宋以来因为自然条件的变化以及受人口增长的压力、农业政策调整和生产技术高低等人文因素的影响,壮族地区的水稻种植制度也产生了一个较为明显的变化过程。其中既有一年三熟制和一年两熟制的种植制度,也有一年一熟制的种植制度。自宋代以来,壮族先民生活地区在水稻种植方面实现一年三熟的主要为钦州一带,史载:钦州"地暖,故无月不种,无月不收。正二月种者曰早禾,至四月五月收。三月四月种曰晚早禾,至六月七月收。五月六月种曰晚禾,至八月九月收。而钦阳七峒中,七八月始早禾,九十月始种晚禾,十一月十二月又种,名曰月禾。地气既暖,天时亦为之大变,以至如此"①。"一年三熟"制之所以在钦州地区广为推广,关键性的原因主要有两个方面:首先,钦州处于北回归线以南,气候温暖,热量充足,具有一年三熟的气候条件;其次,钦州也是外来移民较多的地区,无形中导致了人地关系紧张和对粮食需求量的上升。更进一步分析,又不难发现,实践中只有当人口达到一定规模之后,才会有一年三熟的内在驱动力。

据历史记载,宋代宜州的龙江平原以及桂中平原、浔江平原、郁江平原和桂东北平原一带,水稻种植一般为一年两熟。而在龙江平原之北的融州、环州地区,当地少数民族虽种植水稻,但产量较低,还要依狩猎补充才能度日,应为一年一熟。与此情况相似的还有右江上游、红水河流域的岩溶山区。此外,广西还有部分州县虽没有明确记载其耕作制度,但从其农时安排看,应为一年两熟。

严格说起来,水稻种植的一年两熟制度开始向壮族聚居的山区推进已到了清末民国时期。之所以有这种变化,关键性的原因即是地方官府倡导新的生产技术以及水稻品种的改良,同时在人口不断增加的压力下,

---

① (宋)周去非:《岭外代答》卷八《花木门·月禾》。

一年一熟所产粮食无法满足基本的生存需要。从地域范围上看，清末民国时，桂东北地区的富川县、贺县、昭平、义宁等壮族地区都已实行了一年两熟种植制度。与桂东北地区相比较，柳江流域地区，一年两熟的水稻种植制度，北界已推进至宜州所在的龙江平原；红水河流域，一年二熟制已推进至都安一带；左江流域，也以一年两熟制居多，部分地区可实现一年三熟；而右江流域地区，在百色以下的右江两岸平原地区，一年两熟，以北以西地区一年一熟，但南宁附近的武鸣、邕宁一带壮族则一年三熟，云南的广南县、富宁县一带的坝区至清末时，一年两熟，山地则仍为一年一熟。因此，自三江、龙江平原至红水河中游腹地的都安，从百色至靖西南部一线，是清末民国间壮族地区的水稻种植一年两熟与一年一熟的重要分界线。

总之，壮族地区，尽管彼此间的纬度位置差别不大，彼此间种植制度的差异却比较明显，这是受两方面因素的影响：首先，农耕环境改变的影响。水稻种植离不开丰盛的水源，由于壮族生活地区的水资源相对丰富，因此，从水热条件分析，壮族地区实施一年两熟的条件相对较好，后因过度垦殖，毁坏山林植被，水源枯竭，无形中影响到了农田的灌溉，致使晚稻无法播种。显然，实践中只有合理种植，才能产生最佳的种植效果和经济效益。其次，气候与地质环境的影响。壮族地区所处纬度相差不大，但因境内山岭连绵起伏，各地间存在海拔高差，进而使得山区、河谷、平原地区的平均气温存在较大差异，当然据此而产生的种植制度方面的差异也就无法避免。再加之岩溶山地在秋冬的旱季又极度缺水，属地质性干旱区，人力难以改变，不利于晚稻的插播，故水稻种植只能一年一熟。

（三）壮族稻作文化演进中的人地关系内涵

壮族既是中国，也是世界历史上最早发明水稻人工种植技术的民族之一，其人工栽培的历史长达12000～20000年。漫长的稻作农耕不仅对壮族的生产、生活、人生礼仪、民族性格和深层心理产生了深刻而持久的影响，而且在长期的农业社会里，稻作文化也在自给自足的经济环境和格局中，对壮族的发展与社会进步产生了巨大而积极的促进作用。

第六章 壮族生产生活方式选择中的人地因素影响

1. 稻作文明演进及其对壮民族社会经济发展的影响

关于水稻人工栽培的发明权，已经争论了 200 年之久。早在 1881 年，德国农业史家康德尔就曾撰文认为，最早人工栽培水稻的应当是中国人[①]；1917 年，英国农业史家墨里尔在沿珠江主流做田野调查时，也发现了野生稻；而 1926～1933 年，中国著名农业史家丁颖多次沿西江调查，也发现了野生稻的广泛分布。鉴于上述发现，他们都认为：中国应当是最早发明水稻人工种植的国家。

新中国成立以后，随着考古工作的进步，考古工作者 1965 年在广西桂林的甑皮岩发掘出 9000 年前的用于农业的石环等生产工具和石磨盘、石杵、石磨棒等谷物加工工具，同时，还出土了用于储存和加工谷物的陶器以及人工饲养的 60 多头猪的炭化骨，显然，壮族先民当时的生产生活水平已较高；1963～1973 年，考古工作者又在南宁地区的 14 处贝丘遗址中发掘出了 10000～11000 年前的石杵及石磨棒等谷物脱壳工具和大量陶片，而上述 14 处贝丘遗址辐射的范围实际达到了百色市和文山州，因而无形中说明了一万年前岭南居住在文山的壮族祖先就已经种植水稻了。1973 年，在浙江河姆渡发掘出了大量炭化人工种植稻谷，经年代测定为 6700±200 年，震动了全世界。但 20 年后，这一纪录又被打破，1993～1995 年，考古工作者在壮族居住的苍梧部故地湘东南道县紧靠广西边境的寿雁镇玉蟾宫，发掘出土了四粒炭化稻壳，其兼具野生稻和人工稻混合特征，初步测定为 12000 年，后来经国家文物局再次测定为 18000～22000 年。由于苍梧乃是五帝时代壮族的称谓，因此，梁庭望在其 1998 年发表的《栽培稻起源研究新证》一文中郑重指出：世界上最早发明水稻人工栽培的是中国越人的祖先。

在广西花山崖画上，犬是狩猎经济向稻作经济转化的符号（神话中是狗为人类偷得了稻种），但数量已经很少。相比较而言，代表稻作文化的符号"蛙"则占了绝对的优势；这一点也无形中说明了先秦壮族的经济生活已为水稻所占据。可以肯定地说春秋战国时期，稻作农耕已经占壮族当时农作的绝对优势。稻作农耕产生的优势局面形成及其发展，不

---

① 为此，1884 年康德尔即在《作物起源》一书中推测，中国江南应当有野生稻。

仅为壮民族的生存繁衍创造了良好条件，而且对壮民族的社会进步和民族发展造成了积极而深远的影响。

　　首先，稻作生产成为壮族一切生产活动的中心。由于在大多数的壮族生活中，水稻是最重要的粮食来源之一，因此，水稻生产便无形中成了一切生产活动的中心。实践中，从开春到晚稻收割，人们的心思和劳动便主要放在了育秧、插秧、耘田、保苗、防虫、防旱、防涝、防倒伏上，早晚必到田间查看而不敢稍有疏忽。一年中，人们往往是在安排好了水稻生活的前提下，才安排豆类、块根类、杂粮类生产。不仅如此，现实中，人们一般连副业生产也主要围绕水稻进行，同时绝大多数副食来源也主要是大米的转化物如猪、鸡、鸭、鹅等。此外，鱼虾养于池塘或烂泥田里，菜园多在水田之旁，或利用田埂种菜，便于浇水。这样，壮人的生产格局便以水稻为中心，形成了完整的生产系统。其次，壮族人民形成了以大米为中心的饮食结构。由于种植水稻历史悠久，再加之壮族生活地区水稻种植广泛，因此，壮人一向以大米为主食，再辅以红薯、木薯、芋头、饭豆、南瓜、玉米、三角麦、小米等杂粮。面食在壮人生活中可有可无，但不能没有大米。再次，人生礼仪中的稻作文化内涵浓烈。由于稻作生产在壮民族的生产生活中占了重要地位，因此，实践中，壮人从生到死，基本上都离不开稻米与稻作生产，以至人生礼仪中也蕴藏了浓浓的稻作文化意蕴。复次，壮民族民俗中也蕴含了丰富的稻作文化特征。以服饰民俗而言，传统衣饰以蓝黑色为基调，就是源于水稻苗壮成长时的浓绿颜色。宽裤脚，主要是下田时方便挽起，所有这些都适应水田作业的需要。此外，日常生产生活中的各种工具也主要是围绕着稻作生产而制作。据统计，壮民族生活地区，各类与水稻生产有关的节日占到了50多个节日中的一半左右，其他节日虽然不是源于稻作农耕，但过节的食品和祭神的祭品都必须是大米制品和大米转化物。显然，壮民族习俗中，不管节日来源如何，其过节仪式都纳入了稻作文化体系之中。最后，稻作文化对壮民族的宗教信仰和文学艺术也产生了重要影响。在壮民族的发展过程中，无论是原始宗教、原生性民间宗教，还是外来宗教，都深受渔猎文化的影响，也受到稻作文化的涵化。这一点在壮民族的原生性民间宗教中表现得最为明显。同样，在壮族的文学艺术中，稻作文化氛围十分浓郁，而这一点在壮族的神话传说、民歌和其他各类民间故事中均有着丰富的体现。还值得一提的是，随着水稻文化的进一步发展其影响范围还深入了民族心理演进的轨迹中。

2. 壮民族稻作文化演进中生态审美内涵剖析

由于水稻生产在壮民族的生产生活中占据了十分重要的地位，而水稻生产及其因此而来的稻作文化又与自然环境息息相关，因此，壮民族的稻作文化中也就自然而然地包含了很多与环境有关的生态审美内涵。

壮民族稻作文化最主要的体现也即是我们通常所说的"那文化"。"那"或"纳"，在壮、傣、布依等民族语言中均含有"水田"之意。"那"文化景观相当广泛，总体上看，涉及稻种、生产工具、加工工具、灌溉设施、肥料等物质文化以及生产习俗、禁忌、祝祀及对天象、土地、雷雨、江河诸自然物的崇拜和安土重迁、重农轻商等观念性文化。同时还外延及与之相适应的居住形式、饮食习惯、岁时节日、语言词汇的文化生成原则。这既是壮族繁衍变迁不断成熟的心智反映，也无形中使壮族文化在中华民族多元一体格局中具有举足轻重的地位，是壮族等不可离开的精神家园。

基于"那文化"而来的壮民族稻作文化演进中的生态审美内涵主要体现在两个方面。一是传统稻作神话中的生态内涵体现，这一点在壮族神话故事《布洛陀经诗》《摩经布洛陀》以及《布伯》等记载中均有着生动反映。稻作神话看似虚幻，其实在壮族生产实践过程中，起着对群体行为施加约束从而达到调控的"法律性"作用。更进一步分析，稻作神话还是现实中对自然和生态环境进行客观审视的一种总结。此外，稻作文化还对壮民族审美内涵的深化和统一创造了良好条件。二是青蛙神话既蕴含着壮族稻作社会结构变迁的历史性演进脉络和机制，而且也蕴藏了丰富的自然生态成分。与壮族稻作生存方式相连的青蛙神话，由于其综合了水、耕地、种植、防虫与收成等方面的内涵，因此，作为神话，其既可以为族群内部提供消除灾难获得幸福的许诺与途径，也可以将无序的世界整合到既定的法则中去，在整体社会权益的保障中，以反抗生存境遇的方式帮助群体度过现实与意义的危机，最终进一步彰显出个体与群体、人与环境之间在稻作基础上因审美态度而形成的相应的感知-

愉悦关系，进而在此基础上使人与自然对应形成的审美关系成为主体根本利益与情感、表象、观念体系等指向的审美关系总和，最终促进民族主体文化的形成。

3. 基于人地关系基础上的稻作文化的社会影响

稻作生产及其稻作文化的形成当然离不开与之相应的自然生态环境和人地关系状况，同时，稻作文化的演进必然又会对社会发展产生影响。

首先，稻作文化是壮族社会重要的"催化剂"。历史上壮族地区社会的相对稳定与当时岭南地区远离封建政治中心和战乱有关，但稻作文化在其中的影响也是一个重要原因。水稻乃是一种比较娇气和需要耐心"伺候"的作物，其既需有稳定的水源以及怕旱、怕涝、怕虫、怕风，而且因季节性较强，也需相对稳定的生产环境做基础。因此，与历史上我国的绝大多数民族相比，壮族社会的稳定性是比较突出的。不仅如此，由于稻作文化与稻作生产为人们提供了相对稳定的生活条件，再加之在稻作文化影响下而兴起的养殖业、水果业、林业、糖业、渔业、纺织业、陶瓷业、手工业等产业的发展也能为人们生活水平的提高提供更高水平的保障，因此，相比于历史上的其他少数民族，壮族的生活质量和民族文化都达到了一个较高的水平。当然，由于水稻种植需要耐心、细心、恒心，因此，长期的稻作农耕，既磨砺了壮民族的性格，而且也无形中形成了壮族温和内向、吃苦耐劳、互助礼让、内心刚强的民族性格。此外，壮族温和谦恭礼让的性格，使儒家思想对壮民族的影响很大。壮族把二十四孝改编为24部长诗，就不失为一个重要体现。

其次，稻作生产为壮族族体的健康发展提供了重要保障。历史上壮民族生存繁衍的岭南地区因土地和水土条件优越，尽管壮民族的生产力相对落后，但水稻等农作物的一年两熟、甚至三熟以及其他农作物的丰产，均为壮民族的生存与发展创造了良好条件。

（四）稻作文化对壮民族节庆习俗的影响：以广西隆安为例

人地关系不仅在稻作文化演进中体现出了自身的影响力，而且借助于稻作文化的影响力，人地关系还在民族节庆习俗演进中彰显出了巨大力量。这里我们不妨以广西隆安为例来加以具体说明和剖析。

隆安县位于广西西南部、南宁市西境，全县40来万人口中，包括壮

第六章 壮族生产生活方式选择中的人地因素影响

族在内的各少数民族人口占到了全县总人口的95%以上。作为隆安的主体民族，这里的壮族主要源于岭南的古骆越人，隆安壮族在生产生活及其耕作方法、饮食、礼仪、宗教、思想观念、民族性格等方面形成了浓郁的稻作文化体系。这一体系不仅体现出了稻作文化的丰富内涵，而且也无形中反映了人地关系在其中的重要作用。

节庆习俗往往是一个民族文化延续、传播的重要途径。在一定的节庆习俗里，节庆习俗既能使人们遵循某些固定的程序和行为模式来行动，而且这些程序和行为模式也能无形中规范着民族的文化心理、宗教信仰和伦理价值。由于稻作农业与岁时的更迭及气候的变化有着非常密切的关系，因此，随着社会的发展和农业生产水平的提高，相关的农事节庆活动也进一步丰富多彩。衍生于稻作农耕文化母体的隆安壮族地区的人们尽管节日众多，但总体上看，基本上又是围绕着选秧、育秧、栽秧、祈雨、耘田、除虫、除草、收割到归仓等稻作活动而展开并在此基础上形成了完整的稻作文化节庆体系。

具体说来，在隆安的壮民族生活地区，相关的节庆活动均是围绕着稻作生产来展开：首先是备耕阶段，随着翻田、积肥等稻作生产准备工作的全面展开，壮族人民也相应地开始了自己的包括二月社日、三月三歌圩节等节日在内的农事节庆活动，目的主要是希冀风调雨顺、人寿年丰；其次是播种阶段，随着天气转暖和雨季来临，壮族人民又开始全面展开施肥、耙田、浸种、撒谷、栽秧等农事活动，相应的节日主要是四月八农具节；再次是田间管理阶段，这一阶段随着秧苗的成长，人们的劳动主要集中在耕耘松土、施肥灌溉、防治病疫虫害等方面，相应的节庆活动则主要有五月四、五月五和五月二十六的秧神节，六月六和六月二十四的芒那节以及七月半的祭鬼节和七月二十的娅王节等；复次是收获阶段，这一阶段随着稻谷抽穗长实，稻农准备工具进行秋收，相应的节日有八月十五的稻花节以及九月十九的尝新节等；最后是归仓阶段，这一阶段随着稻谷收割、晒干、归仓等劳动完毕，相应的节日如十月十仓神节和正月初二的报神节等。

壮民族在生产与发展过程中，之所以随着稻作农业的兴起而产生了一系列的民间节庆活动，关键性的原因是人与自然的和谐相处。由于当时的人们在气温、风雨、旱涝、土质等方面的条件及其变化方面显得无能为力，再加之稻作生产又对当时人们的生存和发展有着极大的影响，因此，在农业生产和日常的生活过程中，壮族人民便形成了我们上述的各种祈求丰收的习俗和节庆活动。应该说，壮族人民最初的农事节庆活动无论是内容还是形式均极为简单，只在播种、收割场所举行，是表达欢乐心情的一种方式。然而后来随着民族文化的演进以及人类礼俗文化的发展，原来自发的仅表欢乐心情的庆祝活动就慢慢上升成了一种被赋予了特定意义的信仰。这种信仰表面看不免有着较多的迷信成分，事实上却蕴藏着丰富的对稻作生产和稻作文化的认识，因而又是一种具有现实指导意义的行为方式选择。

三 资源分配和调节中的制度创新：以水资源为例

应该说农耕生产的顺利进行与自然资源的合理配置与利用有着十分密切的关系。水资源对农耕生产的意义重大，其季节性也要求农耕生产必须合理地分配与利用。这恰恰是实践中必须借助科学与合理的制度去实现的。

（一）壮民族对水资源进行配置的制度选择

由于水资源对稻作生产正常进行的重大意义以及壮族天生质朴的性格，壮族在生产生活过程中自觉地制定和实施了一系列行之有效的水资源配置制度。

具体为：一个灌溉渠流经的地方，有很多的田地须水灌溉，应先满足先开辟的田地的用水；而若在一条主渠流经的地方有许多支渠，则先须满足先开凿的支渠，尽管后开辟的田地或支渠接近主渠或水源地，也不能先导水灌流。其次是重视用水矛盾的民间调解与协商，这一点与壮民族的文化习俗有关，有利于照顾各方利益和化解水纠纷。事实上，在壮族用水分配制度实践中广泛运用的"凹"状分水法、相关季节集体参加兴修水利工程、"水利会"等民间社团组织等，都属内部协商与调解的结果。最后是通过对农作物种植类型和品种的合理选择来调整水资源的利用与用水矛盾。

（二）壮族对水资源进行利用和配置的工具选择

壮族生活与生产地区土地与水热条件差异较大，因而不同地区的水工具选择也有着自身的特点。

就平原地区的情况而言，由于农业生产条件相对较好，再加之汉族人民的大量迁入，因而总体上看，这些地区的用水工具受汉族的影响较大，以至到明清时壮族也开始广泛使用诸如筒车、水车、溪河的导流引灌以及筑坝和修渠灌溉等汉族广泛使用的灌溉方式。

就丘陵地区的情况而言，尽管每年的降水量很大，然而因地形和储水条件的限制，农业生产的用水条件其实并不理想，因此，生活在丘陵地区的壮族对潭、塘流灌的方式就十分重视。当然，由于潭或塘的水面通常低于耕地，因此灌溉时仍需利用水车将水引往高处，再通过人工开挖的引流沟渠，分流灌溉。在水车传入壮族地区之前，天然的潭或塘大多得不到充分利用，只是明清之后，随着水车的推广，得到引灌的潭与塘的数目才不断增多。此外，由于平原与丘陵地区的高阜之地，因无法实现沟渠引灌与水车引灌，所以利用井水浇灌田地也就有了重要意义。

就山区生活的壮民而言，因耕田多分布在缓坡和谷底溪流两旁的小块平地上，再加之山区泉水资源丰富，因而有效利用泉水也就有了十分重要的意义。壮族先民所居之山地主要分为东部土岭和西部岩溶山地两种，因具体条件有别，因而彼此间的灌溉方式也有差异。相比较而言，在东部土岭山区，因山势较高，泉源高而旺盛，当地壮民只需自泉源处开挖浅沟作为引水渠，再利用涧泉中较大的石块阻挡水流，简单地抬高水位，使水流沿开挖的沟渠，依山势自上而下，实现层层浇灌。而西部的岩溶山地，地下暗流发达，地下水通过溶洞渗出地表而形成的泉水，即成为当地壮族灌溉的重要水源。

总之，从壮族的水资源利用和水利灌溉情况看，壮族对小溪小河的有效利用以及堤堰、渠坝、沟等附属水利设施的修建为稻作农业的有效开展提供了基础。情况之所以如此，不仅与明清以来壮族的水利工程技术状况相一致，而且也是壮族适应当地地理环境的结果。事实上，壮族生活之地尽管地形气候有别，但总体上看又均不乏丰富的地上和地下水资源，再加之不少溪河的河道浅窄，一般只需略加施工就可实现灌溉的目的。

（三）壮民族部族聚居区选择：水因素在其中的影响

应该说历史上，各民族在民族聚落村寨地址选择时都会把水环境要素放在特别重要的位置。作为岭南地区的世居民族之一，壮族村寨聚落的选择也不例外，对水环境的适应和考虑，也成了壮族民族聚落选择的关键性要素。

水因素对壮族村寨聚落点选择的影响主要体现在两个方面。首先是近水而居乃是壮族村落选择的重要原则之一。由于稻作生产和稻作文化对壮族的生存发展具有重要影响，因此村落选择时对水环境的重视也就成为壮族聚落点选择的关键性要素之一。历史上，壮族先民一般是沿江河溪水而居，而在没有溪河之处，则把靠近泉源作为其聚落选址的基本条件。至于岩溶山区的壮族聚落，就只能选在石山脚下的凹地边缘，这样便于通过聚水来满足生产生活的需求，也利于尽量拓宽耕地面积。其次是依山傍水而居对壮民族聚落选择意义重大。之所以如此，关键性的原因即在于这些地方虽无江河溪水，但有地泉来满足生活和生产用水。由于山林乃是涵养水源的重要基础，山林的覆盖情况决定着水源的状况，因此，历史上壮族先民不仅重视依山傍水，而且还十分注意保护居所附近的山林环境。

（四）壮民族对水资源的保护

作为一个稻作民族，壮族借助于自身对水资源的独特理解以及因此而产生的独特的水文化，其对水资源的保护已然达到了一个比较高的境界。

历史上壮民族对水资源的保护主要体现在三个方面：首先是祭祀龙王的民间习惯充分体现出了壮族人民对水资源的尊重与保护。广西包括都安、环江、龙州、武鸣、南宁、象州、天等、上林等地区在内的众多壮族地区均存在着祭祀龙王的习俗，鉴于此，丘振声在其专著《壮族图腾考》中即指出：因龙大多藏身深潭之中，因此，潭有可能就是壮族的古代图腾之一。其次是乡规民约中对水因素的崇拜和禁忌也无形中有力地保护了水资源。例如，在壮族地区，由于饮用水绝大多数直接来自溪泉和井渠，因此为确保井泉干净、清澈，在壮族的生活中存有很多与用水相关的禁忌。如，严禁在水源头和水井里洗手、脚、丢脏物，不准在河流、溪旁、田埂间大小便，其目的主要是为了有效地保护水质不受污染和保障全寨人的饮水卫生安全。最后是在灌溉用水上也形成了一些约定俗成的规矩，如共同修凿、维护水渠，防渗防漏，合理用水等。

第二节 壮族生产生活方式选择中的狩猎与畜牧行为分析

尽管稻作文化对壮民族的影响深远而巨大，然而由于农耕条件和农耕技术相对滞后，再加之不少壮民族生活在高山深谷，因此为维持自身的生存与发展，为增强自身对环境的适应能力与调节能力，壮族先民农耕之余，还将不少精力放在了狩猎与畜牧上。以至狩猎与畜牧不仅成了壮族先民生产生活的重要组成部分，而且也成了其适应和改造环境以及形成民族文化的重要形式之一。

一 壮民族狩猎行为中的环境适应选择

壮民族在人地关系适应过程中，狩猎与畜牧业作为重要副业也对壮民族的发展起到了至关重要的作用。不过，与其他民族的畜牧业不同的是，壮族畜牧主要是基于满足农耕生产和降低劳动强度的需要，而狩猎则一般是在壮族粮食生产无法满足基本生存需求的情况下，从自然环境中，获取野兽，增加食物，弥补粮食生产的不足。

（一）壮民族狩猎行为的演进过程

尽管壮族狩猎历史悠久，但由于清以前史料对壮族的狩猎记载较为简略，无法对各个时期壮族狩猎区域的变迁进行详细的研究和展现。尽管如此，我们在深入探讨壮民族的狩猎行为演进进程问题时，仍然获得了史料的支持。

总体上分析，宋代时，壮族狩猎占生产重要地位的主要有抚水州蛮与右江流域的山僚。①《宋史》载有：在抚水州蛮，"民则有区、廖、潘、吴四姓。亦种水田、采鱼，其保聚山险者，虽有镖田，收谷粟甚少，但

---

① 这些地域大致相当于今天的桂黔交界以及桂滇接壤的区域。

以药箭射生,取鸟兽尽,即徙他处,无羊马、桑拓"①。可见,当时的壮民族主要聚居区内,狩猎已成了壮民族生产生活的主要组成部分。宋时壮民有外出带刀的习俗,应该说其需求也包含有狩猎护身的用途。此外,当时分布在牂牁故地的西南夷也是"多种粳稻,以木弩射獐鹿充食"②。总之,宋时,广西宜州以西的红水河流域以及右江上游广大地区均是狩猎占重要地位的经济区域。

与宋时相比较,明代时,广西左右江流域的岩溶山区及红水河腹地仍是壮族狩猎的重要区域。例如,明时的左州等地农业生产较为落后,以至当时的镇安府就是"僻在诸峒,上雾下潦。……郡人田事之外无日不陵山阪涉涧,数射飞逐走,以相娱快"③。此外,分布在大藤峡罗运一带"幽崖奥谷"中的生伶人(壮族的一支)也是"不室而处,饥则拾橡薯,射狐鼠,杂峰蚕蚁蛆"④,而力山(今蒙山县)一带则"又有獞人,善传毒药弩矢"⑤,狩猎生活在当地壮民族中仍占重要地位。入清以后,随着农业垦殖的发展,壮族的狩猎活动在经济生活中的地位逐渐下降,同时,狩猎的地域范围和影响也逐渐缩小。尽管如此,桂西北与滇东南山区的壮民仍把狩猎视同为主要生产活动。不过,至民国年间,在各地壮族的经济生活中,真正的"以狩猎为生"的现象已不存在。总之,随着农业生产发展与生态环境变迁,狩猎在壮族经济生活的地位不断下降,同时,以狩猎为生的区域也不断缩小。

(二)壮民族狩猎活动演进的动因剖析

壮民族在生存与发展过程中,狩猎之所以占据了十分重要的地位,应该说绝非偶然。

首先,生产条件与生产技术的相对滞后乃是诱导狩猎活动频发的一个重要原因。事实上,历史演进过程即已无形中证明,无论是过去、还是现今,大凡生产条件较好和生产技术进步快的民族,因其农耕和其他

---

① 《宋史》卷四九五《蛮夷三·抚水州》。
② 《宋史》卷四九六《蛮夷四·西南诸夷》。
③ (明)苏濬纂修《广西通志》卷三十一《外夷志一》。
④ (明)田汝成:《炎徼纪闻》卷二《断藤峡》。
⑤ 《明史》卷三一七《广西土司一》。

方面的生产活动已足以满足其民族生存繁衍和发展的需求,再加之对环境和自然的认识往往又与民族进步和生产发展息息相关,因而狩猎活动在这些民族中不仅影响有限,而且进一步式微。相比较而言,生产和技术条件相对落后的民族因生活和生存所需,即便其能意识到狩猎活动的某些局限性,但是实践中仍会自觉与不自觉地提升狩猎活动的影响与重要性。历史上,壮民族的情况即是如此。自宋之后,壮族先民的生活地域不断向山区和平原周边的山地迁移,而恰恰是这些地区无论是可供耕种的土地面积,还是可耕土地的肥沃程度均无法跟平原与河谷地区相比,为维持自身生存与繁衍需求,农耕之余从事狩猎也就有了十分重要的意义。

其次,狩猎作为山居壮族的重要生产活动,其既是壮族在农业生产处于落后状态的重要谋生手段,而且也是壮族先民对农耕环境适应与改善行为的一种重要选择与补充。由于壮族所居的山区稻谷大多只能一年一熟,而且即便是种植芋、薯、苞谷等杂粮后也照样难以维持生计,再加之山区众多的野生动物对农作物造成的巨大危害,结果就更使产量不高的农耕生产"雪上加霜"。据史料记载,对农作物危害较大的野生动物主要有野猪类、猕猴类、鼠类以及山雀、野鸡等禽鸟类。而对人畜危害较大的则有虎、豹、豺狼等。史籍记载的野猪有两种。一称山猪,或称箭猪,主要践食薯类作物的藤茎与块根。对此,范成大在《桂海虞衡志·志兽》就记载有:"山猪,即豪猪,身有棘刺,能振发以射人。三二百为群,以害禾稼,州峒中甚苦之。"第二种是野猪,也是性情凶悍,食量较大且极贪婪,很多农作物都适合其口味,常十只二十只成群在夜间活动,践食农作物。《岭外代答》卷九《禽兽门》就载有:"懒妇,世传纤妇慵懒者所化,状如山猪而小,喜食禾苗。……安平、七源等州有之。"安平州在今大新县西,七源州今属何地,尽管说法有二(一属左江,二属右江),但仍可见宋代左右江流域山区乃是"懒妇"较多之地。清人屈大均在《广东新语》卷二十一《兽语·箭猪》载:"山猪,雄大而有力,口旁出两牙,长六七寸,甚猛利,肉味美多脂,以多食禾稻故也,一名懒妇。以机轴纤织之器置田间,则不敢近。"

猕猴类也有多种,平时喜欢成群结队活动,行踪飘忽,喜摘食水果、玉米等作物,因其性贪,进入畲地后,常把苞谷棒子摘下,却不能全部带走,而摘下的苞谷棒也未必已经成熟,故给农户造成的损失很大。鼠类主要有石鼠、仰鼠等;石鼠即鼯鼠,专食山豆根;此外,《岭外代答》卷九《禽兽门》还载有:"钦州有鼠,形如猪",称为"仰鼠",即鼢鼠,专食薯、豆、草根等。两种鼠类都好食粟豆、稻茎、谷穗和薯类块根。而山雀、野鸡、乌鸦等鸟类对农作物的危害则各不相同。麻雀主要是在稻谷、麦等作物即将成熟或收割晾晒后,吃食黄熟的谷子、麦穗。它们数十,甚至千百成群,不用多久便可将山上杂粮、稻谷等啄尽。野鸡则专门喜欢在播种时,啄食谷物、花生、玉米等农作物种子。乌鸦则喜欢啄食坡地里成熟的苞谷。此外,与野猪一样,危害庄稼的动物还有麂、獐、野象等。不论以上哪种动物,均会造成粮食减产,甚至绝收。鉴于此,为避免或者是有效地减少众多野兽对农作物的危害,同时,也为了满足日常生活的需求,狩猎即变得不可避免。因此,不少山居壮族将狩猎行为当成十分重要的保护庄稼和拓展种植空间的行为。

再次,狩猎工具和社会组织程度的进步也对狩猎活动的开展具有重要影响。一般而言,狩猎过程中,相关工具与技术决定着狩猎的方式选择和效果,同时也能影响农耕环境的变迁,而农耕环境的变迁,最终又会影响到狩猎活动的开展。从壮族使用的狩猎工具看,在火器广泛应用之前,刀、枪、矛、弓箭、弩乃是壮族狩猎使用的主要工具。明中叶之后,较为先进的火铳开始被逐渐推广并成为重要的狩猎工具。然而,清中叶之前,壮族所居的山区,因林木茂密,野生动物众多,狩猎只停留在对付飞禽或小型动物上,尚无力捕获体形较大的兽类。为了对付大型动物,壮族社会内部形成了集体协作、相互分工的"围猎"方式和实行平均分配猎物的狩猎制度。应该说这些制度既是对狩猎活动现实需求和民族生产活动习性的一种适应,而且也无形中提高了狩猎效果。

最后,自然环境条件也对狩猎活动的形成具有重要影响。事实上,壮民族的狩猎活动之所以在生产生活过程中占据着重要地位,相当程度上与壮族居住地周围的自然生态环境有关。通常情况下,农业垦殖程度越低、耕种面积越小,那么,原始植被就保存得越好,野生动物受到人类活动的影响就越小,因而也就越有利于野生动物的繁殖与发展;相反,农业垦殖程度越高，耕种面积越广，对原始生态环境的破坏就越大，野生动物生存受到人类的干扰也越大。历史上，壮民族生活的地区主要是人类活动和影响不大的深山地带，这些地区环境条件较好，促进了野兽的繁衍，因此，为补充农耕生产之不足以及为满足生活和生存之需求，壮族先民即自觉与不自觉地将狩猎活动提升到了很高的地位。

（三）壮民族狩猎活动的社会影响

基于对当时生产生活和环境条件的适应，壮民族的狩猎活动不仅在相当程度上适应了环境条件并拓展了农耕生产的发展空间，而且也还在相当程度上满足了自身的生存与发展需求，因而有着相当重大的积极意义。狩猎活动在一定程度上有助于改善山区壮族的农耕环境，尤其是通过"围猎"，还可以有效地提高民族的社会组织能力。但是，壮族狩猎活动在改善农耕环境的同时，也对周围的自然环境产生了一定的消极作用——首先，落后的猎捕方式不可避免地会对林木资源造成破坏。主要是在围猎大型的猛兽或捕捉行动敏捷的猿、猴时，由于工具落后而常需要出动大量人力将猎物包围在一定范围内，然后砍伐林木、挖掘沟堑和放火烧山……这些都对山林资源造成了破坏。例如，明代廉州捕猎野象时即要损耗不少林木，而王济在《君子堂日询手镜》中也记载有横州一带壮族围捕猿猴时就往往出动三百人将黑猿围在一座独立的山岭中，然后，"督邻村益夫二百，尽伐岭木，则猿可获"[1]。其次，落后的猎捕方式也极易使一些大型猛兽绝迹。实践中，由于在工具落后的情况下，每捕获一些猛兽往往是以杀死更多野兽为前提，以至最终导致了许多野生动物资源的锐减，甚至是灭绝。最后，过度的狩猎及其因此而来的毁林烧山活动也无形中导致了水资源，尤其是山水源头被破坏。

二 壮民族畜牧行为中的环境适应选择

（一）自然环境与畜牧种类选择

壮民族的生活地区应该是比较适合喜湿和喜水类家畜的饲养，再加之农耕生产对畜力的需求，因而在壮民族生活地区，无论是畜牧业的发

---

[1] （清）张堉春修、陈治昌等纂《廉州府志》卷二《舆地二·气候》。

展,还是畜种的选择都表现出了这方面的特点。

首先,牛在壮民族畜牧业发展中的地位是很高的。

农耕生产的发展离不开以牛力为代表的畜力应用。也正如我们前面所分析的那样,在壮民族生存繁衍过程中稻作农业占据了十分重要的地位,而稻作农业的最显著特点就是牛耕的广泛应用。壮族地区早在新石器时代就有牛的存在。作为耕作使用的牛,则是到西汉初年才开始出现。但当时因自身畜种的受制,不仅牛力难以满足需求,而且品种还需从中原地区引进。不过,这种情况到宋代时已发生了明显改变,不仅牛的数量能满足生产需求,而且还能向外输出。而到明清时,牛的使用和饲养就已进入了相对稳定阶段。

壮民族在牛种类的选择上也突出了自身的环境条件。壮民族生活地区属南方季风性气候,水热条件十分适宜水牛的繁衍。水牛在农耕上的力量优势也很明显。当然,由于壮族地区自然地理条件的差异,牛的牧养也有一定的区域差异。一般而言,分布在平原地区的壮族,因水田面积较大,溪河与池塘多,因此,为提高耕作效率,主要选择牧养水牛;而分布在丘陵山地、特别是岩溶山区的壮族,因梯田和坡地狭小,其大多选择牧养黄牛。此外,耕作制度的差异,也是壮族选择不同牛种牧养的重要因素。

其次,马、羊及猪等家畜的饲养也充分体现出了岭南地区的自然条件与壮民族的生活习惯。

就羊的饲养而言,壮民族在羊的饲养方面主要以山羊为主。之所以如此,关键性的原因即在于,山羊作为食草性动物,不仅生存能力强,而且爬坡能力十分适合于在山区放养。至于壮族地区饲养的绵羊,最早产于左右江流域,但数量相当有限,主要原因是岭南地区的自然环境条件并不适合绵羊生长。自宋以后,绵羊的饲养几乎不再见诸壮民族的相关史料记载。而就壮民族在饲养羊和马等家畜的数量而言,因各地区条件有别,数量也有一定的差别——从民国年间的统计数据看,广西壮族地区对马、羊的牧养,呈现出的地区差异为:桂东北地区牧养马最少,其次为桂东南地区与桂西南的左江流域;南宁、天保、柳州和百色牧养马匹较多。山羊的牧养大体相似,南宁、百色、天保、柳州、梧州较多,桂东北地区的桂林、平乐两区牧养数量较少。此外，从牧养马和山羊较多的几个区来看，都是当时壮族分布较多的地区，而且所在区域的岩溶山地面积均较大。

壮民族生活地区大多属山区地带，这些地区的交通十分不便，这时马的载驮优势也就有了十分重要的意义。马还能在农耕方面发挥出很大作用。壮民族所饲养的马主要是本地的小黄马，此类马一般体形小，但吃苦健行，因此用途很广。总体而言，宋时壮族地区产马数量并不多，本地所需马匹主要依靠从云贵高原地区贩运而来。相比于本地的马匹，西南蛮马虽体形矮小，不适于作战，但负重能力强，尤其是适合于在山区行动，因而有着广泛的适应性与应用价值。

就壮民族对猪的饲养而言，由于气候条件和稻作生产的影响，在家畜中，猪的饲养应是最有影响的。历史上，产于广西壮族地区的猪有花、黑、白数种。由于各地的饲养条件有别，因而无论是猪的种类还是品质都有着一定的区别。总体上看，山区饲养的猪大多周期长，形体小，多在百余斤左右；而平原丘陵地区饲养的猪则周期较短，形体较大，多在100公斤左右，甚至有150余公斤的。此外，桂西北地区的凌云、环江和巴马等地的香猪还因体形独特和肉质上佳而久负盛名。

（二）自然环境与畜牧方式选择

畜种选择除了需要考虑环境条件的影响外，在畜牧方式的选择与调整方面，壮民族也充分适应于环境条件和生产条件方面的要求。

首先是饲养方式的随意性。应该说明清以前，壮民族生活地区由于水草与空间条件宽松，再加之畜牧业在生产生活中的重要性并未得到充分体现，因而壮民族在畜牧业发展过程中便无形中选择了放牧方式。当时壮民族生活地区能威胁到家畜生存的虎、狼、豹等野兽尚多，因此，放牧过程中，壮族先民也逐渐加强了对家畜的保护。事实上，广泛盛行于壮族地区的"干栏式"建筑即含有对家畜的保护功能。不过，后来随着人口的不断迁入，平原丘陵地区开垦殆尽以及林地向边远山区后缩，以至于虎、狼、豹等野兽危害几可忽略，因此，至民国年间，放牧范围才有扩大。

其次是饲养方式随季节的变化而变化。由于不同的生产季节人们的劳动时间区别较大，因此，农闲季节大家往往选择"合作轮放"方式；在耕作季节人们又常常侧重于"圈养"方式。总体上看，前者一般在山区比较流行，而后者则是平原地区壮民族发展畜牧业的普遍选择，尤其是随着适合放牧地域的不断减少，"圈养"方式的地位便趋上升。

再次是畜牧业发展方面的"乡规民约"也充分考虑到了环境因素。突出表现在：第一，由于牛是重要的生产资料，壮族在牧养时，为便于耕作役使，一般会根据牛的习性而定期与不定期地开展"斗牛"活动——找面积稍大的空地让公牛相互争斗，目的主要是利于牛的役使和繁殖。第二，为规范畜牧行为和维持社会正常的生产秩序，壮民族关于畜牧业发展的"乡规民约"也不少。例如，清代时，宜州一带的壮族乡约就规定：牛、马践踏人家的庄稼禾苗者，除赔偿之外，另罚款二毫。而龙胜龙脊一带壮族先民于清道光二十九年（1849）所立的乡约也规定有：在牧牛羊之所，旱种杂粮等物，当其盛长之时，须要紧围，若遇践食，点照赔还。未值时届禁关牛羊践食者，不可借端罚款。田西县（今田林县）公民大会曾颁布公告：奉令遍种杂粮，禁止家畜践伤；驴队马帮放草，须用绳索紧绑；不许放牧田地，只许放牧郊荒；倘敢故违乱放，严拿从重罚钱。……各宜严管家畜，合力保护杂粮。实践证明恰恰是这些"乡规民约"对促进壮民族畜牧业发展和实现社会的稳定起到了较大作用。第三，在壮民族社会经济发展过程中，基于对畜力重要性的认识和对以牛为代表的家畜资源的保护，无论是地方政府，还是民间组织均对包括"盗牛"在内的相关损害牛类行为有严格的处罚规定。而同样是这些方面的规定也无形中强化了对畜力的保护。例如，万承土州（今大新县龙门乡）冯庄、潭岂两村的乡约碑中规定：偷家仓并牛马、鱼塘，罚乡规钱四千文，送钱三千六百文；而在环江，当地壮族则将偷盗耕牛行为列为大偷，并规定：如果人赃两获，则按犯者家产的多少，加以重罚，如果屡犯则处死，或送官究治；不仅如此，为追讨丢失的耕牛，壮族村社内部还形成了一整套相互协作的防范机制；例如，史料记载，壮人失牛，追牛迹所至，遇村落，则责村之甲老，曰牛至尔村，请为代缉。甲老追摄牛迹，又至一村，责亦如之。迭更数村，而牛迹漫灭不可寻，则曰匿此所矣。返报失牛之家，纠众往而大噪，必令最后所至之村赔偿乃已。

最后是人们对包括牛在内的家畜往往比较爱惜。由于稻作生产的影响和交通运输的需求，再加之饲养技术的滞后，在相当长的一段时期内，壮族先民对家畜，尤其是牛的珍惜程度是相当高的。基于农耕生产的实际需求，在壮民族的相关习俗中，牧养牛主要是作为农耕役使，而不是为了食用，以至在古代，多数壮族是不食用牛肉的。因为壮族认为牛为人辛勤劳作，于人类立有大功，杀牛要遭到报应，因而被习俗所禁忌。

此外，各地壮族每年所过的"牛王节"以及将牛作为婚嫁等重要活动中的重要礼品等，这在相当程度上体现出了壮族对牛的尊重和珍惜。总之，牛在壮族文化中，是很珍贵的。

（三）畜牧业发展中的人地关系剖析

作为壮族最为重要的副业生产部门之一，畜牧业的发展既体现出了壮民族适应环境和追求自身生存发展的精神，而且无形中也对壮民族自身的进步起到了重要的促进作用。

首先，家畜的多少体现出壮族家庭的财富状况及社会地位。由于家畜的财富象征地位，以至在壮民族生活地区的诸如婚嫁类重要活动时，以牛为代表的家畜就被视为最为重要的礼品。

其次，家畜的价格无形中反映出了环境条件对相关家畜的需求。以牛为例，水牛与黄牛相比，水牛价格明显高于黄牛，而一头黄牛的价格仅与一匹马的价格相近；因母畜可以产仔，所以其价格又要高于公畜。一般说来，牛马的市场平均价格既与产量的多寡有直接关系，也与其在当地壮族社会生产中的地位密切相关。进一步分析，民国年间壮族地区水牛的价格之所以普遍高于黄牛，"体大"当然是一个重要原因，然而深入分析，最关键处还在于水牛的耕作效率远高于黄牛。从水牛、黄牛的平均价格看，左江平原、右江平原和桂东北地区，黄牛的价格较为便宜，比差较大，说明体小力弱的黄牛，已不能很好地满足当地壮族农耕生产发展的需求。而从马与黄牛的价格看，各地山区马的价格普遍高于平原地区，说明马在当地壮族地区较黄牛更受重视。这与马既可用于耕地，也可乘驮是相适应的，同时也与山区黄牛牧养、繁殖较易，数量较多的状况是相一致的。①

再次，耕牛数量与种类变化也反映出了壮民族生活地区耕地垦植的变化情况。事实上，进一步分析又可得出：不同牧畜区域的形成，又是农耕发展与人地关系调节的结果。从壮族地区而言，尽管各地均具备牧养水牛、黄牛、马、羊及猪的自然条件，但选择牧养的畜种，往往差异明显：平原地区一般水牛占优，而山区地带往往是黄牛为主。

具体说来，由于广西的浔江－郁江－右江一线以南地区是水田的主要分布地，因而基于对畜牧发展的环境适应和稻作生产的需求，这些地区水牛的牧养就占据了主要地位。此外，由于上述地区土地开垦程度高以及牧地面积相对有限，因而牧养较少的水牛即可满足农耕生产之需求。相比较而言，居于垦殖程度不高的山区的壮族，则多以牧养黄牛、山羊为主，兼牧马。

壮族聚居的红水河流域与左右江流域以及桂北的柳江流域，由于多为岩溶地貌，石峰林立，耕地本就十分有限。随着人口的不断增多，这些地区的峰丛洼地及河谷两岸的缓坡低地多被垦为田地。而面积广大和较为陡峭的石山地区，尽管表层有少量的浅薄泥土，但因缺水严重，无法垦种，因而为适应环境和满足生活需求，选择牧养攀爬能力较强以及不与人争粮的山羊、黄牛，就成了增加收入、改善生活的重要途径。相比较而言，自融县－迁江－上林－百色一线以北以西的广大壮族地区，至民国间农业生产仍较为落后，需要以畜牧业以补充不足，故在岩溶山区，当地壮族较为注意利用石山环境，尽力发展黄牛和山羊的牧养。

最后，人口的增加乃是畜牧业发展的重要诱因。

自宋以来，随着中原地区人口的大量南迁以及岭南地区包括壮族在内的各民族人口的不断增加，导致耕地面积不断扩大以及对包括牛在内的畜力需求的大幅度上升，这是壮族聚居地区畜牧业发展的重要驱动力量；此外，随着人口的增长和人均耕地面积的趋减，通过发展畜牧业来满足生活需求也具有了更为重要的意义；而包括猪、牛等在内的家畜被视为财富的重要象征和重大节庆活动的重要礼品，也都无形中促进和刺

---

① 刘祥学：《壮族地区人地关系过程中的环境适应研究》，广西师范大学出版社，2013。

激了畜牧业的发展。当然,从另一层面上分析,农业垦殖的发展以及由此而来的粮食和饲料的增加,也为猪、牛的养殖发展提供了有利条件。

第三节 壮族生产生活方式选择中的居住环境改造分析

任何民族在生产生活方式选择与调整过程中,对居住环境的改造与选择都是一个十分关键的。事实上,居住环境的改造与选择既能体现出一个民族对周边环境的适应能力,而且也能在相当程度上反映出当地的人地关系现状及其彼此间的协调发展状况。作为岭南地区世居民族之一,壮民族的情况也是如此,其居住环境的特征与发展趋势在相当程度上勾勒出了壮民族对周边环境的适应与调整能力。

一 壮民族岩洞居住方式的环境因素分析

在民族起源与发展过程中,各民族或长或短地均有着自己的"岩洞居住"历史,这一点既是人类历史演进过程中难以避免的一个阶段,也无形中说明了岩洞居住方式对人类社会生存与发展的重要意义。作为岭南地区的一个世居民族,壮民族不仅与其他民族一样有着自身的岩洞演进历史,而且基于对自身生存与发展环境的适应,壮民族的岩洞情节可谓更为深厚。

由于壮民族生活的岭南地区喀斯特地形广布,在今壮族聚居地的柳江、红水河流域以及左右江流域的广大地区和桂江及贺江中上游地区,岩溶地形十分发达,石灰岩山洞广布,以至在相当长的一段时期内,壮民族都将岩洞作为自己重要的居住场所。

壮民族很早就形成了自己的岩洞居住文化,而且这个情形延续的过程还很长,一直到隋唐,各种汉文典籍中普遍存有对壮族先民百越民族穴居岩洞的记载。例如,《隋书·南蛮》中就有:"南蛮杂类,与华人错居……俱无君长,随山洞而居,古先所谓百越是也";另外,宋代的《太平寰宇记》也有:宜州"山川险峻,人民犷戾,礼异俗殊,以岩穴居址"。宋以后,尽管洞居情况有了改变,但山区中的壮族先民以岩洞为居住地的仍不少,这说明了山区壮民生产与生活水平的相对低下,也反映出了岩洞环境的相对便利。当然,壮民族对岩洞环境的偏好并非仅仅出于经济便利的考虑,事实上新中国成立后,政府还主动出资帮其修建了相当不错的住房,然而因"岩洞情结",壮民对岩居环境的偏好仍不同程度地存在。壮民族当中自称"布壮"和类似近音称谓的"布纵""布仲""布丛""布爽""埃松""文松""浑壮"等均含有"山洞人"或"住在山洞的人"的意思。而属于这一称谓的壮族人又广泛分布在广西操壮语北部方言的柳江、柳城、来宾、象州、忻城、宾阳、横县、贵港、都安、罗城、宜州、平乐、恭城、荔浦、阳朔、龙胜、三江、融安、融水、永福、武鸣、上林、河池、南丹、东兰、巴马、田阳、鹿寨、武宣、马山等县市以及操壮语南部方言的那坡、靖西、德保、上思等县和云南省的富宁、马关、广南等县,显然,照此推理,壮民族对岩居文明的认同就成了一个共同的理念和行为选择。

二　壮民族干栏式居住方式选择的环境因素分析

　　基于对自身周边生产生活环境的认识和适应,壮民族居住环境调整中的最大变化就是从"岩居环境"到"干栏式环境"的演进。"干栏式"建筑的最显著特征就是依山地而建,且分楼层格式,人畜分开,有利于防水、防虫兽及通风,因充分考虑到了环境特征和生活需求,因而在壮民族居住地区,这种建筑格式十分普及。

　　基于人地关系的视角,"干栏式"建筑之所以广泛使用,原因主要有三。首先,"干栏式"建筑能有效地防范猛兽的侵扰。"干栏式"建筑在一定程度上能增加猛兽侵扰的难度,《韩非子·五蠹》所载:"上古之世,人民少而禽兽众,人民不胜禽兽虫蛇,有圣人作,构木为巢,以避群害。"尽管时代有别,但"干栏式"建筑的效果与此相似。其次,"干栏式"建筑能有效地化解岭南地区的炎热潮湿气候,"干栏式"建筑,属于架空式建筑,利于通风,同时又多为木结构建筑,自然也便于隔避湿热。晋人张华在《博物志》称:"南越巢居,北溯穴居,避寒暑也。"由于壮民族生活地区湿热多雨,因而不少时间都是湿气较重,而"干栏式"建筑的木结构和通风特点又能有效化解这一不利。最后,壮民族的"干栏式"建筑也充分照顾到了当地的环境条件。一方面壮民族生活地区的耕地资源相对有限，而"干栏式"建筑因大多建于山坡处，不占用土地资源；另一方面，由于壮民族生活地区多为山地，而"干栏式"建筑因地势而建，其实也就顺应了环境特点，因而也就增强了其自身的适应性与合理性。此外，因就地取材，因而"干栏式"建筑的经济适用性也比较好。

总体上看，"干栏式"建筑无疑是有利于避暑防潮的建筑形式，然而因其多为木结构建筑，再加之壮民族多喜"毗邻而居"，因而也就难于防火。事实上，也正是由于意识到了防火的重要性，因此，壮族在建造干栏的过程中，总是尽可能地增加一些简易的消防设施。

第四节 壮族生产生活方式选择中的农作物种类与饮食习俗演进分析

壮民族在生产生活方式选择过程中，基于对自身人地关系的考量，壮民族在农作物种类选择和饮食习惯调整过程中也形成了自身的特点。

一 壮族生产生活方式选择中的农作物种植

壮民族在长期的农耕生产过程中不仅在生产工具的改造和使用方面取得了一定的成绩，而且还在农作物的种类选择方面积累了一定的经验。具体说来，在主要粮食作物的种植方面，壮民族充分适应了自身所处之自然环境并在此基础上形成了自身的特点和优势。

（一）水稻及其相关杂粮的种植

作为稻作民族，水稻的种植在壮民族发展历史上不仅影响巨大，而且对环境的适应也达到了一个较高境界。

也正如我们前面分析的那样，壮民族聚居地区因环境条件的差别，水稻和杂粮的种植也各有特点。一般说来，平原与丘陵地区的壮民不仅广泛种植水稻，而且一年一般可两熟到三熟，杂粮的种植相对较少；而山地的水稻种植不仅面积和产量有限，而且一年一般也只能一熟或两熟；此外，山区的壮民在种植水稻的同时，还会种植较多的诸如薯类、玉米和麦类等杂粮。不仅如此，壮民族生活的地区因环境条件有别，水稻的品种选择也有着一定的区别。例如，南宁盆地一带所种稻类即有粳、黏、糯三种；横州一带的壮人所种植的水稻则大多以舍禾为主；山区的壮民往往是水稻与其他农作物交替种植。总之，明清以来壮族主要农作物种植结构的变化，呈现出三个特点。首先，壮族作为一个以稻作为主的民族，水稻在农作物种植结构中的地位不仅一直没有动摇，反而随着人口的增加、垦殖面积的扩大以及农业生产技术的进步，其在农业生产中的地位越发巩固，尤其是在平原、丘陵地区，水稻的播种面积与产量均远远超过其他粮食作物。其次，玉米、红薯以及麦类等杂粮在种植结构中的比重，大致呈由平原、丘陵向山地不断提升的趋势。最后，壮族杂粮种植比重的差异与地理环境是相适应的。在海拔较低的平原丘陵地区，因日照时间较长，日平均气温高，灌溉条件好，水稻的播种面积较大，一般可实现一年两熟，局部地区可实现一年三熟。这些地区生产的粮食基本可以满足生活需求，所以，种植杂粮的驱动力较弱，实际种植也不多；相反，在壮族居住的山区地带，由于山岭以及林木的遮挡作用，日照时间短，再加之山多田少，水稻播种面积有限，不少地区一年只能一熟，粮食产量不高且在人口不断增长的情况下又无法满足生活需求，因此，就存在较强的杂粮种植的驱动力。例如，清代左江流域的养利州，峒地即已完全得到开垦，但所产粮食尤不能满足需求，只好向山上开荒种芋头等杂粮，赵翼有诗称："偌大空虚境豁开，如何都占石山堆；无多平地俱耕尽，争向山头种芋魁"；而崇善县，地势较高的西北各乡以玉米为大宗，芋头、红薯种植也较多，史称："芋头，崇善颇多，土人以此充食。……红薯，各乡种者极多，贫民赖此充食"；龙州县也是"番薯，有红黄二种，杂粮以此为大宗，民食利实赖之，各属均有出产，但以旱地为较多"。

（二）主要杂粮的种植与推广：以玉米、麦类和薯类作物为例

由于壮民族生活地区山地和丘陵面积占据了相当大的比例，再加之随着人地关系紧张所导致的生产生活压力的增加，适当扩大和重视玉米等方面的杂粮生产也就有了相当的必要性与现实意义。

就玉米的生产与推广而言，作为一种外来品种，严格说起来，明末才逐渐推广到广西的壮民族生活地区。由于明末清初时，壮民族生活地区的人口进一步增加，再加之可供开垦之土地又渐趋减少以及天灾人祸

第六章
壮族生产生活方式选择中的人地因素影响

等方面原因，水稻之外再种植适当比例的杂粮意义重大。在此过程中，对水土条件要求不高的玉米便得到了迅速推广。与玉米一样，番薯也属典型的外来品种，而且种植历史应早于玉米。番薯原本种植面积不大，且也不太受壮族先民的重视，然而，明中叶以后，由于广西地区自然灾害较多以及稻谷收成的锐减，人们的生活压力不断增加，再加之番薯对土壤和水热条件要求不高，不仅耐旱耐瘠，且可充粮，因此推广起来也就更易。总体上看，壮民族生活地区玉米和番薯的大面积推广已到了清代，当时，整个广西种植这两种作物比较广的地区主要集中在桂林府、平乐府、得州府、泗城府、廉州府、柳州府、庆远府、太平府、梧州府等地。此外，滇东南的广西府和广南府至迟也在乾隆、道光时种植了玉米和红薯。然而不同地域的壮民族对其重视程度和种植面积存有一定的差别——在壮族零星分布的桂林、梧州、浔州、郁林、廉州等府，由于水田较多和稻作农业发达以及稻谷产量较大，因而玉米、番薯在农作物种植结构中所占比重较低。相比较而言，桂西和桂北地区的壮民因水田较少和稻作农业受制因素较多，因而对玉米和番薯类杂粮的种植也就较多，以至这些地区干脆将玉米和番薯直接归入了当地的主粮选择范围。

就麦类作物的种植与推广而言，麦类作为一种外来作物，其在壮民族中的种植面积可以说很小。之所以如此，关键性的原因主要在于麦类作物对水热的要求远比玉米和番薯高，而壮民族生活的岭南地区终年高温且罕见霜雪，因此，麦类的种植与推广受到相当程度的制约。

相比于玉米和番薯种植，麦类作物在壮民族地区的种植历史要早得多。史载壮族先民种植麦类作物可追溯到唐代中叶。例如，史载韦丹为容州刺史时即"教种茶、麦，仁化大行"。但种植面积不大；至宋时，才稍得扩大；元时壮民族种植麦类作物的记载仍少见，明时麦类作物种植则明显增加。例如，嘉靖《广西通志》卷二十一《食货》就称："麦，有大小二种。包裕《麦黄歌》：大麦黄，小麦黄，家家男女登麦场；……男搏女打不辞劳，麦场堆积如陵高。烹鸡打饼饯先祖，沽酒擎尊娱父母。……荞麦"，可见明时，麦类作物的种植已不少。尽管如此，但因当时种植和食用方式的局限，大规模的推广种植情况并未发生。而清时随着种植技术的提高和人地关系的进一步紧张，壮民族对麦类作物的种植逐步扩大并开始不断向壮族所居的山区推广，以至于当时除桂林外，柳州府、梧州府，甚至是更南的南宁府与太平府等地也都有了较多的种植；而至民国年间，除少量壮族地区不种植麦类作物外，应该说广西多数地区都种植了麦类。

  总之，与玉米和番薯等作物相比，麦类作物从开始传播到被壮族所接受并成功推广开来，应该说，经历了近千年的漫长时间。麦类作物在壮民族生活地区的种植和推广既是壮民族生产和种植技术进步的重要体现，也在相当程度上体现出了壮民族生活地区的人地关系特征：首先，壮民族生活地区麦类作物的种植与当地的气候条件有着密切关系。桂北地区和桂中、桂南地区相比，麦类作物的种植面积要广得多，关键性的原因即在于桂北地区相对明显的四季变化和冬季较常出现的霜冻天气。其次，壮民族生活地区人地关系的紧张则是壮民族生活地区麦类作物得到推广的直接动因。宋以前，尽管中原地区已有部分汉人南下广西，但不仅总体人数有限，而且也并未对人地环境相对宽松的壮民族生活地区造成太大压力，所以，宋以前，麦类在壮民族生活地区就几乎没有什么影响和种植；不过，宋以后尤其是明以后，随着中原地区汉和其他民族的进一步迁入以及壮民族本身人口的增长，相对宽松的人地关系渐趋紧张，供生存需求的粮食压力也不断上升。于是，在南移汉族先民的直接影响以及满足自身生存和繁衍需求的背景下，麦类、番薯以及玉米等农作物在壮民族生活地区的种植逐步扩大，并进而在部分壮民族生活地区的口粮组成中占据了重要地位。再次，中原地区南迁汉民族生活习惯的影响也对麦类等作物的种植起到了推动作用。自秦朝统一岭南以来，中原汉族移居壮族地区的行为始终没有中断过，由于汉族移民习惯面食，再加之当时的运输条件还没法进行经常性的地区间粮食交换，因此，这些汉民一方面直接种植麦类作物；另一方面则通过政策和技术来引导、扶持壮民族生活地区的麦类作物种植。显然，壮族地区麦类作物种植的推广，一般又是与汉族移民推进呈基本一致的趋势。事实上，无论是明代，还是清朝，壮民族生活地区麦类等作物种植的推广基本上发生在大规模的"改土归流"之后。最后，种植的相对便利和加工技术的进步也对麦类等作物的推广与种植面积扩大起到了促进作用。与水稻相比，麦类的种植对水土的要求远比水稻要低,因而,对旱地资源相对丰富的壮族地区而言,选择种植麦类作物明显能更充分地利用日趋紧张的土地资源。作为稻作民族,壮民族对麦类作物习性的认识比较滞后,以至到明代时,仍有不少地区的壮民尚未掌握麦类作物的种植技术,其种植当然会受到很大的制约。清朝康雍之后,随着壮族对相关技术了解的加深,情况才得以好转。

二 壮族生产生活方式选择中的饮食习惯分析

民族关系与人地关系的适应过程,除了农作物的种植无形中需充分考虑到土地和环境因素的影响外,应该说,饮食习惯的形成也是适应和改造环境条件的一种自觉与不自觉选择行为的结果。

(一) 稻作文化背景下的饮食习惯

作为历史悠久和贡献突出的稻作民族,壮族饮食习惯几乎全部围绕着稻作文化而产生与发展。

1. 主食与副食的结构特征

壮民族的饮食结构,应该说无论是主食还是副食,均融入了相当多的稻作文化色彩。

就主食的结构特征而言,作为稻作民族,无疑米饭的主食地位是最为关键的。基于对环境和民族文化特色的适应与体现,壮族的大米类食物,有着具体品种和加工方式的区别,诸如根据粳米、糯米的特性加工而成的稻米食品在壮民族的食谱中就琳琅满目。此外,由于各地区生产条件有别以及由此而来的水稻产量的不同,也导致米饭在不同地区壮民中影响的不同。一般而言,平原及河谷等生产条件相对优越地区的壮民,因水稻可一年两熟至三熟以及产量相对较高等原因的影响,因而整个年度基本将米饭作为主食;相反,山区或其他环境条件相对受限地区的壮民,尽管米饭的主食地位是肯定的,但一年中仍需其他杂粮来充饥。

当然,总体上看,由于当时生产条件和耕作技术等方面因素的影响,再加之人地关系的日趋紧张,应该说,历史上绝大多数壮民族的生活,在饮食方面仍离不开其他杂粮的支持。

具体说来,壮民族生活地区较有影响的杂粮品种其一为粟,其二为豆、山芋等，而明代之后，随着玉米、番薯、小麦等作物的引进和推广，壮族的主食日益丰富。一般情况下，大米的做法或蒸、或焖，间或掺入板栗、南瓜、番薯、芋头、豆子做成板栗饭、南瓜饭、番薯饭、芋头饭、豆饭等，也可煮成粥；而糯米主要用来包粽子，做糍粑等；玉米既可水煮，也可磨成粉，制成玉米面、玉米糊等。相对而言，红水河流域与左右江流域山区，山多田少，稻谷产量有限，当地壮族主食中，玉米、番薯、芋头、粟、麦等杂粮就占了较大比重。

就副食结构而言，由于自然条件和民族风俗等方面原因的影响，壮民族的副食种类也很多。

首先，肉类副食方面，在壮民族中影响大的主要有猪肉、鸡肉、鸭肉、鹅肉、鱼肉、羊肉、狗肉、牛肉、蛇肉等。尽管如此，各地区因地域条件和环境差异的存在，对肉类食品的侧重也有差别。一般说来，平原地区和河谷地区的壮民不仅肉类消费量比较大，而且品种也比较丰富；沿海地区的壮族在肉类的消费上则侧重于海洋鱼类及其他海洋类动物；山区地带，人地关系紧张，主要肉食大多为通过狩猎而得的动物肉类。其次，在蔬菜类副食的选择方面，壮民族生活地区因水热条件比较优越，因而各地区差别不大；此外，山区壮民还基于自身的地域特点而将不少野菜列入了自己的蔬菜类行列。最后，在豆类和蛋类副食中，也体现出了壮民族对自然环境的适应与改造。粗略统计，明清时期，在壮民族生活过程中涉及的主要豆类作物品种有近十种，计有黄豆、南豆、黑豆、豌豆、马豆、架豆、绿豆、饭豆等。而根类和蛋类的品种也很多。

2. 粽文化内涵中的稻作文化因素

壮民族在饮食习惯演进过程中，不仅主副食选择中涉及相当多的稻作文化内涵，而且直接来自稻作生产和加工的粽产品，更进一步彰显出了稻作生产和稻作文化的巨大影响力和拓展空间。

作为稻作民族，水稻在壮民族中的种植可谓历史悠久。然而，也正如我们前面分析的那样，壮民族基于环境条件和民族信仰的差异而在水稻品种的选择上也形成了自身的一些特点。恰恰在此过程中，制作粽子必不可少的糯谷也逐渐地获得了自己的特殊地位。

与产量相对较高的、平时食用较广的籼稻相比较，糯稻不仅产量不

第六章
壮族生产生活方式选择中的人地因素影响

高，而且还因其在食用和消化方面的某些局限性影响，在人地关系相对紧张的情况下，壮族先民一般并不会大量种植这种糯稻。实践中人们之所以还会保持对糯稻的种植兴趣，解决口粮应该不是重要原因，相对较为关键的应是应对日常生活中的诸如节日或某些庆典活动时的特殊需求。在此过程中，基于糯稻利用基础上的粽子文化即应运而生。

不同于汉族只在端午节包粽子的习俗，壮族人民更注重的是在过年时包粽子，称为"年粽"。包粽子的原材料主要是糯米，但诸如绿豆、猪肉、盐、酒、五香粉、酱油等材料也均是比较重要的。粽子的形状一般是长条枕头状，所以又称"枕头粽"。包粽子主要是妇女的工作，以至在壮民族中，粽子逐渐成了展现壮族妇女心灵手巧的一个重要象征。

除了年节和其他喜庆日子，粽子是主要的喜庆食物外，粽子还是壮民族亲朋好友相互馈赠的重要礼品。一般说来，在壮族乡村，粽子在三种情况下是必须要送的：一是娶亲时，婆婆要亲手做一对大粽子，十多斤一对，让新媳妇春节带回娘家；二是刚建好新房的，次年不能包粽子，但在次年的年初二，近亲要给建了新房的家庭送粽子，一般是送两个较大的粽子；三是，如果家里有老人过世，次年家里也不能包粽子，而次年的年初二，亲戚们会送粽子，一般是送一个，送来的粽子放在堂屋的神台前作为供品。还值得一提的是，除粽子外，正式的祭祖扫墓少不了壮族五色糯米饭。

春节是广西壮族最隆重的节日，而壮族人民选择粽子作为春节期间的重要食品之一，其原因主要在于：首先，粽子乃是糯米文化的最直接体现；其次，粽子既便于保存，也方便携带，同时，由于有制作技巧的要求，因而作为礼品，也显得体面；最后，粽子的制作材料也相对容易获得。

（二）特色饮食方式内涵中的稻作文化因素分析：以食鼠风俗为例

作为岭南世居民族之一，基于对稻作文化的适应以及对所处地周边环境的反应，壮民族的饮食习俗中还存在着不少具有特色的饮食习惯，食鼠即是其中比较具有代表性的一个例子。

壮族食鼠风俗可谓源远流长，其最早可追溯至原始狩猎时代，这一点既与壮民族的生产力发展有关,也与壮民族所处环境有关。壮族地处南方亚热带地区,河湖纵横,林草广袤,山岭洞穴无数,野生动植物资源极为丰富,因而远在原始狩猎时代的壮族人民在利用河湖中的螺蛳、蚌贝等水生动物资源作为食物的同时,还广泛猎取陆地上的野猪、豪猪、麂鹿、竹鼠等各种动物。壮族食鼠风俗最早的文字记载应是宋代周去非的《岭外代答》。书中记载了壮族人"不问鸟兽蛇虫,无不食之"的饮食生活习惯。

总体上看,壮族食鼠风俗乃是一种很有规律性和季节性的饮食文化活动,其主要是在秋冬两季谷物收获、鼠害猖獗时进行。捕鼠和食鼠风俗,无形中对田间稻作和杂粮旱作,起到了很好的保护作用。不仅具有灭害效果,而且还由此保存了多种原始、简易、有效、无害的捕鼠灭鼠的方法和技巧,具有明显的实用功能和原始文化保存功能。事实上,以食鼠风俗为典型的壮族野生食异饮食系列也是与鱼羹稻饭饮食系列、禽畜副食饮食系列、杂粮果蔬饮食系列并行存在的,它们一起构成了壮族饮食文化的独特整体。

如果细加考察,我们还会发现,与壮族一样,在广西及其周边省份的许多其他民族,同样盛行食鼠风俗。这些地区的人们捕鼠、食鼠、忌鼠的行为、心态都十分相似。例如,湖南、贵州一带的苗族即有"灭鼠节"习俗,而各地瑶族流行的"挖芒鼠"活动也很有影响。相比较而言,壮族食鼠习俗的形成并非偶然,相反却是一系列因素综合作用的结果。

首先,历史上壮民族聚居地区的大中型猎物如野猪、麂鹿、兔子、野鸡等,并非随处可得,同时,飞鸟、虫蛇一类小型动物也并非随时可取,但诸如竹鼠、芒鼠、田鼠一类与人类伴随性很强的动物却随处可见且在捕猎时既不需要复杂的工具,也不需要冒险进行。

其次,鼠类的存在还是农耕经济和社会发展的一大危害。实践中食鼠就是"灭鼠"。由于早期的农业经济力量十分单薄,因此,鼠害便是生存的最大威胁,以至灭鼠是驱除鼠害威胁唯一直接有效的方法,而食鼠风俗便是这种行为方式普及巩固的最有效手段。

最后,食用鼠类习俗对身体的影响也很小。田鼠、山鼠,尤其是家鼠,本来是污秽不洁之物,但在山清水秀、人口密度不大、人群往来很少的壮族地区，一般不会出现带菌污染问题，所以人们并没有建立起禁食的观念。

总之，壮族食鼠风俗，绝不是一种单独残存的饮食文化现象，相反，其既是一种综合利用聚落周边环境生态资源求得生存发展能力的习惯延续，也是一种与食蛇、食狗、食虫、食鸟、食蛙等系列食异文化心理纠缠在一起的典型外显形式。这种形式的食异文化，乃是整个南方侗台语族、苗瑶语族和汉越结合产生的广东汉族共有的饮食文化现象。不仅如此，由于种种原因的影响，壮族野生食异文化系列已经逐渐脱离稻作文化系列这个核心，但是由于稻田所出螺蛳、青蛙、秧鸡、田鼠、蛇鳝、蚱蜢等副产品丰富，又使得壮族野生食异文化依然与稻作核心文化有着千丝万缕的联系。现代社会的发展，人口的急剧膨胀，环境污染加剧，现代传染病菌滋生，以至自然生态已经变得十分脆弱，各种飞禽走兽和水生动植物资源锐减。这种情况下，如果任由食异心态蔓延，将会严重凸显出它对自然生态环境的破坏。

（三）基于环境特征基础上的壮民族饮食方式选择的实证分析：以广西崇左地区为例

广西崇左市是 2003 年新成立的一个地级市，其下辖江州区（原崇左县）、扶绥县、宁明县、龙州县、大新县、天等县，代管县级市凭祥市；全市除宁明县外，各县、市、区的壮族人口均占当地总人口的 80% 以上，是广西壮族的主要聚居地之一。崇左地区的壮族先民不仅在生产活动中形成了自己的特色，而且在饮食方面也汇聚了壮民族饮食方面的不少习惯和特点。

崇左地区壮民族的饮食一般是每日三餐。总体上看，早、中餐比较简单，一般吃稀饭，而晚餐作为正餐，多数地区吃干饭，菜肴也相对较为丰富。

崇左地区壮族的主食主要是稻谷和玉米，再适当辅以木薯、红薯、芋头、小麦、荞麦、豆类等杂粮。例如，《崇善县志》就记载："起居饮食，地瘠民贫。若新河、通康、古坡各乡，山多田少，稻米出产寥寥，人民终岁多食包粟。獭湍、罗白、板利各乡，多旱田，中稳之年，谷米尚有不敷之虞，荒岁则人民多赖木薯杂粮以充口腹"，可见，稻米虽有出产，但杂粮的地位更重要；同样，天等县也是："食物以玉米、稻谷为主，次为薯芋蔬菜"；而《大新县志》则记载："本县人民以稻谷、玉米为主要粮食，辅以薯类、麦类、芋头"，杂粮范围更广；《广西通志》卷九十三更是说：向武土州（今天等县）"稻田无几，种水芋、山薯以佐食"，杂粮地位更是稻米无法可比的。由于该地区自然条件并不太适合于水稻的种植，再加之水资源和耕地资源的相对有限以及耕种技术的影响，因此严格说起来，水稻不仅种植面积有限，产量也不高，因而在当地壮族人民的日常生活中，玉米和番薯等杂粮占有很大比重。事实上，由于崇左壮族地区一般是一顺一寨、一峒一村，再加之"高山瑶，矮山苗，汉族住平地，壮、侗住山槽（峒场）"，因此，不少壮族村落往往选择较易种植的玉米等杂粮。如刘锡蕃在《岭表纪蛮》中所分析的那样："狸人据地甚广，其大部百谷皆宜"，而"蛮地田少山多，稻之供给力，远不及其需要之巨，故杂粮亦为其主要食品之一。其在百色、东兰、凤山、下雷、安平、养利、龙茗、镇结、宜北、都康、向武一带山乡，水冷石多，夙有'山多于地，水少于田'之谚，故杂粮之于此等地段，需要尤为急切。杂粮之种类，为高粱、包谷（玉米）、旱禾、薯、芋、南瓜、豆、麦等等；而包谷、薯、芋数种，尤为常食之物"。显然，在崇左壮族地区，壮民的主食以稻米和玉米为主，同时，芋头、红（白）薯、木薯、小麦、荞麦、饭豆、绿豆等杂粮的地位也十分重要。这与当地的人地关系和自然环境特征密切相关。

就具体的饮食方法而言，崇左地区的壮民由于稻米的产量有限，因此，其早餐、午餐一般多吃粥，晚餐才吃干饭。此外，由于大米比较难得，所以煮豆饭的现象比较普遍。当然，对于绝大多数地处山地的壮民而言，则一般又以玉米及薯类为主食。至于崇左壮族地区的副食，则是品种花样众多。以日常蔬菜为例，这方面除了京白菜（大白菜）、小白菜、油菜、芥菜、生菜、菠菜、芥蓝、落菜、萝卜、苦麻菜外，豆叶、红薯叶、南瓜苗、南瓜花、豌豆苗也均可以为菜。崇左壮族一般对任何禽畜肉都不禁吃。除猪肉、牛肉、羊肉、鸡、鸭、鹅和狗肉外，还很喜欢猎食各种野生动物。这种情况既说明了当时的自然环境中生存有大量的野兽，同时也说明了人地关系的相对紧张以及各类粮食的相对不足。

第六章
壮族生产生活方式选择中的人地因素影响

除了上述常见食品和饮食习惯外，崇左的壮民族生活地区还存在着不少有特色的食品和饮食习惯。首先，节日食品很丰富，其中比较有代表性的有：糍粑、松粑、五色糯米饭、粽子等。其次，特色菜肴也很好地体现出了当地的民族风情和环境特色。其中比较有代表性的有：生血、白斩鸡、鱼生以及各类酸味食品。崇左地区的酸味食品主要指酸粥、酸笋和酸檬，人们在日常生活中几乎很难离开它们。之所以如此，关键性的原因即在于崇左地区属于亚热带季风气候，主要特征是夏天时间长、气温较高，而酸味能很好地用于解渴消暑和消除疲劳。此外，广西崇左的大新县、扶绥县、江州区、天等县等地壮族群众，还喜欢吃食"酸肉"。由于历史上崇左地区交通不便，购物极为不易，而酸肉具有耐储藏的特点，可以随时取用，因而许多壮族人家均自制酸肉，储藏起来备用。最后，崇左地区壮族先民的各类风味小吃也充分体现出壮族先民的地域饮食文化特点。总体上看，崇左地区壮族先民有特色的风味小吃主要有如下几种：沙糕、米花糖、糯米甜酒、焖田螺、芋头糕、灌猪肠以及凉棕等。上述特色小吃尽管口味和做法有别，但其实又是不约而同地充分利用了当地的农作物资源和适应了当地的气候与环境条件。此外，崇左壮族群众一般多爱好喝酒，这一习俗也反映出当地的物产与资源情况。

还值得一提的是，崇左壮族还都奉行老人优先，尊奉老人的原则。日常生活中不仅路遇老人必须主动打招呼和让路，而且在饮食方面对老人更是照顾有加。崇左壮族的饮食活动，还体现出了当地民众强烈的祖先崇拜意识。事实上，崇左当地的许多特色食品本身就是祭祀祖先的供品。历史上，崇左地区自然条件差，山多地少，交通不便，地瘠民贫；然而，就是在这样艰苦的情况下，崇左壮族群众在祭祀祖先方面还是尽其所能；实践中，他们利用当地的各种资源，制作出了各色各样的祭祖食品，如粽子、糍粑、五色糯米饭、沙糕、白斩鸡等。

作为一门古老的学问，饮食既与人类的繁衍、兴衰密切相关，也与当地自然资源和环境紧密相连。如前所述，在崇左壮族传统饮食中，主食以稻谷和玉米为主，再辅以薯类、芋头、小麦、荞麦、豆类等杂粮；副食则包括多种蔬菜和少量的禽畜肉类。另外，广西壮族地区素有水果之乡的美名，宋代《桂海虞衡志》就记载了120多种，因此，甘蔗、菠萝、香蕉、芭蕉、荔枝、龙眼、梨子、柚子、橘子、黄皮果和杧果等各种水果在崇左随处可见。如果我们用现代的眼光来审视这种传统的饮食习俗，就会欣喜地发现他们的膳食模式是谷、杂粮、果蔬和禽畜肉类等混合食物，实现了膳食营养成分的合理搭配和相对平衡。

总之，作为稻作民族，崇左壮民与其他地区的壮民一样，既种植水稻、玉米、豆类、薯类、瓜类、果类，也饲养猪、牛、羊畜类和鸡、鸭、鹅等禽类，并在生产和生活的长期实践中，接触、认识和充分利用了各种可食用的野生植物和动物，故美食不仅风味甚多，而且也适应了当地的环境条件、气候条件和人地关系变化情况。显然，从上述角度分析，以崇左为代表的壮民族在饮食习惯方面也很好地体现出了自身的地域特色和环境条件的影响。

（四）简要的结论：饮食习惯变迁中的环境适应

应该说历史上各民族饮食习惯的演进并非自然天成和一蹴而就，而是在长期的生产和生活经验中逐步形成的。在此过程中，环境条件的影响又是最为直接和明显的。壮民族的情况也不例外，其饮食习惯的形成也是在长期的生产生活实践中通过对环境条件的不断调整适应而逐渐形成的。

首先，就酸辣与腌制食物而言，其形成和推广即是与环境条件相适应的结果。壮族先民喜酸辣及腌制食物的习惯，自古有之，且不论平原、山地，各地皆然，至今这一饮食习惯在壮民族聚居地区仍很流行。除我们前面所分析的酸粥、酸笋和酸檬外，酸肉、酸鱼及酸糟等酸制食品在壮族地区的影响也很大。壮族先民之所以对酸制食品和饮食习惯情有独钟，最关键的原因还是在于当地独特的气候。壮族所居的山区湿度较大，早晚较凉，同时，一年四季气候相对闷热，人在劳动中比较容易疲劳和易得风湿类疾病，而且因交通不便和贸易欠发达，食品的保存也相对较难。在此环境下，酸制食品既具有较好消暑降温和止渴生津的作用，而且也较好地解决了食物保存的问题。

其次，在壮民族饮食习惯中，主粮、杂粮以及相关水果的合理搭配其实也是对环境条件的一种适应。如前所述，在崇左壮族传统饮食中，主食以稻谷和玉米为主，再辅以薯类、芋头、小麦、荞麦、豆类等杂粮。

这一点恰恰就是壮民族生产生活环境下对粮食结构的合理调整。此外，甘蔗、菠萝、香蕉、芭蕉、荔枝、龙眼、梨子、柚子、橘子、黄皮果和杧果等各种水果在壮民族生活中的重要地位也无形中说明了壮民族饮食习惯的适应性特征。

最后，壮族先民喜欢喝粥的饮食习惯也是适应环境的一种重要体现。事实上，壮族不论贫富贵贱，均普遍喜爱喝粥，一般每天的早餐、午餐吃粥，有的地方甚至一日三餐都喝粥。喝粥习惯首先是与壮族地区炎热的气候相适应，由于处在炎热气候之下，人体蒸发量大，水分流失快，易渴，需随时补充水分，喝粥正好可以解渴消暑。其次才是节约粮食的需要，毕竟过去壮族地区，尤其是山区，粮食产量较低，不够食用，喝粥可以节省粮食，以度过荒月。虽然随着生产力水平的提高，粮食产量有了增加，但在气候条件变化不大的情况下，壮族喜欢喝粥之习依然流行。

第五节 壮族生产生活方式选择中的服饰变化与铜鼓艺术分析

在民族关系与人地关系的分析中，农作物种植情况和饮食习惯变迁当然是对环境条件变化的一种综合与系统反映，在此过程中，服饰变化与铜鼓艺术的演进也在相当程度上体现出了民族关系与人地关系深层次适应的内涵。

一 壮族生产生活方式选择中的服饰变化轨迹与内涵

应该说，历史上某一个民族或某一地区的服饰变化同其民俗风情的变化一样，既是民族深厚历史文化内涵的深刻反映又深受其所处的地理环境的影响。作为"时代性、民族性和地域性"三者的统一，服饰文明是在特定的历史和地理环境中发生、发展、演变的，而且还是该区域气候、地形、社会等历史自然要素直接影响的结果。显然，在探讨民族服饰变化和演进过程时，若离开了对该民族所处地域地理环境特征和人文历史的深入了解，也就很难得出符合历史事实和规律的结论。

（一）壮族服饰文明演进轨迹

从服饰的源头上讲，与其他南方少数民族一样，"卉服"是壮族的基本服饰。虽然历代史料对壮族服饰的记载不少，但明以前大多较为简略，明以后才逐渐变为详细。"卉服"一词最早见于《尚书·禹贡》，其中即有"岛夷卉服"之句。根据后世史家注释，卉服有两解：一为南方名叫葛越的布；二为草制的衣服。由于南方少数民族语言、服饰明显异于汉族，因而被封建统治者视作"鸟兽之族"。显然，后世史家常用"鸟言卉服"称之，带有明显的贬义。如宋人周去非《岭外代答》卷十《蛮俗门》记载了广西地区壮族先人——"蛮"人衣服的用料，"性理苟简，冬编鹅毛木棉，夏缉蕉、竹、麻、竺为衣"。而明人则进一步发挥为"冬编鹅毛杂木叶为衣"，以彰显其鄙陋、落后。

壮族服饰的历史和壮族历史一样悠久，其历史可追溯至新石器时代；而到了周秦之际，壮族先民的服装则已基本定型：上穿左衽、短袖、无领短衣；下身穿"通裙"，一年四季打赤脚；"左衽"式衣服保持的时间比较长，以至到唐代时还在壮民族生活地区广为流行。到宋代时，头戴白头巾，则成了当时广西东南、北部湾沿海地区与今南宁以西的左右江地区壮族先民的基本装束。明代，尽管基本装束变化不大，但南部地区壮族妇女的短衫长裙已得到推广。顾炎武在《天下郡国利病书》中记述道："壮人花衣短裙，男子着短衫，名曰黎桶，腰前后两幅掩不及膝，妇女也着黎桶，下围花幔。"显然，这就说明当时壮族男女服装已大致相同，均着短衣短裙；应该说这样的一种变化和改进大概与南方气候炎热和经常下水田劳动有着必然的联系。到了清末民初，刘锡蕃在《岭表纪蛮》中又对壮族服饰作了比较详尽的描述："壮人男女，从前俱挽髻，服饰亦奇特。有斑衣者，曰'斑衣壮'，有红衣者，曰'红衣壮'，有领袖俱绣五色，上节衣仅盈尺，而下节围以布幅者，曰'花衣壮'，又有长裙细折，舞花五彩，或以唐宋铜钱系于裙边，行时其声叮铛……"总之，到了清代后，壮族服饰无论男女，基本都是头上挽髻和包头，上身短衫，衫长仅及脐，下身着短裙或百褶长桶裙，同时，衣领、衣袖、下摆以及裙子也均用五色线绣上各种花纹图案。

总之，作为最显著的族别标志，壮族服饰发展过程中主要体现出了两方面的特点：一是壮族服饰的汉化发展趋势及其由此而来的鲜明的装束特征；二是用料的改变。这两种变化相比较，前者乃是壮族适应儒家文化传播的重要结果，而后者则主要是经济社会发展的必然产物。壮民族服饰"汉化"说明了汉民族文化的巨大影响力；壮族服饰用料的变化，则主要是光绪年间以后，随着纺织技术的快速发展以及洋纱洋布的大量流入，壮族地区弃用土布和采用洋布的现象也逐渐多了起来。但因地域和经济发展程度有别，洋布的流入及其使用，不同地区的壮民仍有较大差别。

（二）壮族民族服饰文明演进原因

历史上，壮民族与其他民族一样，其民族服饰的演进也是气候、生产、生活以及其他系列环境条件综合作用的结果。

1. 壮族服饰文明演进的自然地理环境影响

依照文化生态学的观点，文化形态的形成与演变首先是人类适应生态环境的结果，而服饰作为人类改造和适应环境的重要成果，当然其发展与变化也不可能离开周边环境条件的特点与要求。事实上，壮民族服饰特征的形成也是与地理环境条件和生产发展需要相适应的结果。

首先，湿热和多雨的自然环境对壮民族服饰特征的演进有着重要影响。由于壮民族生活地区大多终年高温湿热，再加之一年四季降水较多，因此服装款式就多为开放裸露式，四季变换不分明且以简单凉快为其重要特点之一。不仅如此，壮族先民断发文身的习俗也是为了适应南方温热的气候和方便从事渔猎活动的需要，同样，因天气炎热，服饰中的颜色往往偏重于有遮阳效果的黑色和蓝色。此外，壮族多注重头饰和以布包头，其功能主要在于防晒的需要。其次，山地生活环境也对壮民族的服饰变化有较大影响。由于历史上不少壮族的生活环境以山地为主，而山地劳作又以短身装束为便利，所以在壮民族服饰调整中，简单和宽短慢慢成了服饰变化中的主要特征。此外，山区环境和劳动需求也使得壮族对黑、蓝土布"情有独钟"。最后，自然环境的色彩特征也在壮民族的服饰中得到了充分的体现。由于壮族大多生活在风景如画的岭南山区，这里蓝天白云、青山绿水、红花绿叶，恰恰是这样的一些美丽的自然景物成就了壮民族服饰中各种装饰图案的主要素材。

2. 社会生产力进步对壮民族服饰变化的影响

生产力的进步不仅是一个国家、一个民族社会经济发展水平的重要标志，也对各民族服饰的形成和发展起着决定性的作用。事实上，以物质形态存在的壮族服饰，它的发展必须依托于纺织印染工艺技术水平的提升。进一步分析，其实又不难发现，在壮族服饰的长期演变过程中，其原料选择就经历了从树叶、树皮、竹皮、羽毛、兽皮到人工纺织的麻布、棉布、丝绸和现代化的化纤产品的发展过程，而制作过程中人们最初仅以骨针拼凑兽皮，然后再到掌握了挑花、刺绣等各种装饰工艺。显然，这样的一种服饰由简单走向繁丽的过程，无形中反映了壮族生产力发展的相应水平。总之，纵观壮族服饰发展史，从其"断发文身""项髻徒跣"到"短衣短裙"或"短衣长裙"，再到"对襟唐装"，直至当今服饰的多元化，表面看是服装风格的变化，实际上反映的却是服装面料的生产水平和制作工艺的变化，尤其是织物原材料的多样化和纺织印染技术的进步，更为壮族服饰的多元化高品质发展以及服饰文化的变迁提供了充分的物质条件并最终影响到人们的价值观念和审美意识。

3. 壮民族服饰文明演进中的人文地理因素影响

服饰演进的过程，无形中体现出了社会文化的历史痕迹。

在服饰习俗的发展和演化过程中，除了自然环境发挥着重要的制约作用外，时代、社会、民族、阶级等因素的影响也不能忽视。从历史上看，因社会文化环境变化而引起服饰的变化以及历史上的分合迁徙所导致的变服从俗之事常有发生。事实上，汉唐以来尤其是近代以降，在大量吸纳与融合了各民族外来文化优秀成果的基础上，壮民族才得以形成今天的服饰文化。民族服饰在历史与现实中的"变服改饰"的现象主要有两种类型：一种是适应性的；另一种则是强制性的。总体上看，壮汉文化长期的交流与融合，最终导致了包括服饰在内的壮族文化的普遍汉化，其实，从三国至清代，汉族的椎髻发型就一直在壮族地区盛行，宋代以后，壮人的左衽衣也逐渐改同汉人的右衽衣。此外，自古以来，壮人即有跣足习俗，不袜不履，但明代时开始有壮人穿草履的记载。如史载，清代白山司（今属马山）的壮人就是"平日皆跣足，遇年节及喜庆宴会，男着袜履，女蹑花鞋，悉以布为之"。可见，当时在壮人中，鞋袜也已不是稀有品。壮人因平时需要参加田间劳动，所以穿鞋只能是在冬闲或年节嘉庆日，但它毕竟反映了壮人衣履向汉人学习的一个趋势。此外，这一时期由于汉文化的传播以及儒、道思想和壮族民间宗教观念的交融，在一些壮锦及刺绣织物上，除花鸟虫鱼、龙凤吉祥等图案外，"神仙保佑""长命百岁""麒麟在此""吉庆平安""寿"等彩锦汉字也开始大量出现，这一点也无形中体现出了壮汉文化融合的特点。壮族除深受汉族服饰文化的影响外，也吸收了相邻或与之杂居的其他少数民族的服饰文化，例如，与侗族、苗族杂居的贵州从江壮族，其服饰就受到这两个民族的影响。贺县南乡壮族妇女的头饰也融合了瑶族妇女头饰而形成了自己独有的特点。相比较而言，强制性变服主要是指统治者出于政治或军事目的而强迫人们改服变饰的一种做法，一般多见于社会动荡与政治斗争激烈的年代。历史上壮民族服饰除了体现在与其他民族的不同特征上，还体现在壮民族不同阶级间的区别，例如，清朝土司在广西那坡县就规定："壮族土民的衣服只准穿蓝黑两色，土官及其亲属穿绸、缎料子，读书人可穿灰、白色，考中秀才者，可和土官一样穿大襟长衫马褂。普通的男人服式，上穿大袖无领、小襟或对襟短衣，下穿宽筒长裤。妇女服式是大襟长至膝盖略上，细路从领口往腋下开；中青年妇女的上衣在胸前和袖口用不同条布装饰，蓝黑相间，纽扣分为布结扣、铜扣、银铃扣和玉扣等几种。"

总之，在壮族服饰变迁的历史进程中，自然环境是服饰产生与演变的制约性因素，经济的发展则对服饰变迁起决定作用，政治的变迁和政府的强制作用则对服饰变迁起到了由旧向新的导向作用。同时，群体性的社会心理、社会上的流行效应等也是服饰变迁的重要诱因。作为人与自然环境相适应的必然结果，壮民族的服饰调整在很大程度上受到人地关系的影响，以至最后，壮族服饰在历史演变与地理环境相适应的基础上，形成了"以蓝黑色衣裙、衣裤式短装为主"的特点，也造就了壮族独特审美观念和宗教风俗习惯的服饰文化景观。

（三）壮族服饰中壮锦的自然与文化内涵剖析

壮民族服饰中除了基本的结构造型形成了自己的特色外，服饰上时常出现的壮锦也从另一角度反映出了壮民族的自然与文化观念。

尽管因生活环境不同，各地壮民族服饰会有所区别，然而基于对共同文化的认同，壮民族服饰上的共性其实十分明显——妇女多着短衣裙，服色以青为主，衣裙上或绣以花线，或饰以锦边。壮民族服饰除造型特点外，服饰的锦边或锦绣图案装饰也成了其与其他民族服饰相区别的重要特征。

壮锦是壮族的传统手工织锦，它不仅具有一定的使用价值，而且还具有一定的装饰作用，因而在壮民族中广为流传。壮锦在壮族服饰中还具有区分族别、区分支系及地位的功能。例如桂西一带壮族："平日皆跣足，遇年节及喜庆宴会，男着袜履，女蹑花鞋，悉以布为之。而绫锦绸缎，富绅家或间用之，若僻远村民，则有终其一身未一睹者"；同样，清朝时的沈日霖也在《粤西琐记》中云："壮妇手艺颇工，染丝织锦，五彩斓然，与缂丝无异，可为裀褥。凡贵官富商，莫不争购之"；由此可见，明清时壮民族生活地区一般只有富商及做官之人才可穿着壮锦，用以区分身份及地位。由于受壮锦生产工艺与工具的影响，当时织造的产品不仅品种不多，而且产量不大，只能在头巾、衣服的领口、袖口、裙摆、腰带、背带、裤边等处点缀装饰。明清之际，随着壮族社会经济文化的发展和壮族地理分布的最终形成，壮族各地的壮锦纹样也有了新的发展。例如，在广西壮族自治区的桂西南一带，养利州就是"男花巾缠头，顶饰银圈，青衣绣缘，女环髻遍插银簪，衣锦边，短衫系纯棉锦裙，华饰自喜"；桂西一带，庆远府壮族妇女"身着青衣，衣多缘绣，亦止及腰，内络花兜，敞襟露胸以示丽"，"裤短而裙长，不裤者半焉。群色皆深青，亦以缘绣"；桂西北一带，融县壮族"男花布缠头，女项饰银圈，衣缘以锦花褶绣，履时携所织壮锦出售，必带竹笠而行"；桂东壮、汉杂居地区，永淳"僮妇高髻，上覆大笠，跣行乱石丛苇中若飞，胸著锦兜花裙，裙边系唐宋铜钱，叮当有声"。

壮族服饰中壮锦图案纹样大多反映的是壮族对自然景物、图腾的热爱，充分表现了壮族人民的生活情趣及对美好生活的向往与追求。壮锦传统图案大都选自生活中可见之物及带有吉祥之意的龙、凤、花、鸟等，体现出了浓厚的自然文化特色。事实上，不论是花崇拜、龙凤崇拜，还是鸟等动物崇拜，对于壮族先民来说都是可以带给他们幸福、吉祥的事物，他们将愿望及理想寄予服饰的图案中，希望生活美满并拥有自然界的神秘力量。另外，壮锦中比较常见的"二方连续和四方连续的编织方法"其实也蕴含了对自然环境的认知和反映。总之，壮锦通过服饰这个媒介将壮族特有的图案纹样展现出来，突出地表现了壮族服饰注重实用功能，顺应周围环境以及与自然协调和谐的特点。

广西地处亚热带，阳光充足，四季葱绿，自然景物色彩浓郁艳丽，这一点使得壮族对自然界绚丽的色彩有着深切的感受和浓厚的兴趣，并影响着壮族人民特有的色彩审美心理。而这种心理体现在壮族织锦颜色的选择时就倾向于暖色、纯色，以红、黄、橙等暖色相组合搭配，表达温暖、活跃、吉祥的意义。

（四）壮民族服饰变迁环境影响特征的实证分析：以广西黑衣壮为例

尽管壮民族服饰的共性特征十分明显，然而因各地区壮族生活地区的气候与环境条件的差别，各地区壮族在服饰上也就存在一定的差别。我们下面以广西的黑衣壮族的服饰特征为例来加以具体说明。

作为我国人口最多的少数民族，壮族主要聚居在广西壮族自治区境内，而隶属于壮族支系的黑衣壮则主要聚居在位于广西西南部的那坡县大石山区，总人口51800多人。由于受其生活环境和生活习惯的影响，黑衣壮至今仍保留着很多古老的传统习俗，故而被认为是壮族中保留民族特色最完整的支系，素有壮族"活化石"之称。据族谱记载和传说，黑衣壮族祖先原居住在广西邕江流域附近，自宋朝时从邕州（今南宁市）一带迁居而来。

黑衣壮人崇尚黑色，以黑为美，其服饰一律采用蓝靛染制的黑色服饰。这里还有几个黑衣壮人祖祖辈辈流传下来的动人传说，相传他们的祖先遭遇外敌入侵，首领带领族人抵抗，不幸受伤，他指挥部族成员安全转移，自己隐蔽在深山老林中。为了疗伤，他随手抓了一把青绿的野生蓝靛叶搓烂，敷在伤口上，没想到消肿止痛，伤口很快愈合，并且恢复了体力。后来首领带兵重上战场，击退敌人，保卫了自己的家园。还有一种传说，是讲这位首领梦中得到老祖宗的启示，让族人采集蓝靛叶制成染料，将手脸，衣裤和刀枪染黑，俨然天降的一群黑神，趁天黑潜入敌营，大举反攻，最后转败为胜。于是，黑衣壮首领就把野生蓝靛当成神物来纪念，命令族人移植野蓝靛，号召全部族人一律穿用野生蓝靛染制的黑色衣物，而且世代相传，延续至今。虽然这些都是传说，但黑衣壮的这种服饰特色还是适应了当地地貌和干热气候的特点——男人穿的是前盖大襟上衣，与宽裤脚、大裤裆的裤子相搭配，这种装束便于在山间的生产和生活，也便于散热；妇女的服饰主要是穿右盖大襟和葫芦状矮脚圆领的紧身短式上衣，下身穿宽裤脚、大裤裆的裤子，腰系黑布做成的大围裙，头戴黑布大头巾，其围裙既宽且长，裙底垂到小腿下部，围裙不仅作为装饰，而且可以作为劳动工具，走亲访友时，可将围裙翻卷上来做成小包袱，用以包装和盛装物品。黑衣壮妇女的头巾是一块自纺自染的长条黑布，扎头巾时，先在头上绕一圈，然后再翻折摆布成大棱形的图样，罩在整个头上，然后把头巾的两端分别挂到双肩上。还值得一提的是，她们的衣边、衣角、袖口、裙边和头巾的四边都用各种颜色的丝线绣成波浪形的线条，看上去朴素美观。如今黑衣壮的服饰已成为其族群特色标志之一，而"黑衣壮"之名也由此而来。

二 壮族生产生活方式选择中铜鼓文化的环境内涵

铜鼓是壮民族智慧的象征，深具东方艺术特色，因而成为世界文化艺术宝库之珍品。

铜鼓，壮语称作"宁董"。壮族全民崇鼓，因而也是使用铜鼓最为普遍的一个民族，可以说，铜鼓至今仍"活"在壮族人民社会生产和生活之中。

关于铜鼓的相关情况，范晔的《后汉书·马援传》中就有"援好骑，善别名马，于交趾得骆越铜鼓"的记载。在古代，铜鼓只为部族头人或酋长所拥有，主要用于祭祀、典礼、召集部众和指挥作战，因而也是掌握和行使统治权力的象征以及地位和财富的重要标志，不过，后来情况渐趋变化，铜鼓逐渐变成了壮民族民间活动时的重要工具之一。

在壮族思想中，铜鼓结构与天地结构有着惊人的相似——鼓面代表天空，鼓身代表大地，鼓足代表下界，铜鼓就是世界象征之物。此外，铜鼓上铸有的青蛙、雷公、太阳、云纹、雷纹、云雷相间纹、水波纹、双龙戏珠纹、鱼头纹、龙舟竞渡纹等图案，其实都是自然界各种自然现象和环境的直接体现。还值得一提的是，上述基于自然环境特征的纹饰图案，不仅仅是为把铜鼓装饰得典雅庄重、漂亮，更重要的是这些图案和纹饰被用于记录古代关于人与天地万物相互联系及相互交往的神话。历史上，壮族先民一直都把宇宙视为一个整体，而铜鼓就是人与天地相沟通的重要神器——例如，壮族铜鼓上的太阳纹，就是对太阳崇拜的反映；云雷纹既象征着圣人的恩泽，也象征着雷神崇拜；青蛙浮雕更是具有异常深刻的文化意蕴——壮族人认为青蛙是雷王之子，是沟通天上人间的使者，每逢雷公从天上降雨，青蛙就在田里日夜叫喊。显然，铜鼓的文化蕴含，归根结底反映的是壮族先民对自然环境的敬畏与崇拜。

进一步分析，铜鼓其实还是源于稻作文化的一种艺术体现，尤其是铜鼓上最普通、最广泛运用的青蛙纹饰和青蛙浮雕，更能直接体现出稻作文化的实际内涵和特征。

第六节 壮族生产生活方式选择中民间信仰的环境内涵

在长期的生产生活过程中，壮族人民不仅创造了丰富多彩的物质文化，而且还形成了自己独具特色的民间信仰。这些民间信仰深层次体现了壮民族人地关系的状况。

一 壮民族民间信仰的生态内涵

（一）民间信仰中自然崇拜的生态内涵

壮民族民间信仰中的自然崇拜尽管包含着十分丰富的内涵，但其中影响最大的是生态伦理内涵。

1. "物我合一"自然崇拜中的生态伦理展现

在壮民族的民间信仰中，基于对自然规律和自然力量的崇拜和敬畏，壮民族将"物我合一"思想中的自然崇拜现象提到了一个相当高的位置。事实上，壮族信仰中崇拜的雷、蛙等不仅充分展现了"使非生物生物化和将生物人格化"的和谐生态伦理的特殊性，而且还将爱的准则体现在自然物之间以及自然物与人之间。由于壮族先民将青蛙视同为保护农耕生产的神的"化身",因此,现实生活中,对青蛙的任何伤害都被视为一种不可饶恕的"冒犯"。例如,壮族民间信仰中就有:锄地不慎锄死了小青蛙,就要做个小坟把小青蛙埋葬,并向老天发誓自己不是有意的,以祈求雷公原谅。壮族人民认为:花与壮族始祖米洛甲两者之间可以互化,① 因而它们是一而二、二而一的,所以在壮民族中,对花婆的信仰和尊敬即成了自身民间信仰的重要内容,这种信仰渗透着一种深沉的"报本还恩"思想,而恰恰是这种报本还恩的思想,对于协调人与自然的关系以及协调人与人的关系具有重要影响。此外,壮族先民中广泛认同的"树木崇拜和山林崇拜",也体现出人们对自然环境条件的崇拜和尊重。总之,壮族民间信仰中的上述自然崇拜现象,不仅体现出人类与自然界的一种"契约关系",而且还体现出壮族人民保护生态环境与合理有效地利用自然资源的社会道德风尚。

2. 行为选择和约束中的环境要求

尽管壮民族社会经济发展水平不高,然而对自然环境现状和发展规律的尊重始终贯穿于壮族日常行为中的方方面面。壮族民间限制人力对自然生态系统破坏的种种信仰禁忌,无形中协调了人与自然的平衡关系并在此基础上促进和保障了壮民族社会经济的持续健康发展。历史上,壮族聚居之地,往往都有自己的"龙山",而"龙山"茂林修竹,遮天蔽日,并禁止人员上山挖地、砍伐、狩猎。此外,壮民族崇拜水神和爱护水源之俗,也成为壮族健康生活的有力保障。

总之,历史上壮民族在进行土地开垦、水源利用、树木砍伐、石山开采等活动时,都借助神灵之威来阻止人们的短视行为,使人与自然环境间的关系达到相当程度的和谐。正是这种超自然神灵的震慑、民间禁忌的约束,使自然内化为人们心目中根深蒂固的环境保护意识和生态道德。

---

① 在壮民族心中,米洛甲作为人类(壮人)的始祖母以及大地的母亲,其是从花发展而来,同时,又反过来掌管一切花;由于神话传说米洛甲乃是由九十九朵鲜花聚拢而成,因此,其也被称为花婆。传说米洛甲管花山并栽培了许多花,她送花给谁家,谁家就生孩子——她送红花给谁家,谁家就生男孩,送白花给谁家,谁家就生女孩。

3. 壮民族始祖崇拜中的环境内涵

历史上，壮族先民将布洛陀崇奉为自己的创世神、始祖神、宗教神和道德神，并遵从其旨意来调解人与自然、人与社会、人与人之间的关系，最终求得自身的生存和发展。

布洛陀祖神崇拜中所体现的自然环境影响主要表现在三个方面。首先，布洛陀祖神崇拜促进了人与自然关系的全面发展。其次，布洛陀始祖崇拜强调了了人与自然和谐相处的重要性。由于壮族地区地处亚热带，每年干旱情况时有发生，因此为了满足稻作生产的需要，布洛陀祖神崇拜就有了较多与太阳进行抗争的神话。最后，布洛陀祖神崇拜还赋予了合理改造和利用自然的内容。事实上，壮人在生产生活中一直认为，土地不仅生万物，还能生人，于是，他们敬畏土地、爱惜土地并崇拜土地。因此，历史上壮族人民尽一切可能去利用土地，以至山间有土之地均开拓为梯田，凡有水的地方都挖掘水沟。梯田虽小，耕作不便，但却在一定程度上保护了植被面积、防止水土流失、巧妙变自然生态系统为农业生态系统。

（二）壮族民间信仰中的人与自然紧密联系的双向依生范式：以花婆神话为例

壮民族的民间信仰中，无论何种内容的信仰，都在不同程度上融合了人与自然关系及其对自然力量的崇拜与尊重。同样，在壮民族中影响极大的花婆神话，其内涵也自始至终贯穿了对自然理论的尊重及其对人类相关活动的约束。

根据蓝鸿恩《神弓宝剑》的记载，壮族历史上创育天地与人的始祖米洛甲乃是由鲜花生出的，其后她用尿和泥造人。当时，米洛甲抓起大地，鼓的成山，凹的成河，抓得杨桃的成为女人，而抓得辣椒果的则成为男人。[1] 因为米洛甲所具有的巨大的生殖功能，因而其就被壮族奉为生育女神——花婆。自此后，在壮族的伦理视野里，花作为自然物，当它的使用价值得以实现时，其就成为对人的一种对象性的、属人的关系并

---

[1] 蓝鸿恩：《神弓宝剑》，中国民间文艺出版社，1985。

形成了对社会关系一定的制约,显然,壮族花婆崇拜是民族文化的呈现。

壮民族花婆神话中所包含的自然生态伦理内容主要体现在五个方面。首先,壮民族将自身的生与死均置于自然关系之中。在花婆神话中,不仅壮族的族源始于自然,而且共同体中所有个体的生死也是通过在与花的伦常关系中进行定义与完成的,最终在壮民族的生死伦理中形成了一种以自然生态物质为基础的"生死轮回的圆形世界"观念。其次,花婆神话还将壮民族的姓氏赋予了浓厚的自然文化色彩。事实上,壮族花婆神话不仅依赖辣椒与杨桃这两种植物来区分男女,而且在姓氏划分上也严格按此标准。再次,花婆神话还在许多方面约束人类对自然环境的过度索取。复次,花婆神话始终要求和提醒民众,如果要好好地生存,就必须以"敬畏生命"的态度去面对大自然,否则,任何对自然的不敬与破坏,都会导致人类社会本身的消亡。显然,这一点与我们现在提倡的人与自然和谐共进、可持续发展理念"不谋而合"。最后,花婆神话中所崇拜的自然物,归根结底是对自然环境的一种客观反映。花婆信仰还提倡民族两性在世代族外联姻中,每一姓都可以同其他姓实现血缘联系并使每一个后代都受到来自不同姓氏、种族的遗传特性的影响,其身体素质可不断朝更优的方向发展,从而形成社会-生态系统的优势。显然,花婆神话将所有生物与人都看作是相互联系的整体,并且形成相同的内在价值观。还值得一提的是,花婆神话中关于民族演进的历史传说,充分反映了壮民族对世界民族及文化发展历史的认同。

总之,花婆神话所蕴含的壮族人民与自然的伦理缔结范式,既深刻反映了壮民族对自然环境的尊重,同时也充分体现出壮民族在改造自然过程中对人地关系的尊重。事实上,壮民族一系列物质和精神文明都是其尊重、适应和合理改造自然环境的结果。

(三)壮民族服饰变迁中的生态内涵

与其他民族相比,壮民族的服饰特征还是相当鲜明的,尤其是服饰所包含的生态内涵更体现出壮民族与自然环境的和谐关系。

总体上看,壮民族服饰变迁中所包含的生态内涵主要体现在四个方面。首先,壮民族服饰变迁中的自然崇拜现象明显。由于历史上壮民族的社会生产力相对低下,因而出于征服自然和受制于自然环境等双重压力，壮族先民在生产生活中处处体现着对自然的崇拜以及对改造自然环境的渴望。这一点体现在壮民族服饰上则是在服饰上大量绣有吉祥图案。其次，花的崇拜对壮民族服饰的影响十分巨大。花是壮族服饰最为常见的装饰图案，壮族先民在衣裙、胸兜、围腰、壮锦、绣球、儿帽、背带上都绣有各色花朵，而其中最为常见的有牡丹、梅花、茶花、木棉花、菊花、荷花、葵花及各种各样叫不出名字的花；此外，诸如蝴蝶朝花、凤穿牡丹、飞燕夹梅、凤凰花树、石榴夹牡丹、孔雀闹梅、喜鹊登梅、四宝围兰、五彩花卉等由花丛组成的图案也很多。再次，龙凤崇拜的大量存在反映了壮族服饰文明中的生态内涵，在壮族的民间信仰中，龙乃是兴万物、主丰收的吉祥之神，因此，人们企图通过对龙的崇敬来获得龙的恩赐进而保风调雨顺；同样，由于凤乃居百鸟之首，古称火之精灵、太阳鸟，再加之壮族人又常把凤视为幸福、和睦和理想的象征，因此，在壮锦图案中，凤的图案独占鳌头。最后，壮民族服饰上的太阳、月亮、鸟、狮子、鱼虫、鸡、蝙蝠、葫芦及各种花卉草木等图案也与壮民的民间信仰有关。

二　壮民族图腾崇拜中的生态内涵

壮民族历史上的民族图腾崇拜现象十分突出。壮族的图腾崇拜是现实生活中一系列物质和精神内容的外化反映。而此其中，自然生态方面的内容则占据了重要地位。

首先，壮族的民族图腾具有明显的多样性特征。壮族的民族图腾多达数十种，但归根结底又都是对自然界各类自然现象或动植物的崇拜。壮民族的图腾之所以如此众多；原因主要有两个：一是壮族先民支系繁多，二是各支系的生活环境不同。由于现实生活中，由于各支系壮民生活环境和地域有别，因而壮民族每个支系基于自己日常生活所接触到的事物而确定的图腾也就不同，加之不时出现的战争、兼并以及婚姻等原因也使图腾信仰呈多样并存和立体交错态势。其次，壮民族图腾的混沌性和延续性特征较为明显。最后，壮民族图腾的变异性特点也比较突出。随着社会生产力的提高和人类社会的进步，壮民族的图腾意识也随之发生变化，因而衍生图腾或再衍生图腾也时有出现。

总之，随着社会的进步与发展，壮民族的图腾崇拜不仅逐渐消亡，而且图腾本身也在不断发生变化。尽管如此，壮民族的图腾崇拜的意识，具有较稳定的历史继承性，其作为一种文化心理不仅积淀在人们的意识中，而且存留在生活的各个方面。因此，壮族图腾崇拜作为一种自然和历史文化现象，其在许多方面仍然有着自己的影响与价值。

第七章

壮民族聚居地区可持续发展中的人地关系适应

由于社会生产力发展水平以及认识水平的局限，历史上包括壮民族在内的各民族对资源环境的意义及其可持续发展理念缺乏深入认识，以至诸如土地和其他许多自然资源因过度开发而导致的不可持续现象日趋加重并严重影响到了各民族的生存繁衍以及经济社会的可持续发展。与周边的其他民族一样，历史上壮民族也因种种原因对资源环境的可持续利用缺乏足够重视，以至其生产生活过程中的不可持续现象不断加剧。在探讨民族关系与人地关系在新的环境条件下的适应性问题时，基于可持续发展的讨论也就有了相当重要的理论意义与实践价值。

第一节 可持续发展的内涵、特征及其哲学维度思考

一 可持续发展的内涵剖析

应该说，对于可持续发展的理论思索及其在实践中的推广运用均离不开可持续发展的定义问题。关于可持续发展的定义，不同的学者从不同的角度提出过多种不同的观点，以至到目前为止，相关的表述已达到100多种，[①] 其中，既有侧重于自然属性方面的定义，也有侧重于资源

---

① 曹利军：《可持续发展评价理论与方法》，科学出版社，1999，第46页。

管理属性、侧重于社会属性与经济属性、侧重于科技与创新属性以及侧重于伦理分析等方面的定义。诸多的定义虽从不同的角度对可持续发展的概念与内涵作了补充与拓展，但因其视角的多样性使得相关结论并未得到人们的一致认同和接受。相比较而言，目前在世界上最具影响、最有权威的定义应属前挪威首相布伦特兰夫人在《我们共同的未来》的报告中对于可持续发展所做的定义："既满足当代人的需求，又不对后代人满足其需求的能力构成危害的发展。"[1] 应该说布伦特兰的这个定义不仅是对动态可持续发展问题的一种高度概括，而且也富有深远的哲理性。基于此，我们在理论与实践中就可以从更广泛的意义上来对其进行理解与分析。例如，就自然观而言，可持续发展主张人类与自然和谐相处与协调发展；就伦理观而言，可持续发展主张代内公平、代际公平、国际公平与区内公平的高度统一；就社会观而言，可持续发展要求把消灭贫困作为可持续发展过程中特别优先的问题来加以考虑；就经济观而言，可持续发展主张经济发展应建立在人类环境协调和谐的基础之上。

  作为一个发展中的大国，布伦特兰可持续发展的定义对我国而言具有积极意义，可喜的是，国内学者结合我国实际，进一步丰富了可持续发展理论之内涵，牛文元（1993）在布伦特兰定义的基础上又加上了"满足特定区域的需要而又不削弱其他区域满足其需要的能力"的说明；叶文虎等（1996）的定义为："不断提高人群化生活质量和环境承载力的、满足当代人需求又不损害子孙后代满足其需求能力的、满足一个地区或一个国家的人群需求又不损害别的地区或别的国家的人群满足其需求能力的发展"；曹利军（1998）则将其定义为："在不危害后代人和其他区域满足其需求能力的前提下，以满足当代人的福利需求为目标，通过实践引导特定区域复合系统向更加均衡、和谐与互补状态的定向动态过程"[2]；叶民强、张世英（2000）的定义则为："既满足区域内当代人的需求又不危害后代人和区域外当代人满足需求的能力，并创造对称激

---

[1] WCED, *Our Common Future*. Oxford University Press, 1987.
[2] 曹利军：《可持续发展评价理论与方法》，科学出版社，1999。

励的自然环境以推动其区域复合系统向互惠共生进化。"①

还值得一提的是,限于布伦特兰定义的局限性,发达国家与发展中国家在对其进行理解与阐释时也存在较大的分歧。与发达国家的态度有别,从政治的角度分析,发展中国家更愿意使用措辞严密的联合国环境规划署第 15 次理事会通过的《关于可持续发展的声明》中的定义:"可持续发展系指满足当前需要而又不削弱子孙后代满足其需要能力的发展,而且也绝不包含侵犯国家主权的含义。要达到可持续的发展,涉及国内合作和跨越国界的合作……"

迄今为止,虽然人们仍未找到一个完全公认的关于可持续发展的定义,但是可持续发展作为全球发展的总目标,其所体现出来的公平性与持续性原则是共同的;也恰恰是由于对公平性与持续性原则的高度关注,才使得布伦特兰的定义相比较而言成了目前世界上得到认同程度最为广泛的一种解释。

总之,可持续发展思想不仅具有丰富的内涵,而且其在付诸实施的过程中,还具有相当的复杂性与艰巨性。布伦特兰的定义在全球范围内虽能得到相当广泛的认同,然而基于世界各国在历史、文化以及发展水平上的巨大差异,各国、各地区、各民族在可持续发展的具体目标、政策与实施步骤的选择上不可能形成最优的唯一途径。也正是有鉴于此,人们在探讨民族关系与人地关系的适应性问题时,具体地分析与选择自己的可持续发展道路,应有着积极的理论意义与现实价值。

二 可持续发展特征与可持续发展过程的性质

尽管目前人们对可持续发展概念与内涵的把握尚无统一的描述,但是作为一种发展观,其主题思想却是基本一致的。这一点反映到可持续发展的本质上,也说明了无论是可持续发展思想,还是可持续发展实践,其在特征上的相似之处还是较多的。

具体说来,可持续发展之特征主要体现在四个方面。一是可持续发

---

① 叶民强、张世英:《区域经济、社会、资源与环境系统协调发展衡量研究》,《数量经济技术经济研究》2001 年第 8 期。

展的持续性特征。可持续发展观强调人类的经济与社会发展要以环境的承载力为极限,强调可持续发展要保障资源的永续利用以及生态的平衡循环。二是可持续发展的协调性特征。由于人类的生态空间系统是一个复杂的、相互联系的系统,再加之系统中每个层次的子系统间也存在不以人的意志为转移的内在联系,因而实践中任何一个子系统的发展与变化均应以不牺牲其他子系统利益或是不给其他子系统的发展造成障碍为前提;相反,却应以激发和创造有利条件来帮助和推动其他子系统的发展。三是可持续发展的公平性特征。这一点又突出表现在代内公平、区际公平、代际公平、权利与义务以及人类与自然界公平五个方面。可持续发展的公平性特征决不允许任何一个国家、任何一个地区发展的需求是建立在牺牲其他国家或地区发展的需求上的,否则,可持续发展就必将会沦为一句空话。四是可持续发展的共同性特征。这一点要求在发展问题上人类要坚持全球意识,坚持资源财富的人类共享,坚持可持续发展问题上的责任与义务共担的原则。

  作为一种全新的发展观,可持续发展并非只是哲学范畴中的一种概念。从实践的角度上看,它还是一个螺旋上升的良性循环的发展过程。与传统的发展观及发展过程有别,可持续发展过程有着自身的一些性质。

  可持续发展过程的性质突出地表现在三个方面:首先,可持续发展的时空性。应该说可持续发展乃是一种物质与精神、时间与空间不断协调与统一的过程,发展状态实现了空间上的协调,才能达到发展过程在时间上的连续。可持续发展的时空性原则告诉我们:今天要发展,明天还要发展,而且今天的发展是为了明天更好的发展。无论发展水平如何我们都应坚持,一个地方的发展不能以牺牲其他地方的可持续发展为代价。实践证明,只有克服了区域空间上的不协调,才能真正达到时间上的可持续。其次,可持续发展的和谐性。追求人与自然的和谐共存,乃是可持续发展的最高目标,这一点也正如《我们共同的未来》的报告中所指出的那样:"人类对自然资源的耗竭速率应考虑资源的临界性",因为"发展"一旦破坏了人类生存的物质基础,那么所谓的"发展"也就失去了本身存在的现实意义。最后,可持续发展的循环性。循环是物质世界的根本规律,因而可持续发展对循环性的重视也就成了题中应有之义了。可持续发展过程对良性循环的追求，要求我们必须依据发展的容量来选择发展速度和发展规模，盲目的发展、不协调的发展都可能会适得其反。

三　对可持续发展问题的辩证反思：发展观转变以及对公平与效率问题的辩证理解

（一）可持续发展思想与人类发展观的根本转变

应该说，人类在不同时期的存在与发展类型，首先受制于他们对自然的认识与处理。这一点也恰似马克思所说的那样："只要有人类存在，自然史和人类史就彼此相互制约。"传统的发展观将人当成了"自然界的主宰"，因而其难以避免地受到了自然界的惩罚，同样道理，作为一种全新的发展观，可持续发展思想的实质就是要求更科学地处理好人类自身与自然关系的再认识问题，说到底就是必须要变革传统的思维并确立起一种全新的认识观与发展观：人与自然的和谐相处。当然，实践中要想实现这种"和谐相处"，当务之急，则是要实现人类发展观的根本转变。

基于可持续发展理念的人类发展观的根本转变，深层次的内涵主要体现在两个方面：其一是实现从以经济增长到以社会全面发展的转变。传统的发展模式将社会发展仅仅看作一种经济指标，其战略目标追求的是国民生产总值或国民收入的增加并将这些增长率指标视为社会发展水平的尺度。以经济增长为核心的发展模式，在实践中的缺陷是十分明显的，它造成了对有限资源的掠夺性浪费，它破坏了生态系统的良性运作，它无法使人们随着物质生活水平的提高而得到真正的整体幸福。于是在反思中人们认识到：经济发展的中心是"物"，社会发展的中心是"人"。社会发展虽然要以经济发展为基础，但绝不能顾此失彼。也正是有鉴于此，可持续发展模式要求自然、经济、社会的协调发展，强调发展的"整体性"与"综合性"并要求将社会作为复杂的有机体来看待。实践中，"以邻为壑""市场分割"等行为企图以牺牲其他地区的利益来换取本身的发展，这种发展不仅是不可持续的，而且也势必会破坏系统的整体功能。由此，可持续发展要求从社会的整体结构与功能出发，并在寻求总体最佳发展的基础上实现社会的全面进步。显然可持续发展思想的核心之处即在于：把人从与自然的严重对立中"解放"出来，并最终实现人与自然在更高阶段的有机结合。其二实现从以开发自然资源为主到以开发人的资源为主的转变。在人类存在的时空范畴内，自然资源是有限的，它的合理开发有赖于人的素质的提高，与此相比较，人的资源则是无限的。这种发展中，如果仅从自然资源方面衡量，则极易得出增长有限的悲观结论；当然，若转向对人类自身资源开发无穷性的关注，则又会对人类社会的发展充满信心。罗马俱乐部博特金等人在《学无止境》的报告中指出，面临自然资源的逐渐衰竭，人们应当看到"人类依然拥有没有束缚的想象力、创造力与道德能力等方面资源，这些资源可以被动员起来帮助人类摆脱它的困境"。同外部极限相反，人的"内部界限在我们自身中存在着并孕育着无可比拟的发展潜力"，因此，应当"把目标放在开发人的潜在的、处于心灵最深处的理解能力和学习能力上面，以便事态的发展最终能得到控制"①。人类自身资源的深层次开发绝非意味着最终会无节制地对自然资源进行开发，人类本身资源被开发的程度越大，人们对合理开发自然资源的认识程度也就越深。

作为人类对未来发展的一种理性思考与理想架构，如果说可持续发展的提出主要是通过对历史的反思而获得，那么可持续发展战略的实施则需有超前的认识作指导。有一种观点认为：人类社会不可能实现可持续发展，因为未来作为"黑箱"，它的内幕永远都是无法预知的，此乃典型的认识领域中的不可知论。诚然，未来对当前而言的确缺乏绝对的确定性，然而由于人类社会的过去、现在、未来存在有机的统一性，因而看似虚无缥缈的未来并非真正的"黑箱"，而是完全有规律可循的。事实上，只要人们确定正确的价值观，善于总结经验与教训，那么也就会通过对规律性东西的探寻而最终获得对未来发展的超前认识。实施可持续发展的关键在于实践，但我们绝不能对实践持近视的态度，更不能在实践中杀鸡取卵，竭泽而渔。持续发展需要解决的主要矛盾是：整体利益

---

① 甘师俊：《论可持续发展创新》，载《面向21世纪中国可持续发展战略研究》，清华大学出版社，2001，第4页。

与局部利益、长远利益与当前利益间的矛盾,因此实践中我们也就有必要大幅度地提高对整体以及长远利益的关注程度,而对像"过度竞争""区域产业结构趋同"等此类的不可持续发展的问题,必须采取切实措施予以纠正。

(二) 对可持续发展中的公平与效率问题的辩证反思

公平与效率作为一个有机的统一体是任何社会发展过程中所必须面对的一个现实问题。尽管在处理公平与效率的关系问题时并无完美无缺的选择,但无论如何,处理好了公平与效率两者间的关系对人类社会的进步与发展有着极为重大的现实意义。同样道理,作为人类社会未来发展的一种战略选择,在理解可持续发展的内涵以及实施可持续发展战略的过程中,深刻认识与正确处理好公平与效率两者间的关系也同样具有着极为重大的理论意义与实践价值。

1. 公平与效率的一般含义

作为价值色彩很浓的一个概念,实践中,公平常常被用于许多方面,其中有代表性的如,收入公平、财产公平、权利公平与参与公平等。尽管公平的概念更多地见诸哲学与公共选择的讨论中,然而其在某种意义上又是心理学的一种概念。作为心理学的概念,它表达了一种个体对于特定的某种选择的自身感受,而且这种感受又是通过在一定社会背景下该个体对于自身利益和同一环境下其他个体的利益相比较而获得的。至于可持续发展背景下的公平概念,Daily 与 Ehrlich(1996)的定义应该是比较有说服力的:个体或集团之间在享有社会政治权利、物质资源、技术、健康、教育和其他人类福利构成因素等方面的机会时对相对相似性的一种测度。

相比于公平的概念,我们通常所说的"效率"概念多数情况下乃是相对于经济效率而言的。按照帕累托对效率的解释,一个市场如被称为是有效率的,即意味着所有人的福利均得到了改善。其实,现实中的问题并非如此简单,因为如果离开了"所有个体的福利函数相同"与"经济的效率仅仅取决于其消费的商品数量而和其他许多无法量化的对个体福利至关重要的向量无关"这两个假设条件,那么帕累托效率的形成则完全成了难以想象的事情。为强化效率的可操作性或说是现实性问题时,效率概念通常是用一种简单的数学形式来表示的——决策目标对决策变量的偏微分：边际收益来表示；如果偏微分的结果大于零，增大该决策变量即成为有效的，而且还可以找到边际收益与边际成本相等的点。"断定某种有效率的决策选择而反对其他的，这将引起很大的争议。不存在单一有效率的政策选择，只存在对应于每一种可能的既定制度条件下的某种有效率的政策选择。去选择某个有效率的结果，也就是选择在既定制度安排下的某个特定结构及其相应的收入分配。关键的问题不是效率，而是对谁有效率？"（Bromley，1996）。据此分析，在效用可能性边界上应可以有许多个点，而且也可以说这些点又都是均衡点，只是对于不同的点，每一个个体的效用可能并不完全相同而已。新制度经济学家试图通过制度变迁的研究来揭示不同制度安排下的不同的效率选择，然而由于他们仅仅关心制度变迁的原因与制度变迁的效率分析，而对制度变迁的收入影响并未将其作为一个主题来加以探索，因而他们对效率的研究并不能得到较满意的成果。实践证明，只有将公平与效率结合起来，对公平与效率的研究才有可能真正产生实效，否则，就单独的公平论公平，或者是就单独的效率来论效率，都是难以有效地说明问题的。

2. 可持续发展中的公平

"可持续发展是既满足当代人的需要，同时又不对后代人满足其需要的能力构成危害的发展。"需要是多种多样的，它取决于个体所处的社会环境、文化环境以及不同的收入水平等多种因素。可持续发展的原则不仅对处于被支配地位的后代人的需要体现出了充分的关注，而且它还要求人类社会在当代人内部合理地分配有限的生产与生活资源。应该说，一个不公平的世界，必将会是一个极不稳定和易于产生生态问题的世界。

（1）代内公平：国际公平与国内公平。纵观人类社会发展的历史，可以说国际关系不仅一开始就带有血腥味，而且也从来都没有能在公平互惠的基础上发生过。尽管李嘉图倡导的比较优势理论乃是现代国际贸易发展的基础，然而基于此种理论的国际贸易发展的结果是发展中国家近期和远期经济利益的丧失。发展中国家为了偿还外债和满足非竞争性产品进口的需要，不得不将本国的有关自然资源廉价卖给发达国家，这些原材料经发达国家加工后,又往往以高于原材料几十倍的价格重新卖给发展中国家。显然这种不等价交换既是引发发展中国家资源与环境问题的重要根源,也有力地说明了全球经济一体化的公平收益是很难真正地在交易的双方中对称分布的。现实中,发达国家以占全球 20% 的人口消费了全球 80% 的资源,而占全球人口 80% 的发展中国家则仅消费了全球 20% 的资源。① 还值得一提的是,为缓解自身的资源环境问题或者说是实现自身的可持续发展,发达国家利用自身的先发优势以及发展中国家对经济建设和工业化需求的迫切心情,将许多高污染的产业转移到了环境标准相对宽松的发展中国家并在现代国际关系中引发了一种生态殖民主义的新倾向。② 显然,为了实现人类社会的可持续发展,这种国际不公平的现象必须得以扭转。

由于可持续发展战略是一项涉及面极为广泛的系统工程,因而人类社会实现可持续发展的战略目标仅赖一部分国家和地区的努力是远远不够的。过分寄希望于发达国家,而没有发展中国家的广泛参与,这不仅不是完整意义上的人类社会的发展,而且也不可能真正实现人类社会的可持续发展。在自然界的强制性选择面前人类作为整体均是弱者与被遗弃者,因而在实践中发达国家与发展中国家只有齐心协力,才能使可持续发展之战略得到有效之实施。基于可持续发展背景下的国际公平并非要求全球所有国家采取相同的一致行动,对于发达国家与地区而言,可持续发展是在不断改善生态环境的基础上保持经济的持久繁荣;而对发展中的国家与地区而言,可持续发展在目前的条件下主要是侧重于控制人口增长和发展经济以有效消除贫困与局部的生态压力问题。事实上,发展中国家与地区能够在人类可持续发展中起到重要作用的前提是他们的生态和其他需要都能得到应有的尊重与满足,尤其是使他们能够在利

---

① 根据徐嵩龄《灾害经济损失概念及产业关联型间接经济损失计量》(《自然灾害学报》1998 年第 4 期)的研究,发达国家与发展中国家的人均物质消费量之比,化学品为 8∶1、木材与能源为 10∶1、粮食与淡水则为 3∶1。

② 据报道,20 世纪七八十年代,美国有害于环境的工业部门对国外投资的 39% 集中在第三世界、日本的此类产业对于国外投资的 2/3~4/5 也主要分布在第三世界国家。中国也是发达国家转移污染企业的重要对象,仅 1991 年外商在华的 11515 家生产型企业中,污染严重的即达 3252 家。

用全球公共资源和分享合作的利益上得到公平的对待。实践中发达国家与地区只有在平等互惠的基础上向发展中国家转移环境友善技术、发展中国家在发展经济的同时能有效地协调好人类系统与自然系统的关系，才能最终促进人类社会向可持续发展社会的转变。其实，这一点不仅是发达国家自身利益之所在，而且也是今天生活在世界上的所有人类利益之所在。

与国际公平不同，尽管国内公平可以通过政府的政策来得到某种程度的调整与保证，但这绝不意味着国内公平在向可持续发展的过渡中不需要、或者说仅是一个简单的问题。事实上，没有真正的国内公平，也就没有国家的可持续发展，而没有了国家的可持续发展，又何来整个人类社会的可持续发展呢？虽然每个国家的具体情况有很大的不同，但国内公平主要体现在区域之间的公平、城乡之间的公平、贫富间的公平、民族间的公平、家庭间的公平以及性别间的公平等。作为一个发展中的大国，相对来说，我国近年来区域间发展的不平衡、贫富的两极分化、城乡间的差别等均有不同程度的扩大趋势。这要求我们在国内公平的问题上要倾注更多的精力。

（2）代际公平。鉴于目前发展中的决策规则乃是一种不公平的程序过程：当代人不仅是后代人的独裁者，而且事实上后代人的偏好与权力也的确无法在当代人的决策中体现出来，因而作为可持续发展的题中应有之义与核心内容，代际公平也就要求当代人在决策时，尤其是在利用自然资源与环境资源时要充分考虑到后代人的利益。具体说来也即是要以利他主义的崇高品质去保护后代人可能珍视的一切并进而将保护地球上的资源与环境作为自己应尽的责任与义务。实践中每一代人如果都以可持续发展的原则去规范自己的行为，人类可持续发展的远大目标才有可能得到真正的实现。

人类所处的自然环境对人类的生存与人类社会的延续发展有"源"和"流"两方面的作用。实践中，如果要满足后代需要的能力不受危害，一般而言我们在对策方面只能有四种选择：一是保持自然资产的总物质存量不变；二是保持自然资产的价值不降低；三是保持自然资产的功能和对人类社会提供的服务水平不降低；四是如果我们还能接受人造资本与社会资本对自然资本的替代的话,那么也就还有一种方案可供选择:保持人造资本、社会资本、自然资本这三种资本的总价值量不降低。

实践中,要想保持自然资产的总物质存量不变,就必然要求每一物的存量能保持不变,不过,由于人类发展的本身在相当程度上意味着对自然界某种程度的改变,因而在人类社会的发展过程中,要想保持所有的自然资本的总物质存量不变也就成了不可能的事情。而要保持自然资产的价值不变,就必须满足两个前提条件:一是自然资产可以用某种统一的货币量进行衡量;二是自然资产之间可以完全替代。事实上,由于现实情况的复杂性,即便这两个条件都具备,也不能确保自然与人类社会的可持续性——首先,价格反映的仅仅是某个时期人类对某种商品的支付意愿,而后代人的市场意愿并不易得到体现,所以我们今天对自然资产的定价并不能真正体现出其本身所蕴含的价值;其次,由于自然资源的提供是建立在生态平衡基础上的,因而自然资产之间的替代并不能保证它们所提供的生命支持功能保持不变,就算是自然资产之间能实现完全替代,人类社会发展的可持续性也同样会大打折扣。

相比较而言,认为可以通过人造资产和社会资产去替代自然资产并从而保持与增加人类福利水平的观念,表面上看虽有一定的合理性,但其实是不可行的:一方面由于对自然资源难以定价,难以真正避免对自然资源的过度开发;另一方面由于生态功能的完整性与稳定性又是以某些资源的某一临界水平为前提的,因而即便是可以替代,也会因为其质量、数量的难以准确把握以及对临界水平认识的困难而难以有效地确保人类社会发展的可持续性。本来在市场经济条件下,生产者会依照投入要素的价格向量来选择最优的投入组合并同时按照产品的市场价格来决定产品的最优组合;当然,出于同样的原因,广大消费者也会按照自己的消费偏好和支付意愿来选择最优的消费组合。这样市场就会在"看不见的手"的支配下使经济系统处于最佳的运作状态。然而对于没有市场价格的自然资源而言,市场选择往往会引发诸多市场的失灵,尤其是由于市场仅能体现出有购买力和决定权的当代消费者的利益,而对于尚未出生的后代人的偏好则无从顾及,因而现实中无论是对资源的开发利用,还是污染或其他外部性问题的产生，均没有体现出后代人的支付意愿与接受意愿。既然代际外部性问题的存在导致了完全自由的市场机制对保证人类社会可持续发展的失效，因此在推进人类社会的可持续发展战略时，我们必须妥善处理好代际公平问题。

可持续发展要求当代人传给后代人的环境与资产应至少和它从上代人手中继承的遗产一样多。实践中，如果定义自然的可持续性是保持不可再生资源的存量不变，那么人类过去的历史便是不可持续的发展，而且我们未来的发展也永远不可能会满足或说是实现这样的一种可持续发展。事实上，可持续发展只要在自然环境为人类社会提供的服务不变的条件下才可以得到保证，显然如此的代际公平需要人类在消费不可再生资源时必须要把获得的租金全部投资到可再生资源的研究与开发上，与此同时不可再生资源的价格也必须反映出受开发的外部环境成本与时际效应，并通过价格对冲稀缺资源以保护资源之间的有效替代。对于可再生资源，实践中只要保证资源的开发率低于资源的再生率，即可保证可再生资源的存量保持不变。此外，这样的一种代际公平还要求人类社会的污染总量排放必须要小于自然的吸收和清洁能力。

3. 可持续发展中的效率

人类社会可持续发展战略的有效推进，既要充分重视其中的公平问题，也要关注对其中的效率问题的研究。不讲原则的保护，既与发展的本身要义相悖，也谈不上对稀缺资源的合理、高效利用；同样，不讲效率的利用，或者是过度地开发乃至消费稀缺的自然资源与自然环境，人类社会的可持续发展则会沦为纸上谈兵。

（1）静态效率。静态效率主要是指资源的使用已达到了这样的一种状态：任何一个人要想使自己的处境变好，就必须要以其他人的处境变差为前提。① 应该说这一点对于资金短缺而全球性生态问题又十分严重的人类社会而言，具有重要的政策意义。静态效率虽要求将资源流动到其边际产出最大的用途上，但这并不意味着要将资源尽量转移到发达国家

---

① 即对资源的使用已达到了帕累托最优状态，或者说是资源已经流到了其边际产出最大的途径上了。

和地区的手中。否则的话，因违背了可持续发展中的公平原则，所谓的效率又怎能实现？事实上，不仅对像公海、太空等公共资源要按照一致同意的原则进行分配，而且就是一国国内的资源也必须要以一定的合理原则加以公平处置。既然如此，实践中"以邻为壑"的资源利用方式就不可能达成可持续发展中的效率目标。此外，静态效率还要求：对当代人无法利用或是不能有效加以利用的资源，应充分考虑到这些资源利用的代际效率与选择价值。

（2）时际效率。严格说起来，如果不考虑时间变量关系的话，那么所谓的时际效率与静态效率之间其实没有多大区别。进一步说，如果我们在资源的开发与利用中能对未来或者说是对后代人的评价标准拥有完全信息，那么同样也无须谈论所谓的时际效率问题。然而恰恰是自居为后代人独裁者的当代人，由于对未来和后代人的需求充满了太多的无知，因而在社会机制的指挥棒下，当代人支付后代的意愿低或者为零时，诸多资源与环境便无形中被过早地损耗掉了。相比于静态效率，时际效率的实现需要付出更多的努力：首先是对那些不可逆的环境资源的开发应当完全禁止，即便是非开发不可，也要把开发资源的租金作为代际资金转移给下一代。可以说，没有这样的一种代际公平，就根本谈不上时际效率问题的有效解决。

技术进步作为提高资源生产力的有效手段，可以保证当代人在尽可能消费较少资源的条件下满足自身的需要。这样，后代人从前代人的手中不仅继承了知识与制度遗产，而且后代人还能在前代人技术进步的基础上保证他们减少资金使用或是通过技术创新来创造出能够替代已经损耗的资源。当然，技术进步在把所有当代人的效用曲线向外扩张的时候，也是需要巨大的投入与付出的，因此，实践中如果当代人在降低自己消费水平的条件下投入了巨大的人力物力但没有享受到技术进步的收益，那么这种投入不会持久。不过，只要这方面的技术创新收益对后代人有益，以至后代人愿意支付给当代人更高的价格来弥补当代人由此而降低的消费水平，那么此类投资按照时际效率的要求也就有相当的必要；当然，在这里技术创新是重要的，但当代人的利他主义精神也不容忽视。另外，制度创新对提升时际效率也有着重要影响。

4. 可持续发展战略背景下的公平与效率

尽管从终极目的上看,公平与效率两者间存在着密切关系,然而现实中如果撇开对长远目标的期待,两者间又存在相当程度的矛盾甚至冲突。由于可持续发展涉及诸多的现时利益与长远利益,因此在推进可持续发展战略的过程中,处理好公平与效率两者间的关系,也就具有了极为重要的理论与实践意义。

可持续发展过程中处理好公平与效率关系的问题时,应明确以下几种对策措施是十分关键的。其一是对于不产生代际外部性的一个国家内的资源使用,在可持续发展的原则下,应把原来所提倡的潜在补偿改为实际补偿,而对于涉及代际问题的资源使用,则可以通过如下的两种方法来实现代际公平与代际效率的耦合:首先,对于所使用的资源能够在满足人类需要的条件下被其他资源替代时,我们则应把资源使用中所得到的租金全部投资到对替代资源的开发上;其次,对于不可逆环境资源的开发利用,则必须严格坚持"最低安全标准"。其二是由于在开放贸易与全球经济一体化过程中的国际劳动分工并没有为国际贸易双方的专业化生产者带来对称的经济收益,因此,无论是从公平原则还是从效率原则的角度上分析,目前不平等的国际分工必须进行彻底的改革;这一点应该说也是可持续发展战略原则的内在要求。实践中,对于全球性公共资源的使用与全球性环境问题的治理,我们有必要将"公平"与"效率"两者有机地结合起来。为此,我们首先应确定地球上的所有人均有权享受公共资源,同时还必须要以公平的原则为基础来确定个体产权;其次是对于稀缺性资源的使用,则应通过建立起有效的市场机制来实现资源的合理高效配置。在资源的交易与使用过程中,不仅要使资源的价格能体现出外部成本与代际成本,而且也要使交易双方均能得到对称性的合作。唯其如此,更多的发展中国家才会在平等互利的契约关系构架下有更充分的理由去参与全球的经济与环境合作,而实践中只有实现了这种全球性的合作,人类生态系统的完整性与稳定性以及人类社会的共同繁荣才有可能得到充分的保证。当然,也只有到此时,可持续发展才不是政治家们鼓动人心的梦想,而完全成了全人类与自然界协调、持续发展的愿景。

第二节 壮族聚居地区可持续发展中的人地关系适应：资源环境合理开发利用与农业生产发展

基于对可持续发展内涵的深刻理解与对可持续发展方式的正确认识，离开了对资源环境的合理开发利用，那么，农业生产的可持续发展及其民族地区的进步与发展就只能是一句空话。

一 资源环境合理开发利用与农业生产的可持续发展：典型案例

通过多年的实践探索，尤其是改革开放以来，随着可持续发展意识和行为方式的深入人心，壮民族在生产生活过程中对资源环境合理开发利用的重要性不仅有了更深刻的认识，而且实践中还摸索出了一系列行之有效的发展路径。

（一）充分利用气候条件，突出生产经营过程中的差异化：以田阳县为例

田阳县位于广西西部的右江河谷中游，既是壮族始祖布洛陀的故里，也是壮族人口聚居的重要地区之一。由于纬度和独特的河谷平原地势的影响，该地区冬季温暖，春季温度回升快，有"天然温室"之称，在选择和探索以农业生产为主导的独特的经济模式时，具有一定的地缘优势。

田阳"天然温室"决定了反季节蔬菜种植方面的优势。过去，基于交通运输条件的影响，种植反季节蔬菜的市场条件并不成熟，但如今随着交通建设步伐的加快以及人们生活水平的提升，我国北方广大地区对秋冬季蔬菜需求巨大，据此，早在20世纪90年代，田阳居民即开始重视反季节蔬菜的种植和销售，并取得了比较好的经济效益。不仅如此，随着产业结构的加速调整以及市场需求的进一步扩大，为规范经营和进一步提升产品的市场竞争力，20世纪90年代末起，田阳还在反季节农产品的经营上进行了一系列改革和创新。首先，依托农产品批发市场，促进农业增产增收。田阳地处北方和南方之间，秋菜和冬菜上市时正好分别填补我国北方大棚和海南蔬菜上市的空当,因此,借助于影响日大的农产品批发市场和经营渠道,这种反季节生产的时鲜蔬菜在采摘后即可通过农产品批发市场快速进入消费领域,进而在此基础上促进农业规模化、产业化、商品化发展以及提高农业产量和经济效益。其次,围绕批发市场,组建和完善各类农业协会。为此,田阳通过"市场+经纪人(专业协会)+农户"的组织形式,将全县从事果蔬生产的25万农民有效地组织起来,从而既形成了规模化生产经营格局和市场导向型、规模化、标准化的生产布局,又培育了一大批农产品经销户和农产品经纪人,使部分农民从生产领域分离出来,专门从事农产品的贩运和批发销售,提高了市场交易的效率。最后,紧跟市场需求,调整和优化种植结构。由于反季节蔬菜本身的内涵十分广泛,因此实践中田阳民众在蔬菜种类的选择方面并非盲目,相反却是根据本地的土地和水热条件来合理布局,以至蔬菜产品的市场竞争优势无形中得到了进一步加强。总之,目前的田阳在市场引导下,种植结构、粮经比例、区域布局得到优化,生产规模快速扩大,尤其是蔬菜种植面积由1989年的313.33平方公里发展到了2007年的2.33万平方公里,其中无公害蔬菜种植面积达2万平方公里;2007年水果种植面积达2.23万平方公里,总产量达8.1万吨。[①]

(二)以生态农业发展促进经济发展与环境优化间的良性互动:以广西恭城为例

壮民族聚居地不少属资源环境脆弱地区,因而在这些环境脆弱地区发展经济,就极有必要在生产经营模式选择上进行创新,而恰恰是在此方面,应该说广西的恭城做出了比较好的表率。

恭城瑶族自治县位于广西东北部,其中山地和丘陵占全县总面积的70%以上,境内有瑶、壮、苗、侗等12个世居民族,先后荣获"全国生态农业示范县""国家级生态示范区""国家级可持续发展实验区""全国生态农业建设先进县"等荣誉称号,人均有果面积、人均水果收入持续多年在广西保持领先水平。

---

① 樊正强、黄彪虎、程波:《一种以市场为导向的少数民族地区新型经济组织——广西田阳农副产品综合批发市场调查报告》,《广西民族研究》2009年第4期。

恭城山多地少，生态环境脆弱，不仅历史上属经济欠发达地区，而且改革开放后的一段较长时期内，也一直属国家级贫困县。不过，自20世纪90年代初起，该县紧紧围绕自身条件做文章，在可持续发展理念的指导下，大力发展生态农业并在此基础上优化了自然环境，基本上解决了长期以来制约全县的贫困问题。

具体说来，在生态农业的发展方面，恭城的做法主要有三个方面。首先，因地制宜发展特色果类种植。恭城瑶族自治县属典型山地丘陵地形，自身并不具备得天独厚的区位优势。在面临社会经济发展道路选择时，恭城县选择了农业优先的策略。按照"靠山吃山"的思路，大力发展经济效益较好的月柿、葡萄、柑橘、柚子、桃子等果类种植，既极大地提高了农民的收入水平，也形成了"养殖－沼气－种植"三位一体的生态格局，全县还基本实现了经济效益、社会效益和生态效益的高度统一。其次，积极发掘乡镇特色，进一步彰显农业优势。恭城县的成功经验还在于县域内部不同乡镇或乡村，走出了一条具有自身特色的生态农业之路。最后，在生态农业生产经营方式的影响下，恭城县以生态农业建设为重点，探索以沼气为中心，向上延伸养殖业，向下延伸种植业的"养殖－沼气－种植"三位一体的农业模式，大力推进生态富民工程建设，结果经济发展了，环境资源也进一步得到了优化，投资条件也无形中得到了改善。

二 资源环境合理开发利用与农业生产的可持续发展：经验与启示

首先，因地制宜和因势利导对产业发展和资源环境可持续发展具有重要意义。可持续发展的最关键处即是资源环境的可持续利用以及生产经营活动均不超出资源环境的阈值和承载力。显然，为达此要求，"竭泽而渔"式的短视行为必须放弃，因地制宜和因势利导的生产经营方式必须要得到重视。事实上，改革开发以来，田阳县选择发展反季节蔬菜和杧果作为主导产业种植也并非偶然，因为该地区独特的气候环境决定了反季节蔬菜和杧果的生产有利于发挥该地区有利的自然资源优势；同样，恭城县莲花镇选择月柿种植，是因为这里的月柿比全国其他地区的品质都要好。

其次，通过引导和组织机构优化来提升民众利用环境和发展生产的积极性。尽管可持续发展与资源环境重要性的意义已渐趋成了整个社会和民众的共识，然而，政府引导和市场结构优化仍具重要意义，原因在于，无论是政府引导还是市场优化均能无形中提升抵御市场风险能力和保护资源环境的积极性。例如，恭城县莲花镇最初既无月柿种植的传统，也没有意识到月柿种植背后巨大的经济利益，为了引导农户种植月柿，20世纪80年代末期，当地政府积极组织并帮助农户开始种植，随着月柿种植效益的显现，更多的农户也自觉加入种植行列中。当然，随着种植规模的扩大和效益的提升，政府的角色由引导者开始转变为服务者，积极组织招商引资活动，扩大种植的品牌效应；同样，恭城的红岩村作为新农村建设的典型，在其建设过程中，当地政府以做好规划为主要工作，并在道路、桥梁、供水等基础设施方面提供投资，政府和农户角色划分清晰，生产经营秩序井然。而田阳县政府以建设农产品批发市场为突破口，以专业协会为桥梁连接农户和市场，为实现农业规模化种植和提高经济效益奠定了基础。

再次，通过深化产品加工来提高资源环境的利用效率。实践证明，若仅仅依靠资源环境条件来进行生产并不能实现效率最大化和提高资源环境的使用效果，因而重视对相关产品的深加工也就有了重要意义。例如，作为月柿种植大县的恭城县莲花镇，并不满足于月柿的种植和销售，相反却紧紧围绕月柿深加工做文章，成功引入汇源公司进行果汁加工，生产柿酒、柿醋、柿饼等产品，通过加工处理的柿叶备受日本市场的欢迎，还计划招商引入月柿化妆品的生产企业。

最后，以人的素质来促进资源环境的可持续利用以及生产经营活动的可持续发展。例如，种植杧果的田阳县东江村和种植月柿的恭城县红岩村的种植户富裕起来后，又在农村教育和其他智力方面进行投资，结果，不仅增加了农村经济发展的资源，而且提高了自身素质，进而促进农村经济发展。再如，恭城县的部分农村已经放弃在自家屋前屋后养猪的习惯，取而代之的是集中建立养猪区域，聘请专人负责饲养，农户采取"托管"的方式委托饲养场代为饲养，这样的方式既充分照顾到农户的切身利益，又实现了规模经济和保护了生活环境。而恭城县红岩村等地农民在实施了生态农业后，也开始关注生活环境，卫生意识不断增强，居民精神文化生活显著改善。伴随着经济的发展，一些农村的婚嫁观念也都发生了明显变化，如在田阳县许多地区，婚嫁已经由原先的注重个人资产开始转变为看重对方的技能和眼界。农民的生活方式和农村的社会面貌都发生了较大改变，一代新型农民正在形成。

第三节 壮族聚居地区可持续发展中的人地关系适应：资源环境合理利用与民俗旅游产业发展

壮民族生活地区尽管农耕方面的自然条件相对有限，然而面向旅游业发展的自然环境条件和人文历史条件十分优越，因此，借助于旅游事业的可持续发展来促进壮民族地区资源环境的可持续利用具有重要意义。考虑到旅游资源本身所具有的广泛性特点以及人文旅游资源对旅游事业可持续发展的重要影响，在探讨资源环境的可持续利用与旅游产业发展间的关系时，我们拟着重从壮民族地区极具竞争优势的民俗和民族文化旅游资源的可持续利用说起。

一 民俗旅游内涵剖析及其对民族地区旅游事业可持续发展的影响

民俗旅游主要是指以民俗为旅游吸引物的一种有别于其他旅游项目的旅游产品或说是旅游方式，总体上看，其并非一个关于学科发展方面的定义，而是我国在旅游实践中自然而然所形成的一种以民俗文化为主要旅游吸引物的一种旅游类型，其既可以指一种旅游实践活动，也可以泛指一种旅游产业或旅游社会现象。民俗与旅游的关系自古以来就十分密切，就连民俗学的最初研究都是从对旅游的观察和思考开始的，这一点恰似民俗旅游问题研究专家董晓萍所说的那样：民俗学与旅游是有缘的，而且旅游行为伴随着比较眼光，催生出了民俗学的学理意识。董晓萍还分析认为："在现代社会中，旅游业与民俗乃是一份共同支撑的家业"，旅游既可以成为民俗的职业杀手，也完全有可能扮演弘扬民俗文化的有功之臣。① 民俗学与旅游的关系之所以如此密切，关键性的原因即在于民俗本身所具有的文化多样性。

民俗旅游事业的发展既有着自身的必然性，也对促进社会经济和旅游事业，尤其是民族地区乡村旅游事业的发展有着重要影响。

首先，民俗旅游能使民族地区乡村旅游的影响力获得质的提升。相比较而言，乡村旅游不仅在资金方面缺少投入，而且对景点的内涵挖掘也缺乏上水平的打造，因而不少地区的乡村旅游业在发展过程中往往是"昙花一现"。然而，实践中只要乡村旅游资源开发和运行过程中能融入对特色民俗资源的深入诠释，那么民族地区乡村旅游品牌影响力和可持续发展力必定会获得大幅度的提升。事实上，云南丽江的山水风光早就形成了自己的特点，然而丽江旅游真正火爆和在全球范围内造成影响，却是因其独具特色的民俗和民族文化得到深层次挖掘、打造和宣传的结果。广西巴马的自然风光严格说起来在广西没有多少优势和特色可言，然而一旦将其"长寿文化"融入旅游资源的开发和整合中，情况就发生了巨变。再如广西桂林的龙胜县，我们也不能说其龙脊梯田没有自己的特点，然而，龙胜的旅游知名度更与其民俗文化内涵密切相关。

其次，由于民俗旅游能促使不同文化彼此间的互动，因而其又为民族地区乡村旅游的发展提供更多的拓展动力和源泉。与其他的旅游活动一样，民俗旅游也是一种高度互动的实践活动，在这里，游客与旅游景点地区的居民、政府、企业相互间会在交往过程中形成诸多的互动。

以广西龙胜县龙脊景区为例，20世纪80年代以来，为充分挖掘其乡村旅游方面的潜力，各级政府部门便在这里的民俗文化整理和挖掘方面投入了许多精力并取得了很大成绩。不仅如此，为了更好地打造自己的民族乡村旅游品牌，龙胜县政府还特地组织编写了详细介绍龙脊地区民族民俗风情文化的著作《精彩龙脊》并广为宣传。就民族地区乡村旅游企业而言，作为资本的拥有者，在一个较长的时期内，不少旅游企业出于自身利益而不顾忌景区所在地居民的感受和利益，以至在乡村旅游资源开发和运作中缺少了当地居民的配合，最终生意惨淡。其实，真正的

---

① 董晓萍：《说话的文化——民俗传统与现代生活》，中华书局，2002，第179页。

第七章
壮民族聚居地区可持续发展中的人地关系适应

民俗旅游资源开发与利用既需要企业的资本做支持，同时也需要景区居民的认同理解。更进一步地讲，景区居民并非可有可无的劳动力和旁观者，而是实实在在的民俗文化的有机组成部分。可以说离开了景区居民和他们所拥有的文化遗产，再多的投资也是"竹篮打水"。近年来龙脊民俗旅游和乡村旅游之所以开展得如火如荼，旅游开发企业与景区居民的彼此认同与支持就起了很大的作用。就景区当地的居民来说，在过去很长的一段时期内，由于民俗文化旅游地大都是一些既闭塞，同时经济发展又比较落后的山区，这些地区的居民不仅文化和生活水平比较低，而且自卑心理较强，尤其在与外界打交道时这种自卑心理更强。然而随着乡村和民俗旅游事业的发展，随着与外界接触的增多以及自身经济地位的提高，他们不仅在思想意识上逐渐跟上了时代步伐，而且自强意识也不断增强。由于这些自强意识基本上来自独特的民俗文化与旅游资源，因而反过来，人们也就更有积极性来保护、开发和利用好本就属于他们的一系列旅游资源，事实上，也正是在这一过程中，民族地区乡村旅游事业无形中得到了质的飞跃和发展。

不仅如此，随着乡村旅游事业的发展，景区居民男女的角色地位也无形中发生了变化。由于绝大多数旅游活动的承担者是女性，她们在旅游服务中得到了游客更多的尊重以及经济地位的提高，使她们在家庭和社会中的地位也有了很大的提高，应该说这种情况对乡村旅游事业的发展是相当有利的。就游客而言，其对民俗文化地区乡村旅游事业发展的影响突出表现在两个方面：一方面，游客，尤其是部分有影响力的游客对扩大和提升旅游景区和旅游文化的影响具有较大的推动作用；另一方面，游客们对古朴、宁静、自然、和谐、友好的民族和民俗文化的赞美既有利于提升景区的影响力与品牌价值，也能够通过彰显民族文化的影响力而使景区居民和所在地政府投入更多的物力、人力、财力去保护和科学开发民俗文化旅游资源，最终也就十分有利于促进民族地区乡村旅游事业的可持续发展。

政府通过对民族地区社会经济发展的积极影响来带动和促进民族地区乡村旅游事业的发展。乡村旅游对社会经济发展的促进作用有目共睹，然而乡村旅游事业的发展却又并非轻而易举。实践中，由于民俗旅游相比传统的农业生产能创造出更多的社会财富，再加之民俗旅游在发展过程中还能有效地利用各类现有资源融合第二、第三产业间的关系，因而最终又能借助于农业特色产业和特色经济的发展来促进旅游地区社会经济和乡村旅游事业的发展。不仅如此，作为劳动密集型产业，民俗旅游业的发展还能带动旅游地区的劳动力就业情况的改善。还值得一提的是，民俗旅游业的发展能使以前在农业劳动生产中不能发挥作用的许多女性和老年人的劳动潜能得到充分发挥，因而其在提供就业岗位方面的作用也就更为明显。恰恰是这样一种在劳动力就业方面的优势对民族地区乡村旅游事业的发展创造了有利条件。除了促进就业方面的优势外，乡村旅游对传统产业和产品开发也有很大的推动作用。民俗乡村旅游的一个最大特点即是对民族和民俗文化的展示，也就是在此展示过程中，游客们不仅会对民俗和民族文化产生浓厚兴趣，而且还会对带有民俗和民族文化的产品产生需求，于是原本仅是乡村居民日常生活的不少寻常产品便无形中进入了旅游商品的行列并进而产生了远远超过产品本身价值的市场价格。例如，有龙脊景区四宝之称的香糯、辣椒、水酒、茶叶，原本只是本地的土产，然而作为旅游商品资源来挖掘后，其价值自然发生了极大变化。旅游产品的开发不仅为当地居民创造了更多的就业机会和经济收入，而且无形中也为扩大景区旅游资源的影响力和促进乡村旅游事业的发展创造了良好条件。

最后，民俗旅游资源的提升使乡村旅游事业的发展获得了坚实的内在动力。乡村旅游事业的发展不能空洞无物，否则即便有一时之兴，也不可能有持续的发展。通常意义上的乡村旅游资源在复制上并不存在太大障碍，因此如果在独特性上下功夫，乡村旅游事业的发展就难以持续。由于民俗文化具有很强的地域特征和民族特色，由于民俗文化乃是千百年历史演进的产物，因而在旅游资源开发过程中，即便他人想复制和模仿，事实上也很难取得真正的成功。民俗文化资源的内在价值毋庸置疑，然而这种内在价值能否演化为现实中的经济价值，那就得看其是否能被市场认可。民俗文化旅游化的挖掘，事实上也就是将这种文化呈现在游客面前由他们来检验，这一过程即是我们通常所说的民俗文化的价值化过程。这种资源不仅能为所在地区居民创造诸多价值，而且也使得这些地区发展乡村旅游有了自己的核心竞争手段。因此基于民俗文化旅游开发基础上的乡村旅游事业的发展也就获得了属于自己的坚实动力。

二 基于非制度因素基础上的民俗旅游发展对策选择

在民俗旅游发展过程中，政府的作用与制度的力量无疑是相当重要的，原因在于：一方面由于民俗旅游资源的拥有者大多是贫穷落后地区，其仅仅依靠自身的力量的确很难使丰富的民俗旅游资源实现自身的价值；另一方面，基于民俗旅游资源自身的特点，政府的统一规划和制度的规范约束，无论是对民俗文化的保护，还是对民俗和民族文化的利用均有着十分重大的影响。尽管如此，鉴于民俗文化、民俗旅游资源以及民族历史本身特点的影响，非制度范畴的意识、习俗、传统理念等因素也对民俗旅游事业的发展具有深刻影响。更进一步地说，基于民俗文化和民俗旅游资源自身的特点，非制度因素的影响从某种程度上讲，甚至还是决定性的。

非制度因素对乡村民俗旅游事业发展的影响主要体现在五个方面。

（一）村民观念更新与乡村民俗旅游事业发展

在非制度因素中，观念的影响应该是极为重要的，因为观念的变化意味着对时代变化的适应以及对新的社会变革的拥护和支持。严格地说，我国不少地区的文化资源不仅独特，而且也极富开发价值，然而真正能创造财富的地区不多，关键性的原因即在于文化资源所在地民众的观念意识未能得到有效开启。更进一步地讲，资源所在地区村民的观念在相当程度上妨碍了乡村民俗旅游事业的可持续发展。

旅游产业的发展其实是社会进步与发展的产物，其本身在发展过程中已带上了现代商品经济意识，然而，绝大多数民俗文化资源丰富地区的民众一般商品意识不够。1978年改革开放前以及改革开放后的一段时期内，不仅我国在经济较为落后的中西部地区就是经济相对发达的东部地区，农村的商品意识也比较淡薄，大家羞于经商，对民俗和民族文化资源的商业化运作持否定和排斥态度。当然在这种情况下也就根本谈不上乡村民俗旅游事业的发展。改革开放以后，随着政府的引导、其他地区致富示范效应的影响、外地游客带来的文化理念的冲击以及自身的觉悟，相关民众才逐渐认识到民俗和民族文化资源是一种宝贵财富。当然，随着村民思想意识的变化以及与旅游相关的一系列服务活动的完善和提高，不仅民俗和民族文化资源在旅游的开发利用水平上得到了大幅度的提升，而且在此过程中乡村民俗旅游事业本身也得到了极大的发展。纵观我国乡村民俗和民族文化旅游事业发展好的地区，它们的乡村民俗旅游发展路径，可以说基本上就是这样走出来的。经过多年市场经济洗礼和对自身发展乡村旅游事业经验教训的总结，如今不少地区的民众还在旅游开发实践中形成了更为强烈的自我开发和保护意识。以广西龙胜县龙脊景区的黄洛寨为例，这里的村民目前还组建了自己的农村经济协会——农家乐旅游协会，在协会的章程里不仅有对协会运作程序的规范要求，而且还对自我教育、自我管理、自我提高提出了许多具体要求。由于有协会的统筹管理、有组织的规章约束，黄洛寨的民俗旅游资源不仅得到了有效开发利用，而且乡村的民俗旅游事业也得到了广泛有序发展。

（二）民族文化建设与乡村民俗旅游事业发展

乡村民俗旅游事业发展最强有力的竞争优势并非取决于相关的基础设的优劣，相反，民俗和民族文化的内涵才是其持续发展的坚实动力和发展基础。由于历史原因和思想认识方面因素的影响，我们曾在一个较长的时期内忌谈民俗和民族文化，总认为那就是搞地方民族主义和封建迷信，如此一来，所谓的民俗和民族文化也就变得千篇一律，也就变得毫无吸引力了。

现实中，游客们对乡村民俗和民族旅游景区的向往针对的并非美丽的自然山水，他们更看重的是其中的民俗和民族文化资源。恰恰是这样的一种文化成为乡村民俗和民族文化旅游保持自身旺盛竞争力的动力源泉。民俗和民族文化的展示方式有许多种，相对而言，借助于文化手段效果更佳。以广西龙胜县为例，该县组建了多支农村业余文艺表演队，这些表演队不仅定期在龙脊景区内的各村寨进行文艺表演，而且其丰富的民俗和民族文化内涵也给广大游客留下了深刻印象并最终扩大了景区的社会影响力和品牌知名度。应该说，龙脊景区能有今天的影响力，文化建设的展示发挥了重要作用。再如，广西南宁市的马山县，严格说起来，能形成特色和吸引游客的乡村旅游景观的确不多，然而通过一年一度的"美食节"，马山人民展示了自己的大鼓文化。今天的马山大鼓已成了不仅是马山、南宁，而且也成了在整个广西具有巨大影响力的民俗和民族文化遗产。2010 年的上海"世博会"期间，马山的大鼓技术更是成了一个引人注目的民俗和民族文化遗产。再如，广西防城港的京族，近几年其乡村旅游也是影响日隆，而此其中，一个重要的原因是京族的"哈歌节"在文化方面的强大影响。

（三）扶贫目标推进与乡村民俗旅游事业发展

由于历史和现实等各方面因素的影响，我国不少老少边穷地区社会经济发展水平尚比较落后，其中的原因一方面是由于这些地区基于发展基础、发展条件、发展资源等方面原因的影响；另一方面则是由于这些地区绝大多数民众市场经济意识薄弱。改革开放以来，我国各级政府加大了对老少边穷地区的财政支持和其他方面的扶持，然而，这些地区干部和群众中的"等、靠、要"思想仍然比较严重，因而不少落后地区的扶贫开发效果并不乐观。随着生活水平的不断提高，人们对休闲度假的需求以及对民俗和民族传统文化了解的需求，乡村旅游和民俗民族文化旅游市场开始凸显。由于不少老少边穷地区不仅有着自己独具特色的民俗和民族文化旅游资源，而且自然环境优美、民风古朴淳厚、交通等方面的基础设施条件也开始慢慢得到了改善，于是，基于自发、市场引导和政府鼓励等方面的原因，乡村的民俗和民族文化旅游事业迅速兴起并在落后地区广泛开展。

目前在国内外较有知名度的乡村旅游发展示范地区，广西龙胜县在发展乡村旅游前的社会经济状况的确是相当落后的。据统计，1979 年时全县有 19684 户村民生活在贫困线以下，贫困居民占全县农户总数的 67%。1985 年时经济情况虽有所改变，但仍属广西 49 个贫困县和国务院划定的广西 23 个重点贫困县之一。20 世纪 90 年代以后随着乡村旅游事业的发展，情况才有所改变。

早在 20 世纪 80 年代末期，龙胜县的不少地区开始自发地开展乡村旅游项目，然而当时由于思想意识等方面原因的影响，人们尤其是政府部门的不少管理者认为，乡村旅游是"不务正业"，是"病急乱投医"，是"游山玩水"，而且还认为其没有什么发展前途。再加之由于当时人们基于经济发展水平和收入水平的影响，人们对乡村旅游的需求并未得到显现，因而乡村旅游对解决贫困的作用没有得到充分的发挥，于是，在政策层面上，政府的支持也就没有提上议事日程。随着龙胜乡村民俗和民族旅游品牌的推广，随着乡村旅游在农村扶贫开发中作用的不断显现，随着游客的不断增加，政府开始重视乡村旅游的扶贫进而在政策、资金、人才等各个方面予以大力支持。结果，1996年在国务院组织召开的全国旅游扶贫开发会议上，龙胜县被评为全国旅游扶贫先进县，1998年全县即有2万～3万居民通过旅游服务而脱贫，1999年龙脊景区在获得国家1300万元的扶贫开发资金后，乡村旅游事业更是得到了长足发展并成了全国有名的旅游扶贫开发模范示范区。

由于乡村民俗和民族旅游开发本身对落后地区社会经济发展和相关资源的合理开发利用有着重大的推动作用，再加之近年来无论是村民的自发推动，还是政府的政策引导对乡村民俗和民族旅游事业都起到了巨大的促进作用，因而基于对贫困地区扶贫脱困目标实现的需求，致力于乡村民俗和民族文化旅游事业的发展现已成为国内外不少地区社会进步和经济发展的一个重要手段。

（四）市场导向与乡村民俗旅游事业发展

在民族地区乡村民俗旅游事业发展过程中，政府的作用无疑是十分重要的，然而基于乡村民俗旅游业发展本身的内在要求，市场导向的作用也必须要引起我们的高度重视。

乡村旅游与其他旅游事业一样，其出发点与归宿点均是市场，因而如何通过资源开发和产品开发，如何借助于旅游服务水平的提升来拉近与市场的距离及满足游客们对旅游产品消费的需求就具有了十分重要的意义。过去国家习惯上将旅游作为文化产业的一部分来看待，以至政府完全将其大包大揽。如今旅游产业已经成为现代产业的一个重要组成部分，因而完全依靠政府的财政投入既不利于旅游景区政府和居民积极性的提高，也不利于旅游产业本身的发展。目前乡村旅游业发展的当务之急是如何将不同地区不同的乡村民俗和民族旅游资源进行合理的规划定位及整合。实践证明，只有明确了乡村旅游资源开发过程中的产品层次问题、市场档次问题、顾客需求区别问题，市场交易成本才会大幅度降低，而且也有可能创造出更多更好的乡村旅游精品和促进乡村旅游事业的可持续发展。

（五）社区民众广泛参与乡村民俗旅游事业

社区主要是指聚居在一定地域范围内的人们所组成的社会生活共同体，而旅游社区则是指以旅游活动为纽带来联系当地居民和旅游者的一种特殊社区，这种社区既可以是一种城市社区，也可以是一种农村社区。随着工业化和城市化进程的加速以及人口大规模向城市集中，许多传统的农村社区开始向旅游社区过渡。

相比较而言，基于社区参与的旅游也就是由社区主导的、为社区谋求利益的、以促进旅游者对当地生态和民俗民族文化的了解为方向的旅游发展模式。这种模式除了强调社区自身的自然生态和文化环境是重要的旅游吸引物、强调社区居民的广泛参与、强调对社区整体福利的关注和维护社区弱势群体的利益外，还具有五个方面的特点：一是注重突出社区旅游资源的本土性和原生态性；二是以民俗和民族文化体验为旅游产品的核心竞争力；三是强调旅游活动与当地居民生产生活及环境发展间的良性互动；四是以良好的社区治理机制为旅游发展提供保障，强调旅游资源开发过程中的自下而上决策模式的运用；五是关注农村社区居民的自然发展能力。

实践中发展基于社区参与的乡村民俗旅游事业应该说具有十分重要的理论意义与实践价值。首先，发展基于社区参与的乡村民俗旅游事业乃是社会主义新农村建设的迫切需要。原因在于，发展基于社区参与的乡村民俗旅游事业既有助于提高农村居民的文化素质和自我发展能力、有助于促进农村地区社会经济发展和居民生活水平的提升，而且也有助于提高农村地区生活环境、生产环境和生态环境保护以及有助于促进农村管理的民主化。其次，发展基于社区参与的乡村民俗旅游事业有利于对传统的乡村旅游发展方式进行反思。长期以来由于种种原因的影响，在我国旅游事业发展过程中，所谓的"精英主导模式"一直是主导旅游事业发展的重要模式。这种模式对我国旅游事业发展的促进作用有目共睹，然而由于其一方面难以满足旅游市场对社区旅游的需求和难以发挥旅游资源的价值创造功能；另一方面又会导致社区资源难以有效地被开发利用和不利于切实提高社区居民的旅游收入。因此，从长期和可持续发展的视角分析,发展基于社区参与的乡村旅游发展模式,无疑是一种促进乡村民俗旅游事业可持续发展的最为有效的模式。最后,发展基于社区参与的乡村旅游事业也是可持续发展的内在要求。由于社区参与的乡村旅游发展模式强调为社区居民带来旅游发展中实实在在的经济利益、强调对乡村地区弱势群体的支持与帮助、强调对自然环境和传统文化的保护与发扬光大、重视有效的社区治理机制在乡村旅游发展中的运用、提倡旅游资源开发和旅游发展决策中的"自下而上方式",因而严格说来,其不仅完全符合生态旅游发展模式的内在要求,而且也能借助于社区民众的积极参与和大力支持而最终促进乡村旅游资源的可持续发展。

三 壮族地区民俗旅游事业发展的实证剖析

随着社会文明的进步和精神生活水平的提高,人们产生了浓厚的猎奇倾向和渴望通过旅游的方式回归自然、追踏历史踪迹、探寻文化潜源、品味民俗情趣的意愿。由于人们逐渐厌恶灌满钢筋水泥的城市以及喜好山清水秀的乡村,旅游观念正逐渐由单维空间向多维立体空间转换,进而又使得民俗和文化旅游成为了现代旅游的发展趋势之一。

作为我国人口最多的少数民族,壮民族生活的地区不仅自然风光秀美,而且民族文化旅游资源相当丰富,具有发展民族和民俗旅游业的得天独厚的条件。研究、开发和保护壮族地区民族文化旅游资源和开展壮族地区特色旅游产业,不仅对壮民族社会经济发展和脱贫致富具有重要意义,而且也对资源环境的可持续利用及保护具有重要影响。

(一)壮民族民俗文化内涵

总体上看,壮民族的民俗文化主要涉及两方面的内容。首先,壮族文化在民俗文化中具有重要地位。壮族文化是指壮族人民在长期的历史发展进程中创造和发展起来的具有本民族特点的物质文化和精神文化的总和,其基本构成包括物质文化、行为文化和精神文化,其中,精神文化作为壮民族民族文化的深层次内涵,影响当更为深远。其次,壮族风俗民情的影响也相当深远。壮民族在特定的地域生活环境和历史条件下,在长期共同的生产实践和社会交往中,形成了自己独具特色的民情风俗文化;总体上看,这种文化主要涉及六方面的内容:一是壮族民族服饰具有鲜明特色;二是壮族居住习俗体现出了自身的地域特点;三是壮族岁时节俗不仅多,而且特色鲜明;四是壮族的民间游艺花样繁多,诸如舞狮、板鞋舞、舞春牛、打陀螺、抛绣球等均极具特色;五是壮族饮食习俗也形成了自己的特点,其中,最具壮族民族特色的当属五色糯米饭和糍粑,此外,生腌酸辣食物也为壮族群众所喜爱,而诸如生血、生鱼片和腌笋等影响就更十分广泛;六是壮族礼仪习俗体现出了浓厚好客美德,例如,在壮族村寨,任何一家来了客人均被视为全村的客人,往往几家轮流请吃饭,客人要轮流吃一遍,不吃者为失礼。

(二)壮民族民俗旅游资源的开发利用:以田阳布洛陀文化旅游开发为例

广西是我国壮族分布最集中的地区,是壮族文化资源最富集的地区,也是壮族文化的发源地。自古以来,广西一直是壮族及其先民骆越人生活的家园,他们创造了灿烂的文化,留下了丰富的文化遗产,为广西发展民族旅游业提供了得天独厚的条件。下面,我们即以广西田阳壮族布洛陀文化旅游开发为例来加以具体剖析。

"布洛陀"为壮语的译音,"布"就是祖公,"洛"即通晓,"陀"即全部和足够的意思。显然,"布洛陀"在壮语中意为"无所不知、无所不能的祖公",即智慧祖神。壮民族布洛陀文化既是壮族及其先民崇奉布洛陀为创世神、始祖神宗教神和道德神,并遵从其旨意以期调解人与自然、人与社会、人与人之间的关系,求得自身的生存和发展的一种精神性文化体系,也是壮族这一人们共同体在特定的自然环境、生产方式、生活模式和社会活动实践中所形成的一种幻化形象、价值观念和理想追求。[①]布洛陀文化体系包括神话文化、史诗文化、宗教文化、始祖文化、歌谣文化等,其内涵丰富,具有重要的历史价值、文化价值和学术价值。对布洛陀的信仰崇拜既是布洛陀文化的基点,也是布洛陀文化的象征,其起源于远古时期壮民族的群体生产实践、内在欲求和思维形式三者间的有机结合与发展。此外,布洛陀文化还与口传文化有关,由于壮族没有自己的民族文字,因此,传达信息、交流感情就大都依靠声音,特别是

---

① 覃乃昌:《布洛陀文化体系论述》,载《广西民族研究》2003 年第 3 期。

歌谣来进行,与此相联系的是歌风盛行,歌场常开,可以说壮族一个人从生到死都在歌海中度过。而恰恰是这一点又为布洛陀文化的延续和发展提供了条件。不仅如此,由于布洛陀文化的形成还与壮族原始的祭仪、巫术相连,与神巫文化有着密切的联系,而这一点也为布洛陀文化的延续和发展提供了精神氛围。总之,由于以上的各种因素,布洛陀文化在壮民族生活中得以长期流传,并进而在"俗"与"圣"两种领域继续发展。"俗"的领域逐渐传说化、节会化,并继续起维护群体、规范伦理、协调关系的作用;"圣"的领域则在经籍化和民间宗教化后,成为宗教职业者从事宗教活动的经典。

考虑到布洛陀文化具有鲜明的民族性、区域性、神圣性和群众性,因此总体上看,布洛陀民俗文化就是以《布洛陀经诗》及其影响为精神内核,以布洛陀民俗文化遗存为物质载体,以周边地区壮族群众自发的祭祀活动和大型歌圩为表现形态,形成为一个民族个性鲜明、文化层次分明、群众参与性强的动态文化圈。[①] 由于学者大多认为田阳敢壮山乃是壮族人文始祖布洛陀的重要纪念地和精神家园,因而田阳敢壮山便成了壮侗语系民族人文始祖布洛陀的圣山。

布洛陀文化旅游开发起步于2002年,当年百色市和田阳县全面开展布洛陀文化的普查和挖掘工作,同时,通过采用文字、音像、实物等方式全方位记录、收集到布洛陀经诗手抄本31本,布洛陀民间传说84篇,布洛陀叙事山歌录音带122盒,舞蹈18个,整理和创作了《布洛陀圣乐》大型音乐,出版了有关布洛陀文化研究理论专辑。同时,还广泛邀请中国社会科学院、中央民族大学、亚洲民族学会等到田阳开展"田野调查",举办多达18次的布洛陀文化研讨会、座谈会,收集专家、学者对布洛陀文化的言论,编撰《布洛陀文化资料汇编》,委托广西壮学会编写出版了《布洛陀寻踪——广西田阳敢壮山布洛陀文化考察与研究》,出版了《布洛陀山歌选》《布洛陀故事集》《布洛陀论文集》等书籍。此外,为加大布洛陀文化对外宣传力度,先后邀请了新华社、人民日报社、中央电视台、中央人民广播电台、香港文汇报社、广西日报社、南宁日

---

① 刘亚虎:《布洛陀文化的典型意义和独特价值》,载《广西民族研究》2005年第2期。

报社、广西电视台等区内外媒体报道了有关田阳敢壮山布洛陀文化。在此基础上，先后完成布洛陀文化旅游项目的总体策划、可行性研究及其相关产品的开发，完成通往景区道路的建设和景区的绿化工作等基础性工作，敢壮山布洛陀文化景区初具规模，为景区对外开放打下了基础。总之，经过两年的开发建设，田阳敢壮山布洛陀文化景区初步具备了接待游客的能力和条件，于 2004 年 4 月正式对外开放并同时举办了首届百色布洛陀民俗文化旅游节；旅游节的内容有民族体育比赛、山歌对抗赛、民俗文化表演、民俗摄影比赛和一系列商贸、旅游活动，吸引游客达 20 万人次；2006 年，中央电视台第四频道新开栏目《传奇中国节》首选田阳县敢壮山歌圩作为开栏节目，用长达两个半小时向国内外现场直播，展现壮族传统节日活动的盛况；同年，布洛陀还被国务院公布为第一批国家级非物质文化遗产；2007 年中央电视台第四频道、第十频道用 40 多分钟向国内外播出《寻找布洛陀》电视专题片。

还值得一提的是，田阳县依托丰富的布洛陀文化旅游资源，不仅围绕生态文化县建设，构建了以敢壮山布洛陀景区为龙头，百色国家现代农业科技示范园区和布洛陀杧果风情园为侧翼的空间旅游发展格局，而且还形成了以朝拜始祖布洛陀和壮族民俗风情展示为主要内容的敢壮山壮族布洛陀民族文化旅游为主打的特色旅游产品，进而在此基础上推出了现代农业观光体验游和农家乐休闲游为辅的旅游产品。此外，目前由于敢壮山景区的设施改变了敢壮山山前无水的局面，形成了传统的山环水抱的格局，创造了良好的生态环境和实现了大面积的普遍绿化工程。良好的社会效益还给当地农民带来实惠，增加了农民的环境意识和经济能力，改变了长期以木材作燃料的习惯，改用天然气，保护了敢壮山的植被。总之，敢壮山被国内认定为壮族始祖布洛陀的遗址后，引起了国内外的关注，不少游客慕名前往敢壮山旅游、朝拜布洛陀，特别是一年一度的百色布洛陀民俗文化旅游节游客甚至超过数十万人。游客流带来了大量的商机，不少客商纷纷到田阳考察投资置业。布洛陀文化旅游的开发给田阳县带来每年上千万元的经济收入，同时，通过招商当地政府也引进了一些公司参与到田阳县壮族布洛陀文化旅游的开发，促进了布洛陀文化旅游的发展和田阳县社会经济的进步。

第八章

结论与启示

第一节 主要结论

（一）民族关系与人地关系互动关联明显

也正如我们前面所分析的那样，现实生活中，任何一个民族的生存与发展都离不开与之相伴的自然与人文环境。同样，在民族自身繁衍与发展过程中，环境的变化也无形中会留下其适应、改造甚至是征服的痕迹。在环境演化过程中，一个民族对环境的感知与适应能力如何，不仅关系到他们的生存状况、其与周边相关民族的关系与地位、未来的发展前景，而且同时还会深刻影响到他们自身的地域分布格局以及经济活动、政治生活、习俗文化等诸多因素的空间演化。历史上，受地理因素的影响与制约，不少民族在地域分布的空间格局上出现过较为复杂的变动，同时，这些民族相应地也在农耕生产、畜牧、工业生产、商业活动、狩猎以及文化等领域采取过不同的适应措施。这些适应措施与环境相互影响，形成了相关民族历史上的民族变迁与人地关系间的十分复杂的互动关系。

壮族作为现阶段我国境内人口最多、汉化程度较高的少数民族，以前对其研究，主要集中在历史、文化、风俗、语言、艺术、宗教等方面，而对于其与地理环境的关系，尤其是在壮族地区人地关系过程中，壮族适应环境的方式、效果、途径等相关问题缺乏深入研究；然而，恰恰在民族问题的研究过程中如果缺少对与之息息相关的环境问题,尤其是人地关系问题的剖析,不仅民族演进与发展脉络难以清晰展现,而且区域内民族关系的有效处理和促进民族地区和谐稳定发展的战略目标也很难得到真正的实现。

作为"环境问题"的泛称,在人类社会的不同时期,不仅"人地问题"时时凸显,而且鉴于"当代人地关系问题是历史积淀的现实转嫁、惯性推动和现阶段进一步扩展、加剧的结果",因而深入研究民族关系与人地关系的适应性问题,既相当必要,也意义深远。

不仅如此,基于对三个方面情况的深刻理解,妥善处理好"人地关系"更显急迫。一是大量的、相互关联的人地关系问题所形成的"危机综合化"的压力,使任何对"人地问题"的"近视"和"单一化的化解渠道"都难以深入"人地问题"的实际,因此,人类只有把这些危机作为一个整体并进而采取相互协调的措施才能加以解决。二是人类对环境大规模、高强度改变所导致的"危机深层化"压力,在使环境状况更趋孱弱以及人地关系更趋紧张的同时,也使人类社会最终渐渐失去了随意选择生存空间的机会。三是伴随人地矛盾扩大化趋势所导致的"危机全球化"压力的影响,也使人地矛盾"全球化趋势"开始在三个关联层次上更趋深化:全球尺度上的人地问题加剧、国家尺度上的人地问题强化以及局部日益严重的资源环境和贫困问题对整个人类社会发展的严重制约。

人类发展问题如此,民族进步与发展问题同样不例外。事实上,任何一个民族的生存与发展都离不开与之相伴的自然与人文环境,甚至从某种程度上讲,民族关系的和谐稳定与否也与各类环境资源状态息息相关。实践证明,在环境演化的过程中,一个民族对环境的感知与适应能力如何,不仅关系到其生存状况和未来的发展前景,而且还深刻地影响了其自身的地域分布格局以及经济活动、习俗文化等诸多因素的空间演化。

作为一定地域内环境变化的主人,相关民族在自己的生产生活过程中无疑对环境的变化有着直接的影响,然而,地理环境反过来也会对民族族体的形成与发展留下自身的影响痕迹,以至每一个民族身上都会被地理环境打上深刻的自然印记。民族间的关系发展好坏,表面上看主要受民族间生产发展程度、语言、习俗、文化、政策等因素的影响,不过,究其实质,上述不少问题的产生又皆与地理因素有关。实践中我们在制定民族政策和研究处理民族问题时,就既要考虑民族间"人"的因素的影响,也要考虑到民族间"地"的因素的作用。"人地"两者间相辅相成,才会相得益彰和促进民族地区的和谐共进。

作为广西壮族自治区境内的世居民族,壮族繁衍与发展史无疑也是一个不断地与自然环境及人文环境进行适应、调整甚至是斗争、改造的过程;事实上,壮族先辈们延续下来的各具特色的生活生产方式和其他宗教习俗,就无不打上了被环境打造、适应环境和改造环境的痕迹;如果在相对封闭的环境里一直走下去,民族的特有痕迹会越发强烈地彰显下去,同时民族矛盾与冲突也很难似我们描述和想象中的尖锐,甚至根本就不会存在;当然,上述假设即便成立,也不见得就是好事,毕竟基于封闭的环境下成长起来的民族,无论如何是难以使自身成为民族之林中的佼佼者和使自身对人类社会的发展做出更大的贡献的。

封闭只能是一种不切实际的空想,环境间的差异与开发性使得其并非仅仅对一部分民族是合适的,事实上,任何民族基于生活或其他方面的现实需求而迁徙到新的环境后,其均会或快或慢地适应新环境,甚至还有可能比原住民族或者是先到民族适应得更彻底和生活得更惬意。

壮族的生活环境同样如此。不容否认,在一个相当长的时期内,作为岭南地区的世居民族,壮族不仅在适应和改造环境的过程中创造出了自身丰富而辉煌的民族历史与民族文化,而且也以自身的努力留下了改造环境的痕迹。然而随着外部势力的不断深入与扩大,随着中原地区尤其是两湖地区人民基于自身种种生活与发展需求而不断南迁,壮族地区渐趋成了壮、汉、瑶、苗等各民族和平共处与共同发展的摇篮。环境单一与相对封闭状态被打破,慢慢地,"人地关系"也开始显露出了与过往不一样的紧张态势;很显然,此种情况下,如何处理好"民族关系与人地关系的适应性问题"也就有了十分重大的理论意义与实践价值。

相比较而言,作为客观存在和相对固定的一方,"地"对民族族群繁

第八章
结论与启示

衍及发展的影响要直接和现实得多;同样,在"人地关系"与"民族关系"的调处过程中,"人地关系"对"民族关系"的影响也需要引起我们的足够重视。事实上,民族无论大小、无论先进与落后,也无论强弱贫富,它们均需拥有自己生存、繁衍与拓展的地域空间,甚至是有时为了获得或保持自身的生存与发展空间,即便是冒死一战,也在所不惜;同样,任何地域,无论平原高原、江河湖海、沼泽戈壁,也无论繁华偏远、地肥土瘦,都无不被相关民族和国家所拥有;因而探讨"民族关系"中的相关问题,不应也不该回避事实上存在且永远都在发挥着自身作用的"人地关系"问题。

具体说来,人地关系对民族关系的影响主要表现在四个方面。首先,人地关系状况乃是影响民族人口迁移去向和民族关系变迁的重要因素之一。就我国历史上的情况看,最初的情形是:中原内地,尽管环境容量较大,生产和生活条件相对成熟,但因汉族人口众多,因而人地关系长期处于紧张状态,因此少数民族大规模内迁的可能性事实上不大,汉族人口则基于种种原因而自愿与不自愿地选择了外迁相对偏远的少数民族地区开始新的生活。其次,"人地关系"的好坏以及环境容量的大小,也能决定民族的发展取向、社会地位以及人口的多少。尽管不能说环境条件及容量是民族发展与民族地位高低的决定性因素,但不容否认的是,历史和现实中的强势民族一般均是生活在环境条件较好的地区。一般情况下地势低平的平原及河谷和盆地,水热条件好、易耕土地多、对外交通方便、成片开发容易,因而不仅环境承载力强,而且也易于为居住于此的民族提供便利的繁衍生息条件,因此生活于此的民族发展快和日渐成为强势民族也就顺理成章了;相反,靠近平原河谷地带的丘陵地区,尽管开发条件相对不错,同时也适合发展其他多种产业,但无论如何与平原河谷地区比,差距明显,当然居于此的民族可能要付出更多的努力才能获得环境条件好的平原河谷地带的民族的发展机遇;进一步分析,生活在诸如高原、山地、戈壁及其他气候条件极端地域的民族,基于环境条件的艰苦、"人地关系"的紧张以及环境承载力的受制,不仅民族繁衍缓慢,而且社会进步程度也很难与环境条件好的地区相比。再次,人地关系的状况还会直接或间接影响到区域民族形象和个性心理特征。最后,"人地关系"还是引发民族矛盾、民族冲突的重要根源之一。民族矛盾、民族冲突与民族隔阂的形成,尽管主要原因是民族压迫、民族歧视以及相互间的宗教与文化习俗的冲突等方面的原因,然而,民族演进过程中所面临的不同生存环境,尤其是在空间地域和其他自然资源方面禀赋方面的差距,也极易诱发民族间为改变历史上的"资源环境既定态势"而"兵戎相见"。当然,实践中民族冲突的挑起,一般不会直接以"改变民族间的人地关系"为借口;但引发冲突背后的深层次原因又无形中落足于对"民族间人地关系"调整的渴望上。由于不少少数民族生存繁衍之地区环境条件恶劣,加之人口的增长以及某些年份自然灾害的影响,部分民族便不得不"有意或是无意"地将目光瞄准了周边其他环境条件和发展基础好的民族,于是,矛盾和冲突往往就演变成了"争田夺地"的血腥战争。

尽管如此,人地关系对民族关系演进与发展过程的影响还只是一个外在因素;历史上民族关系真正的走向和演进,事实上是多方面因素综合作用的结果,尤其是诸如民族历史、民族政策、民族组织、民族结构、民族宗教、民族文化、民族心理、民族形象以及民族习俗等因素。在"人"与"地"关系的演进过程中,"地"的影响力虽不可忽视,但"人"的主观能动性更显关键;环境条件好坏的确能影响到民族的生存繁衍与发展,但随着民族自身的发展与进步,环境会在人类生产力的作用下更好地服务于民族发展与人类繁衍。显然,探讨民族关系,忽视或是漠视人地关系,当然不利于问题的解决;同样,若是过分地夸大人地关系的影响,而将民族文化和民族信仰等因素排除在外,也难以寻求出符合历史演进规律的客观线索。

(二)在适应与改造人地关系过程中,壮民族的民族族群体特征及其与其他民族间的关系也得以逐渐成型并最终实现了历史上壮民族的民族过程

在民族发展及其族群关系演进过程中,人地关系的影响可谓广泛而深入;而其中既有民族关系变迁与演进对人地关系状况的被动适应,也有对人地关系和地域环境特征变化的主动反应;当然,无论哪种情况,均会推动民族过程的顺利展开。壮族的情况也不例外,总体上看,在适

第八章 结论与启示

应与改造人地关系过程中，壮民族的民族特征及其与其他民族间的关系也得以逐渐成型并最终实现了历史上壮民族的民族过程。

（1）尽管壮民族在民族过程中形成了自身具有诸多共性的民族族群文化，然而因区域内地域环境反差的巨大，生活在不同地域范围内的壮族的生产生活方式选择又各具特点。具体说来，在桂西及桂西北壮族聚居地区，由于汉统治势力"鞭长莫及"，因此这些地区，因缺乏强大的经济基础，自然也就产生不了强有力的地方政权。唐宋时期，左右江一带的壮族先民，依托左右江平原，一度形成了几支较强的势力，相互雄长，可谁也无力完成对整个壮族分布区域的控制；明代，桂西地区土司林立，但岑氏土司虽强，也只能一时控制左右江流域部分地区，最后还是在明王朝的军事打击下败亡。事实上，也正是由于桂西及桂西北地域地理区域的差异明显，彼此阻隔严重，因而历史上在西瓯、骆越分化过程中，形成了众多的支系。相比较而言，桂东部及中南部面积较大的平原和三角洲地区，地势平坦，土地肥沃，便于灌溉，农业较为发达，可以容纳较多的人口；自秦汉以后，中央王朝首先在这些区域设立了种种统治机构；之后，每当中原战乱，广西偏安之时，大量的汉族移民便选择桂东北与中原可通的几条孔道，不断进入广西并定居于治所及交通沿线附近，与最早定居于此的壮族先民形成交错杂居之势。当定居于平原地区的汉族累积发展到一定程度之后，由于既有政治与军事上的支持，加之又拥有较为先进的文化和社会生产力，因而分布于这些地区的壮族先民，为了适应平原地区社会发展的变化，一部分主动向汉族靠拢并最终融于其中；少部分的壮民则选择退避并最终散布在这些平原的边缘地带以及平原之间的丘陵山地。此外，在壮族居住的一些缺少平地的山区，因生态环境较为脆弱，因此居住在这里的壮族先民在生产生活方式的选择上就有着比较大的区别。从壮族分布的山区看，山上植被的好坏，决定了溪水的丰枯；而地形坡度的大小又通过耕地面积的多少，最终决定了适于生存人口的多少、壮族聚落的大小以及聚落位置的选择。由于壮族基本上是与汉、瑶、苗等民族交错杂居在一起，因而在其他民族关系发展过程中，小区域内的人地关系状况对民族关系发展具有较大影响；其间的民族迁徙、民族纠纷等也都与人地关系紧密相关。

（2）人地关系的区域差异又使得壮族在生产技术、耕作制度与土地利用方式等方面存在较为明显的时空差异。首先，就平原与山地之间的差异而言，平原及低山地带，因土地相对肥沃及水热条件较理想，因此，汉族人口较多，农耕生产相对发达，分布于此的壮族受其影响较深，汉化现象较为严重，以至在生活方式、生产工具、生产技术、耕作制度与土地利用方式的选择上，与汉族别无二致。然而，山地壮民因自然条件及人地关系等方面原因的影响，不仅"汉化"程度有限，而且生产生活方式上也更多保持了自身的民族特色。还值得一提的是，在桂西部和桂北部的岩溶山区，因地表土层浅薄，地表缺水，因此，如何固土、储水和有效增加耕地面积则成了当地壮族生活中经常面对的重大问题；由于条件受制，所以，与这样的地理环境和人地关系相适应，当地壮族就多以种植玉米、番薯等杂粮为主。平原与山地间的壮民不仅在农业生产方面区别明显，而且基于地域条件的影响，畜牧品种选择及副业发展方面的差异也比较明显。一般而言，平原地区的壮族人家，畜牧多以水牛为主，山地的壮族则多以黄牛为主；而岩溶山区，因田地较少且陡，一些地区的壮族则干脆以马为畜力；副业方面，平原地区因坡塘较多，因此，当地壮族副业就大多以饲养鸡鸭等禽类为主；岩溶山地因水少坡陡，不宜开垦，当地壮族主要以发展牧业为主，尤其以成批牧养攀爬能力较强的山羊为主；而更偏僻的山区，狩猎往往成了更主要的副业选择。

其次，再就广西东西部间的差异而言，壮族分布区域的东部，由于自然条件相对优越，加之当地壮族受汉族影响较大，因此，无论是生产力水平还是经济生活水平均明显强于西部地区的壮族。相反，由于区域自然条件差异以及人地关系相对紧张，桂西部与桂北部岩溶山地生活的壮族，在耕作制度上也与东部山地的壮族有显著的区别，在这里，除水田较少外，不少山区农作物一年只能一熟；由于贫瘠而有限的山地，使不少地方所产粮食不能满足人口生存的基本需要，于是一些山区的壮族在发展农耕外，还间或以打猎为生。

（3）壮族地区环境变迁和民族关系情况与距离汉族控制的统治中心区的距离和交通发展状况密切相关。自宋以后，汉民族南迁的速度加快和规模扩大，同时，中原统治势力对岭南地区壮民族的控制也日趋强化，

第八章 结论与启示

然而总体上看,中原统治势力对壮民族生活地区的影响和统治不仅有限,而且因地域不同而有较大差异。平原及河谷地带因生产条件相对较好和交通较为便利,因而汉民族南迁主要以这些地区为首选,封建统治势力的中心区初建时亦布局于此;结果是人口增加而导致人地关系紧张以及随着先进的生产技术和工具的逐渐引进,环境变化明显而巨大,而且民族关系在经过了一定时间的冲突后,两极分化情况开始出现:一部分壮民自觉与不自觉地选择了与汉民族的融合;另一部分则选择了退走山地丘陵地区。相反,由于距离平原与河谷地区较远的丘陵山地,因封建治势力"鞭长莫及"以及汉民族迁入的较少,受制于生产力水平、人口状况、周边的环境条件以及本身的发展理念等原因的影响,在一段较长时期内环境状况保持得较好,人地关系在低水平的态势下基本上能保持相对的宽松状态,民族关系也显得比较简单;当然,随着封建统治势力的进一步深入以及汉民族和其他民族的不断向山区拓展,无论是自然环境还是民族关系也相应地发生了变化。

(4)人地关系的变化及演进也使壮族文化演进达到了一个比较高的水平。这一点又与"那文化"的繁荣及其在壮民族中的影响力息息相关。例如,就居住文化而言,凭"那"而居的居住文化主要表现为干栏文化,这种基于地面架空而起的建筑,由于适应了岭南地区潮湿多雨及地势不平之自然环境,因而被壮族先民广泛采用;就因"那"而食的饮食文化而言,诸如石磨盘、石锤等加工谷物的工具的出现以及将稻米加工成各种食品的生活习惯也说明了"稻作文化"在壮民族日常生活中影响的深入和深远;就靠"那"而穿的服饰文化而言,对棉、麻的种植与加工,日常服饰颜色上的"以蓝黑为主"以及款式上"以宽大为特征"的选择,也充分体现了壮民族对岭南环境和稻作生产特点的适应;而就依"那"而乐的节日文化而言,诸如"蚂拐节"以及各类祭牛、祭耕、祭插秧和收割等与稻作生产密切相关的节日文化的形成与发展也充分反映了壮族先民节日生活的内涵是紧紧围绕着稻作生产的全过程而进行的。

除此之外,思想文化和艺术文化民族特征的日渐成形不仅体现出了壮民族的自身特点与演进历程,而且也是事实上的对人地关系和地域特征适应的一种重要体现——实践中,"布洛陀"为代表的神话文化既很好地反映出了壮族人民在生产生活以及征服和改造自然环境过程中形成的对自然、对社会、对自身发展的深入思考,同时也再现了壮族先民精神文化的演进轨迹;而且以"诺鸡"和"麽"为代表的原始宗教文化、以"岜来"为代表的艺术文化、以宇宙"三盖"为基础的朴素的哲学思想、以"欢敢"和"欢亚圭"为代表的歌谣文化以及以"依托"为特征的医药文化的盛行也充分体现了壮族先民对人与自然关系一系列的朴素认识;此外,以"咽"为代表的青铜文化更是壮民族文化中的地方特色和民族特色的鲜明写照,尤其是其纹饰中诸如太阳、雷纹、水波纹、蛙纹等的广泛使用又从另一角度体现出了壮族先民稻作文明的悠久与先进。

(5)在人地关系与民族关系的演进过程中,地域环境因素对民族关系变迁和演进的影响不仅体现在族群意识和族群体形成过程中,而且也还能在相当程度上影响到民族分布版图变迁的历史演进脉络;以壮族分布版图的演进特征为例,其分布格局形成就既是历史因素影响的结果,同时又在相当程度上反映出了地域空间因素差异影响的内在机理和规律。

首先,中原地区封建统治的强弱与民族间彼此的制约关系对壮民族的地域分布影响深远。其实,从严格意义上讲,岭南地区在秦以前基本上是壮族先民的聚居地,尽管当时的岭南地区也存在着其他民族的生活繁衍痕迹,但总体上看,壮族先民在岭南的主体民族地位是不容怀疑的;然而,自秦开始、尤其是宋以后,随着中原封建统治势力对岭南地区影响的深入以及汉民族的不断南迁,岭南地区原来生产生活条件相对较好的平原与河谷地带不仅受中原封建统治势力的影响日深,而且在迁入汉民强势文化的影响下,不少壮族先民或是日趋融入汉族文化中,或是通过不断外迁的方式来寻求新的生产生活空间和发展之地,进而最终在分布版图上逐渐呈现出了向封建统治势力和汉民影响相对较弱的桂西山区和其他周边山地转移。之所以宋以后的壮族分布在滇东南和桂西北地区相对集中,关键性的原因也即在此。

在民族分布地域选择过程中,民族间关系的处理与民族间的实力大小强弱也具有重要意义。进一步分析,历史上,一个民族的发展方向与空间布局选择就既受自身发展的影响，同时也必然会在相当程度上受到其他民族分布态势的影响。事实也的确如此，在桂东北以及桂东南等地区，在汉族居民尚未大规模进入之前，这一区域当然是壮族先民的重要聚居区域；然而，随着封建统治势力对这些地区控制的强化以及当汉族人口达到一定规模后，基于自身在政治、经济、文化处于相对弱势地位之背景，原先居于此地的壮族先民，或是退避，或被同化，进而无形中又造成了壮族空间分布版图的变迁。

其次，地理条件和人地关系状况也能在相当程度上影响到壮民族分布版图的变迁。

历史上壮族的分布与聚居区域主要集中在北接云贵高原，南临大海，东向粤东南以及西临云贵高原西南边缘的范围内；显然，从地理和地形上的特征看，此环境下，壮族先民只能而向东或向西发展。事实也的确如此。桂西北和滇东南地区的壮族先民自宋至民国时的聚居态势未发生大的改变，然而当地的不少壮族先民仍不断向西和西北地区迁移，有的甚至外迁到了四川北部和云南西北部地区；之所以如此，一个重要原因是从壮族聚居区往西，虽有一些山脉与河流的阻隔，但大多处在云贵高原西南缘，海拔不高，且又不构成壮族发展的重大障碍，因而在一定条件下，壮族仍可以缓慢向前扩散；而从壮族聚居区向东一带则多为低山丘陵地带，该区域尽管也存在一些东北——西南走向的山脉，但因多是海拔1500米以下的低山，再加之各山脉之间并不连贯和存在不少较宽的空隙地带，因而壮族先民也可以通过这些地区不断向东发展；然而在此过程中，由于东部地区的人地关系比较紧张，再加之封建统治势力和汉民的影响比较深入，因此，壮族真正东迁并形成较大规模聚居区的情况并不多见。相比较而言，壮族聚居区向北发展一方面会面对人地条件更为紧张的云贵高原；另一方面云贵高原地区的苗、瑶等世居民族又会对其迁入形成相当强的滞阻，北部地区向来是中原封建统治势力的所在，因而历史上壮民的北迁除在湘南的永州等地出现过外，明显的北移并未产生。向南发展，一方面会直面大海，另一方面又会涉及东南亚的相关国家和地区，显然，向南发展困难更多。当然，自然地理条件和人地关系情况的确会对壮民族的分布版图形成自己的影响，但最终起作用的，应是包括政治、经济、文化和民族间关系状态在内的一系列因素综合作用的结果。

最后,人地关系状况、人口迁移取向以及行政区划的调整也均能对壮民族分布版图变化产生重要影响。

就人地关系而言,一般情况下,往往是人地关系越宽松之地,对外来人口的吸引力和宽容度往往越高;相反,人地关系紧张的地方,外来民族的人口融入常常会遇到不少困难。实践中,由于平原和河谷地带的水土条件相对较好,因而历史上人们也就倾向于在这些地区聚集和开展生产生活活动。总体上看,壮族外迁时选择向东拓展,从自然环境的角度剖析无疑是最为便利的;然而由于东部地区的人地关系本就紧张,再加之受汉统治势力强大的影响,东迁的壮族不仅人数十分有限,而且也没有形成自己的成规模的聚居之地。相比较而言,往西和西北,由于人地关系相对宽松,再加之阻滞之势力又比较小,因此,不少壮族先民外迁时对西部和西北部地区的侧重性也就比较强;同样,基于对人地关系的适应以及对自身生存发展的要求,历史上随人口迁移而来的民族分布地区变迁情况也比较普遍,从严格意义上讲,目前真正的原生态民族聚居区已是"凤毛麟角"。

第二节 相关启示

(一) 先进生产技术手段的吸收和运用对民族关系与人地关系的调适具有重要意义

自宋之后,随着中原统治势力对岭南壮民族地区统治的加强以及随之而来的汉族人口的大量南迁,不仅壮民族生产生活的平原与河谷地带人地关系日趋紧张,而且原本人地关系相对宽松的山区与丘陵地带,人地关系也开始紧张起来。然而,实践证明,先进生产技术和生产方式的引进又能在很大程度上有效地缓解日趋紧张的人地关系。如广西南宁盆地-桂中平原-桂东北平原西缘一线以东地区,因汉民族的大量迁入而造成人地关系的极度紧张,然而,先进的生产工具(如踏犁、水车等)的引进,则缓解了这种矛盾;而红水河流域、左右江上游地区以及柳江上游山地，因地形极为崎岖，先进的生产工具和技术传播较慢，使得农业生产只能依赖扩大垦殖面积来解决人地关系问题。可见，南宁盆地-桂中平原-桂东北平原西缘一线以东地区的人地关系并未似我们想象和分析的那样显著，而红水河流域、左右江上游地区以及柳江上游山地一带，尽管人口总量不多，但人地关系远比其他地区复杂和尖锐。总之，由于人类每一种适应环境的方式、手段，都是认识自然与改造自然经验的总结，也是影响人地关系的重要因素。

（二）为有效促进民族关系与人地关系的适应，实践中有必要培养形成可持续发展的理念与心态

历史经验告诉我们，民族的"闭塞"不利于从根本上缓解人地关系紧张局面和促进民族地区社会经济的可持续发展，因此，在不断变迁的自然环境和人文环境面前，积极建立"走出去"的理念是十分必要的，而那种选择退避策略的种群最终将丧失竞争能力而难以延续种群的发展。壮族在文明进程中，面对自然环境与人文环境的变迁，在与其他民族交往中，没有采取盲目排斥的态度，而是积极利用其中的有利条件，努力发展经济文化，使本民族一步步发展壮大。这当中，壮民从生产工具、生产技术到汉文化的积极吸收，对壮族的整体壮大起到了重要作用。实践证明，在吸取与借鉴其他民族先进技术与文化的过程中，壮族注意根据自身条件，有取有弃，积极向其他民族学习，逐步走向文明的同时，又使自己的民族文化得以传承和发展。

其实，生态学的一般常识也告诉我们，在特定的地理环境内，生态系统的物种间会存在某种程度的合作与竞争关系。共处于一个大的自然生态系统下，为了生存与发展，彼此间的合作成立历史的选择。进一步分析，此种状态应该还是各民族间在推动自身和人地关系发展过程中的主旋律；民族间的"同化"既是民族间彼此适应和学习的结果，也是民族间共同服从于"人地关系"调整的必然选择。有鉴于此，美国学者乔治·威廉斯（George C. Williams）就曾明确提出过"进化适应"的概念并认为任何物种在环境面前，都会不断调整自己的结构、生理、形态、行为等；同样在生态系统内，每个民族都有自己独特的生存发展智慧，都会在不断变化的自然环境与人文环境面前，调整自己，努力加以适应，最后选择出对自己发展最为有利的道路。

（三）民族关系与人地关系的适应和调整应尽可能从内容上体现出自身的完整性、有效性与和谐性

民族关系与人地关系的适应过程看似简单，其实却是一系列因素综合作用与反应的结果；基于对民族关系与人地关系内涵的深层次理解，现阶段在妥善处理民族关系与人地关系适应性问题时，应注重从四个方面入手。首先，及时构建起科学合理的人类活动价值体系和应对自然环境的社会组织结构，切实规范与自然直接有关的人类和民族行为模式系统。其次，民族关系与人地关系的调整适应既要求调整和改变人的整体系统的构成要素和结构并进而使人地系统由尖锐冲突转变为协调相处，同时也要求通过对人的整体系统的资源、潜力、创造力的开发，走出人地关系困境和创造新型的民族关系和人地系统。实践证明，人类拥有无限的想象力、创造力和道德能力，而恰恰这些资源可以被动员起来帮助人类摆脱困境。再次，人地关系的调整需要同时实现三个层次的目标：个人天资、潜能和智力创造性的发展，人类社会健康、公平、持续而有所束缚的发展以及人地协同前进、长期共存的协调发展局面的形成。最后，民族关系与人地关系的调整必须是"民族的和人的整体系统"的变革过程，任何单一要素的变革均无力解决"人地危机综合征"；因此，民族关系和人地关系的调整必须是个人、社会、民族、国家、全人类不同层次的协调和同一行动的过程，同时，也只有在全球尺度上的大规模合作，才能真正有效地解决全球的人地关系冲突问题。

（四）关于民族关系与人地关系的适应在民族政策的制定上既要求考虑民族间"人"的因素的影响，也要考虑到民族间"地"的因素的作用，"人"与"地"两者相辅相成，才会相得益彰和促进民族地区的和谐共进

作为一定地域内环境变化的主人，相关民族在自己的生产生活过程中无疑对环境的变化有着直接的影响，然而，地理环境反过来对民族族群的形成与发展也会有重大影响，每一个民族身上都有地理环境打上的自然印记。民族间的关系发展好坏，表面上看是受民族间生产发展程度、语言、习俗、文化、政策等因素的影响，究其实质，与地理因素有直接关系；既然如此，实践中我们在制定民族政策和研究处理民族问题时，就既要考虑民族间"人"的因素的影响，也要考虑到民族间"地"的因素的作用。实践中包括壮族在内的各民族从对水、土、林资源的利用、保护，到农耕生产的开展与农作物的种植，再到畜牧与狩猎的发展，都需要充分考虑所在地区自然环境的差异并进而采取合理有效的适应对策。应该说，适应自然环境的过程，即是各民族利用和改造自然的过程；而适应人文环境变化的某些措施，最终又会对所在地区自然环境的变迁产生作用。显然，壮族的环境适应过程，应是多种因素参与互动的过程。

（五）避免对土地资源的过度开发利用对实现民族关系与人地关系的谐调发展意义重大

平原河谷等环境条件相对宽松之地，无疑会成为各民族生产生活地域的首选；然而问题的关键是，人们要求有限的土地资源能提供更多的产出和满足更多人口生存和发展之需求。因此，最可行之办法还是得依托对现有土地资源的改造和使其发挥出最大潜力。过度的改造不仅会破坏土地和环境阈值，而且人类社会还会受到随之而来的"报复"与"惩罚"。怎么解决这一问题，实践证明，在科学技术进步之现状下，适当控制人口总量并控制对环境资源的"过分掠夺"，才能有效化解人地关系紧张的局面。此外，由于对诸如矿产之类的自然资源的过度开发利用也会诱发新的人地关系与民族关系的紧张态势，因此实践中采取切实可行的对策措施有效控制相对稀缺和环境影响很大的矿产资源的开发，也对协调民族关系和人地关系具有重要意义。

主要参考文献

著作类

（南宋）周去非：《岭外代答》，中华书局，1985。

刘锡蕃：《岭表纪蛮》，商务印书馆，1935。

徐松石：《泰族僮族粤族考》，中华书局，1946。

黄现璠、黄增庆、张一民：《壮族通史》，广西民族出版社，1988。

丘振声：《壮族图腾考》，广西教育出版社，1996。

徐松石：《粤江流域人民史》，中华书局，1940。

黄相：《东兰县志》，广西人民出版社，1994。

（清）张祥河：《粤西笔述》，桂林蒋存远堂印，1896。

杨武泉：《周去非〈岭外代答〉校注》，中华书局，1999。

《元史》，中华书局，1976。

《汉书》，中华书局，1962。

《隋书》，中华书局，1973。

王言纪、朱锦：《白山司志》，道光十年刊本抄。

《明史》，中华书局，1974。

《清史稿》，中华书局，1977。

（清）汪森：《粤西丛载》，上海进步书局，民国石印本。

（明）林富、黄佐纂修《（嘉靖）广西通志》，四库全书存目丛书。

主要参考文献

《宋史》,中华书局,1977。

张有隽:《广西通志·民俗志》,广西人民出版社,1992。

(明)方瑜纂修《南宁府志》,中华书局,1992。

(宋)王象之:《舆地纪胜》,中华书局,1984。

(元)虞集:《平猺记》,四库全书存目丛书。

(宋)乐史:《太平寰宇记》,景印文渊阁四库全书。

(唐)刘恂:《岭表录异》,景印文渊阁四库全书。

(唐)莫休符:《桂林风土记》,新文丰出版公司印行。

(清)金铁监修《钦定四库全书·广西通志卷》,雍正十一年版。

(明)郭应聘:《西南纪事》,四库全书存目丛书。

张先辰:《广西经济地理》,桂林文化供应社,民国30年(1941)。

方国瑜:《中国西南历史地理考释》,中华书局,1987。

张景星:《崇善县志》,广西壮族自治区档案馆翻印,1962。

天等县志编纂委员会:《天等县志》,广西民族出版社,1991。

大新县志编纂委员会:《大新县志》,上海古籍出版社,1989。

邕宁县志编纂委员会:《邕宁县志》,中国城市出版社,1995。

那坡县志编纂委员会:《那坡县志》,广西人民出版社,2002。

上思县志编纂委员会:《上思县志》,广西人民出版社,2000。

东兰县志编纂委员会:《东兰县志》,广西人民出版社,1994。

天峨县志编纂委员会:《天峨县志》,广西人民出版社,1994。

百色市志编纂委员会:《百色市志》,广西人民出版社,1993。

(清)何梦瑶纂修,刘廷栋续纂《岑溪县志》,海南出版社,2001。

(清)黄元基纂修《灵山县志》,海南出版社,2001。

吴志绾修,黄国显纂《桂平县志》,海南出版社,2001。

(清)李忻纂修《永安州志》,海南出版社,2001。

舒启修、吴光异纂《马平县志》,台湾成文出版社,1967。

(清)王巡泰纂修《兴业县志》,海南出版社,2001。

叶承立纂《富川县志》,海南出版社,2001。

黄旭初监修、吴龙辉纂《崇善县志》,台湾成文出版社,1967。

杨北岑等编纂《同正县志》,台湾成文出版社,1967。

龙胜县志编纂委员会：《龙胜县志》，汉语大词典出版社，1992。

上林县志编纂委员会：《上林县志》，广西人民出版社，1989。

潘宝疆：《钟山县志》，民国22年（1933）铅印本。

顾国诰：《富川县志》，清光绪十六年（1890）刊本。

申远华：《昭平县志》，广西人民出版社，1992。

博白县志编纂委员会：《博白县概况》，广西师范大学出版社，1989。

黄志助修、龙泰纂《融县志》，台湾成文出版社，1967。

黄旭初监修、张智林纂《平乐县志》，台湾成文出版社，1967。

江碧秋修、潘宝糠纂《罗城县志》，台湾成文出版社，1967。

魏任重修、姜玉笙纂《三江县志》，台湾成文出版社，1967。

李滋繁纂《灵川县志》，台湾成文出版社，1967。

张岳灵修、黎启勋纂《阳朔县志》，台湾成文出版社，1967。

（清）汪溶日纂《养利州志》，康熙三十三年刊本。

许继善等：《（天等县）上映土司许氏宗谱》，1990年油印本。

（清）羊复礼修、梁年等纂修《（光绪）镇安府志》，中国方志丛书（第14册），台湾成文出版社，1967。

德保县志编纂委员会：《德保县志》，广西人民出版社，1998。

（清）陈元龙：《格致镜原》，上海古籍出版社，1992。

（清）王维淮纂《西林县志》，中国书店，1992。

（明）张国经纂修《廉州府志》，中国书店，1992。

黄占梅修、程大璋纂《桂平县志》，台湾成文出版社，1967。

郑湘畴纂修《平南县鉴》，台湾成文出版社，1967。

凌锡华纂修《广东连山县志》，民国17年（1928）铅印本。

顾英明修、曹骏纂《荔浦县志》，民国3年（1914）铅印本。

周赞元等纂修《怀集县志》，台湾成文出版社，1967。

（清）王概纂修《高州府志》，海南出版社，2001。

黄志勋修、龙泰任纂《融县志》，台湾成文出版社，1967。

（清）谢启昆纂修《广西通志》，广西人民出版社，1988。

（清）李文琰修、何天祥纂《庆远府志》，海南出版社，2001。

何景熙修、罗增麟纂《凌云县志》，台湾成文出版社，1967。

张文杰纂修《都安县志稿》,都安瑶族自治县地方志办公室 2001 年整理编印本。

梁明伦等纂《雷平县志》,民国 35 年(1946)油印本。

杨盟修、黄诚沉纂《上林县志》,台湾成文出版社,1967。

封赫鲁修、黄福海纂《靖西县志》,台湾成文出版社,1967。

吴克宽修、陆庆祥纂《隆山县志》,台湾成文出版社,1967。

黄旭初修、岑庆沃纂《田西县志》,台湾成文出版社,1967。

谢次颜、潘鼎新修,黄文观等纂《凤山县志》,民国 38 年(1949)油印本。

黄志勋修、龙泰任纂《融县志·经济·物产》,台湾成文出版社,1967。

覃玉成纂《宜北县志》,台湾成文出版社,1967。

黎祥品、韦可德修,刘宗尧纂《迁江县志》,台湾成文出版社,1967。

胡学林、陈学人等修,朱昌奎等纂《宾阳县志》,台湾成文出版社,1967。

罗春芳修、玉良山纂《信都县志》,台湾成文出版社,1967。

何其英等修、谢嗣农等纂《柳城县志》,台湾成文出版社,1967。

韦冠英修,梁培焕、龙玉任纂《贺县志》,台湾成文出版社,1967。

李树楠修,吴寿裕、梁材鸿纂《昭平县志》,台湾成文出版社,1967。

(明)甘东阳:《纂修太平府志》,中国书店,1992。

(明)林希元纂《钦州志》,天一阁藏明代地方志丛刊。

欧卿羲修、梁崇鼎等纂《贵县志》,台湾成文出版社,1967。

王文徽、谢凤训纂修《横县志》,民国 32 年(1943)抄本。

(明)杨芳:《殿粤要纂》,北京图书馆珍本善本丛刊。

宾上武修、翟富文纂修《来宾县志》,台湾成文出版社,1967。

张文杰纂修《都安县志稿》,都安瑶族自治县地方志办公室 2001 年整理。

黄知元等纂修《防城县志初稿》,民国 34 年(1945)抄本。

廖国器修、刘润纲纂《合浦县志》，民国 31 年（1942）铅印。

区世汉、莫庭光修，叶茂荃等纂《龙州县志》，民国 16 年（1927）油印。

安介生：《历史民族地理》，山东教育出版社，2007。

（明）陈文修纂修《云南图经志》，云南民族出版社，2002。

徐松石：《徐松石民族学文集》，广西师范大学出版社，2005。

覃乃昌：《壮族稻作农业史》，广西民族出版社，1997。

吴泽霖：《人类学词典》，上海辞书出版社，1991。

王希恩：《民族过程与国家》，甘肃人民出版社，1998。

韦晓康：《壮族传统体育文化研究》，中央民族大学出版社，2004。

姜彬：《稻作文化与江南民俗》，上海文艺出版社，1996。

郑超雄：《壮族文明的起源研究》，广西人民出版社，2005。

苏秉琦：《中国文明起源新探》，三联书店，1999。

何毛堂、李玉田、李全伟：《黑衣壮的人类学考察》，广西民族出版社，1999。

覃圣敏：《壮泰民族传统文化比较研究》，广西人民出版社，2003。

马建钊、陆上来：《粤北壮族风情辑录》，民族出版社，2007。

李炳东、弋德华：《广西农业经济史稿》，广西民族出版社，1985。

练铭志、马建钊、朱洪：《广东民族关系史》，广东人民出版社，2004。

吴永章：《瑶族史》，四川民族出版社，1993。

尤中：《云南民族史》，云南大学出版社，1994。

伍新福：《湖南民族关系史》，民族出版社，2006。

司徒尚纪：《岭南历史人文地理——广府、客家、福佬民系比较研究》，中山大学出版社，2001。

谭朋星、崔国琮：《环江毛南族自治县县志》，广西人民出版社，2002。

南宁师范学院广西民族民间文学研究室：《广西少数民族风情录》，广西民族出版社，1984。

高丙中：《民俗文化与民俗生活》，中国社会科学出版社，1994。

顾宝昌：《社会人口学的视野》，商务印书馆，1992。

高洪兴、徐锦钧、张强：《妇女风俗考》，上海文艺出版社，1991。

锺文典：《广西客家》，广西师范大学出版社，2005。

覃彩銮：《壮族干栏文化》，广西民族出版社，1998。

胡绍华：《中国南方民族发展史》，民族出版社，2004。

李富强：《中国壮学》，民族出版社，2006。

中国人民政治协商会议龙胜各族自治县委员会编《龙胜文史》，内部资料，1986。

广西壮族自治区编辑组：《广西壮族社会历史调查》，广西民族出版社，1984。

李富强：《"蛮荒"稻香——壮族农耕文化》，香港天马图书有限公司，1998。

袁少芬、李红：《民族文化与经济互动》，民族出版社，2004。

杜芳琴：《中国社会性别的历史文化寻踪》，天津社会科学院出版社，1998。

王恩涌等：《人文地理学》，高等教育出版社，2000。

范宏贵、顾有识：《壮族历史与文化》，广西民族出版社，1997。

江帆：《生态民俗学》，黑龙江人民出版社，2003。

刘旭金：《广西妇女社会地位调查》，中国妇女出版社，1994。

刘映华：《壮族古俗初探》，广西人民出版社，1994。

李富强：《人类学视野中的壮族传统文化》，广西人民出版社，1999。

苏建灵：《明清时期壮族历史研究》，广西民族出版社，1993。

张声震：《壮族麽经布洛陀影印译注》，广西民族出版社，2004。

陈正祥：《广西地理》，正中书局，1946。

廖明君：《壮族自然崇拜文化》，广西人民出版社，2004。

郑超雄、覃芳：《壮族历史文化的考古学研究》，民族出版社，2006。

刘芝凤：《中国侗族民俗与稻作文化》，人民出版社，1999。

蒋廷瑜：《壮族铜鼓研究》，广西人民出版社，2005。

王文光：《南方民族史》，民族出版社，1999。

广西民族研究所：《广西少数民族地区石刻碑文集》，广西人民出版社，1982。

方素梅：《近代壮族社会研究》，广西民族出版社，2002。

马戎：《民族与社会发展》，民族出版社，2001。

潘其旭、覃乃昌：《壮族百科辞典》，广西人民出版社，1993。

潘其旭：《壮族歌圩研究》，广西人民出版社，1991。

张声震：《广西壮语地名选集》，广西民族出版社，1998。

覃兆福：《壮族历代史料荟萃》，广西民族出版社，1985。

崔乃夫：《中华人民共和国地名大辞典》，商务印书馆，1999。

《壮族简史》，广西人民出版社，1980。

赵杏根：《中国的百神全书》，南海出版公司，1993。

杨宗亮：《壮族文化史》，云南民族出版社，1999。

刘锡诚：《中国原始艺术》，上海文艺出版社，1998。

岑家梧：《图腾艺术史》，学林出版社，1986。

邵志忠：《壮族文化重组与再生》，广西人民出版社，1994。

徐杰舜、刘小春、罗树杰：《南乡春色：一个壮族乡社会文化的变迁》，广西人民出版社，1990。

梁庭望：《壮族文化史》，广西教育出版社，2000。

吕大吉、何耀华：《中国各民族原始宗教资料集成·壮族卷》，中国社会科学出版社，1998。

凌绍崇：《思林百年社会变迁：壮汉文化互动与交流》，广西民族出版社，2001。

袁少芬：《当代壮族探微》，广西人民出版社，1989。

张声震：《壮族通史》，民族出版社，1997。

周光大：《壮族传统文化与现代化建设》，广西人民出版社，1998。

覃乃昌：《广西世居民族》，广西民族出版社，2004。

覃尚文、陈国清：《壮族科学技术史》，广西科学技术出版社，2003。

广西壮族自治区编辑组：《广西壮族社会历史调查（第4册）》，广西民族出版社，1987。

广西壮族自治区编辑组：《广西少数民族地区碑文契约资料集》，广西民族出版社，1987。

钟敬文：《民俗学概论》，上海文艺出版社，1998。

黄全安：《壮族风情录》，广西人民出版社，1991。

玉时阶：《壮族民间宗教文化》，民族出版社，2004。

覃永绵：《壮族人生礼俗蕴含的人生观》，《壮学说集》，广西民族出版社，1995。

宋蜀华：《民族学理论与方法》，中央民族大学出版社，2002。

戴光禄、何正廷：《壮族文化概览》，云南美术出版社，2005。

邓启耀：《民族服饰：一种文化符号——中国西南少数民族服饰文化研究》，云南人民出版社，1991。

何丽芳：《乡村旅游与传统文化》，地震出版社，2007。

李树刚、梁畴芬：《广西植物资源》，北京科学技术出版社，1990。

韦景云、覃晓航：《壮语通论》，中央民族大学出版社，2006。

陈重明等：《民族植物与文化》，东南大学出版社，2004。

韩茂莉：《宋代农业地理》，山西古籍出版社，1993。

王双怀：《明代华南农业地理》，中华书局，2002。

李志华：《中国民族地理》，上海教育出版社，1997。

周宏伟：《清代两广农业地理》，湖南教育出版社，1998。

广西民族研究所：《广西少数民族地区石刻碑文集》，广西人民出版社，1982。

施琳：《经济人类学》，中央民族大学出版社，2002。

世界自然保护同盟：《保护地球——可持续生存战略》，中国环境科学出版社，1992。

〔美〕丹尼斯·米都斯：《增长的极限》，四川人民出版社，1984。

〔意〕奥莱里欧·佩切依：《未来掌握在我们手中》，科学技术出版社，1988。

〔日〕栗本慎一郎：《经济人类学》，商务印书馆，1997。

世界环境与发展委员会：《我们共同的未来》，世界知识出版社，1989。

〔美〕卡特·汤姆·戴尔：《表土与人类文明》，中国环境科学出版社，1987。

霍尔姆斯·罗尔斯通：《环境伦理学》，中国社会科学出版社，2000。

黄秋桂：《壮族麽文化研究》，民族出版社，2006。

徐赣丽：《民俗旅游与民族文化变迁》，民族出版社，2006。

宋振春：《当代中国旅游发展研究》，经济管理出版社，2006。

蒋满元：《区域可持续发展中的地方政府竞争问题研究》，中国农业出版社，2007。

论文类

罗仁德、顾乐真：《广西天峨县壮族埋蚂拐节礼仪》，《河池学院学报》2005年第1期。

邵志忠、袁丽红、吴伟镔：《壮族传统节日文化传承与乡村社会发展》，《广西民族研究》2006年第2期。

覃乃昌：《关于壮族经济史研究的几个理论问题》，《广西民族研究》2010年第2期。

汤正方：《民族历史和当代的民族过程》，《民族译丛》1998年第4期。

覃守达：《论黑衣壮母性神崇拜机制及其审美文化内蕴》，《广西师范大学学报》（哲学社会科学版）2009年第3期。

赵青、潘尚领：《广西黑衣壮族的民俗及人文特征》，《学理论》2010年第2期。

农品冠、韦如慧：《简说壮族服饰》，《中国少数民族服饰》2005年第12期。

马晓京：《民族旅游保护性开发的新思路》，《贵州民族研究》2002年第2期。

付广华：《外来生态知识的双重效用——来自广西龙胜县龙脊壮族的田野经验》，《中南民族大学学报》（人文社会科学版）2010年第3期。

郭育晗：《现代化进程中的壮族社会文化变迁——以平果县龙来村必罗屯为例》，《广西民族大学》2007年第4期。

覃乃昌：《那文化圈论》，《广西民族研究》1999年第4期。

翟鹏玉：《"那"文化神话景观与民族生态审美叙事》，《文艺理论与批评》2007 年第 2 期。

蓝韶昱：《21 世纪以来广西壮族土司研究综述》，《传承》2009 年第 1 期。

张延庆：《从土司的军事制度看壮族武术的发展》，《中央民族大学学报》（哲学社会科学版）2005 年第 5 期。

徐娟：《二十一世纪人地关系研究前瞻》，《价值工程》2010 年第 4 期。

郑度：《中国 21 世纪议程与地理学》，《地理学报》1994 年第 6 期。

黄秉维：《论地球系统科学与可持续发展战略科学基础》，《地理学报》1996 年第 4 期。

范宏贵、唐兆民：《壮族族称的缘起和演变》，《民族研究》1980 年第 5 期。

覃乃昌：《红水河稻作文化》，《农业考古》2004 年第 1 期。

覃彩銮：《试论壮族文化的自然生态环境》，《学术论坛》1999 年第 6 期。

廖明君：《壮族水崇拜与生殖崇拜》，《民族文化研究》2001 年第 2 期。

谈琪：《论壮族历史上的"弃蛮趋夏"现象》，《广西民族研究》1995 年第 3 期。

吴雅彬、宋加华：《从不同社会形态的体育存在形式看民族传统体育的发展》，《南京体育学院学报》（社会科学版）2008 年第 1 期。

田祖国：《人文精神与民族传统体育的伦理教育价值》，《南京体育学院学报》（社会科学版）2008 年第 5 期。

雷英章：《稻作文化与隆安壮族节庆习俗》，《创新》2009 年第 8 期。

杨艺、彭静：《广西龙脊壮族稻作节日文化研究》，《广东技术学院学报》2007 年第 11 期。

王子今：《汉晋时代的瘴病之害》，《中国历史地理论丛》2006 年第 3 期。

王双怀：《明代华南的自然灾害及其时空特征》，《地理研究》1999 年第 6 期。

修琦:《人地关系的主要特征》,《人文地理》1999年第2期。

王爱民、缪磊磊:《地理学人地关系研究的理论评述》,《地球科学进展》2000年第3期。

范玉春:《红水河流域汉族移民初探》,《广西民族研究》2000年第3期。

王爱民、缪磊磊:《冲突与反省——嬗变中的当代人地关系思考》,《科学·经济·社会》2000年第2期。

刘伟铿:《西江壮瑶与改土归流》,《广西民族学院学报》(哲学社会科学版)2000年第6期。

郑维宽:《照抄还是扬弃:明清时期广西户口数字辨析》,《河池学院学报》2007年第4期。

李萍、李骅、刘周敏等:《论民族传统体育的选择与发明》,《南京体育学院学报》(社会科学版)2009年第1期。

何毛堂:《黑衣壮族群的性格特征及其文化成因——黑衣壮文化特质研究之三》,《广西右江民族师专学报》2000年第4期。

黄振南:《黑衣壮的人类学考察》,《广西右江民族师专学报》2000年第1期。

农敏坚、凌风:《千山万弄中的黑衣壮》,《中国民族》2001年第11期。

周长山、陈大克:《广西历史时期人地关系的地图再现——关于〈广西历史地图集〉的编绘及其数字化工程》,《广西社会科学》2008年第3期。

韦玖灵:《试论壮汉民族融合的文化认同》,《学术论坛》1999年第4期。

宋涛:《广西壮汉民族相互融合现象探析》,《桂海论丛》1999年第4期。

李伯重:《"天"、"地"、"人"的变化及其对清代前中期江南水稻生产的影响》,《中国经济史研究》1994年第4期。

刘祥学:《明清时期桂东北地区壮族的分布、迁徙及与其他民族的相互影响》,《民族研究》1999年第5期。

刘祥学：《由模糊到清晰——历史时期对红水河流域地理认识的演进》，《中国历史地理论丛》2006年第4期。

韦美日：《广西少数民族地区地域文化的特点》，《广西师范学院学报》（哲学社会科学版）2007年第3期。

覃乃昌：《布洛陀文化体系论述》，《广西民族研究》2003年第3期。

过伟：《壮族人文始祖论》，《广西民族研究》2005年第4期。

何颖：《布洛陀民俗文化的特点与特色经济开发》，《广西民族研究》2005年第4期。

侯宣杰、梁兰：《论广西民俗旅游资源的可持续开发》，《桂林师范专科学校学报》2003年第3期。

牛亚菲：《可持续旅游、生态旅游及实施方案》，《地理研究》1999年第6期。

徐飞雄：《我国少数民族风情旅游资源特点及开发》，《经济地理》1990年第3期。

翟鹏玉：《花婆神话与壮族生态伦理的缔结范式》，《创新》2007年第6期。

过伟：《壮族创世大神米洛甲的立体性特征与南方民族"华文化圈"》，《广西民族研究》1999年第2期。

罗美珍：《傣泰民族起源和迁徙问题补证》，《民族研究》2006年第5期。

黄家信：《壮族的英雄、家族与民族神：以桂西岑大将军庙为例》，《广西民族学院学报》（哲学社会科学版）2007年第3期。

覃丽丹：《岑瑛墓石刻艺术研究》，《广西民族大学学报》（哲学社会科学版）2007年第3期。

王晖：《凌云壮族七十二巫调与岑氏土司》，《广西民族研究》2008年第1期。

韦顺莉：《荣耀与追求：广西壮族土司民族认同考察》，《广西民族研究》2007年第3期。

张利群：《论民族文化旅游的可持续发展》，《民族艺术》2001年第3期。

胡海胜：《论民俗旅游开发研究的一般方法》，《桂林旅游高等专科学校学报》2001年第12期。

杨萍：《再论民俗旅游资源的保护层次措施及模式》，《经济问题探索》2004年第5期。

欧美强、陈宇波：《民族地区发展民族文化旅游存在的问题及对策探讨》，《江西科技师范学院学报》2007年第2期。

李莉：《民俗旅游的现状及发展策略》，《旅游经济》2005年第7期。

杨兆萍、谢婷、李晓彦：《典型少数民族文化旅游地开发与保护》，《干旱区地理》2001年第12期。

王晓军、张惠鲜：《壮民族文化旅游开发自议》，《广西社会科学》2005年第11期。

金毅：《论民族文化旅游的开发》，《中南民族大学学报》2005年第7期。

黄松：《桂西地区人地关系类型划分及其特征研究——民族地区地质公园建设与旅游开发系列论文之二》，《广西师范大学学报》（自然科学版）2008年第3期。

吴传钧：《论地理学的研究核心——人地关系地域系统》，《经济地理》1991年第31期。

莫多闻、杨晓燕、王辉等：《红山文化牛河梁遗址形成的环境背景与人地关系研究》，《第四纪研究》2002年第2期。

陆大道、郭来喜：《地理的研究核心：人地关系地域系统——论吴传钧院士的地理学思想与学术贡献》，《地理学报》1998年第2期。

郑度：《21世纪人地关系研究前瞻》，《地理研究》2002年第1期。

樊正强、黄彪虎、程波：《一种以市场为导向的少数民族地区新型经济组织——广西田阳农副产品综合批发市场调查报告》，《广西民族研究》2009年第4期。

覃彩銮：《壮族传统工艺美术述论》，《民族艺术》1996年第1期。

刘祥学：《明清以来壮族地区的狩猎活动与农耕环境的关系》，《中国社会经济史研究》2010年第3期。

陈丽琴：《壮族服饰文化中的信仰内涵探析》，《百色学院学报》2008

年第 2 期。

张於:《浅谈壮族舞蹈从文化传统到当代审美的研究》,《今日南国》2008 年第 12 期。

谢琼、程道品:《非物质文化遗产视野下民族节庆的保护性旅游开发——以壮族蚂拐节为例》,《市场论坛》2009 年第 11 期。

李咏梅:《用民族文化提升传统旅游风景名胜地的吸引力——以〈印象·刘三姐〉为例》,《广西民族大学学报》(哲学社会科学版) 2008 年第 2 期。

覃义生:《广西东兰壮族蚂拐节的调查与研究》,《广西民族研究》1999 年第 2 期。

乔家君:《区域人地关系定量研究》,《人文地理》2005 年第 1 期。

元立:《壮族地名述略》,《广西民族研究所》1993 年第 3 期。

杨海军、邵全琴:《GIS 空间分析技术在地理数据处理中的应用研究》,《地球信息科学》2009 年第 3 期。

周振鹤、游汝杰:《古越语地名初探——兼与周生春同志商榷》,《复旦学报》(社会科学版) 1980 年第 4 期。

雷坚:《从广西县以上历史地名探讨地名文化的演进》,《广西地方志》2009 年第 2 期。

李锦芳:《百越地名及其文化蕴意》,《中央民族大学学报》(哲学社会科学版) 1995 年第 1 期。

黄桂秋:《大明山龙母文化与华南族群的水神信仰》,《广西师范学院学报》2006 年第 3 期。

谭浤莎:《试析历代汉族移民与广西壮族地区的社会变迁》,《西北人口》2008 年第 2 期。

范玉春:《明代广西的军事移民》,《中国边疆史地研究》1998 年第 2 期。

方素梅:《清及民国壮族社会风俗变迁述论》,《中南民族学院学报》1995 年第 2 期。

吴必虎、余青:《中国民族文化旅游开发研究综述》,《民族研究》2000 年第 4 期。

韦复才、时坚、唐建生等：《西南岩溶区生态退化研究》，《广西师范大学学报》（自然科学版）2006年第2期。

骆华松、杨世瑜、包广静：《丽江市人地关系类型划分》，《云南师范大学学报》（自然科学版）2005年第6期。

黄金刚、李进：《广西崇左壮族传统饮食风情研究》，《南宁师范高等专科学校学报》2007年第1期。

龙符：《壮族铜鼓的历史文化内涵》，《文山师范高等专科学校学报》2005年第3期。

吴超强：《壮语地名初探》，《广西民族研究所》1992年第2期。

欧宗启：《论历史文献中的壮族形象书写》，《广西民族学院学报》2006年第4期。

韦顺莉：《论壮族的宽容文化心理的表现》，《广西民族研究》2002年第3期。

程波：《民族地区农业经济发展模式的实践与启示——以广西壮族自治区为例》，《广东农业科学》2010年第9期。

顾有识：《试论历史上的壮汉互为同化》，《广西民族研究》1999年第3期。

龙祖坤：《民族地区县域经济的发展模式选择》，《生产力研究》2007年第2期。

李富强：《壮族婚姻文化的变迁：以田林那善屯为例》，《广西民族学院学报》（哲学社会科学版）2000年第3期。

刘小林：《广西少数民族婚姻习俗的文化透视》，《广西师范大学学报》（哲学社会科学版）2004年第1期。

易玲、赵晓丽、刘斌等：《广西壮族自治区土地覆盖时空变化特点研究》，《安徽农业科学》2009年第3期。

苏建灵：《宋元明清时期壮族社会的发展》，《思想战线》1993年第6期。

苏建灵：《明代初年壮族的分布区——评明、清文献中关于壮族迁徙的记载》，《民族研究》1992年第3期。

苏建灵：《论明代广西东部的土司》，《思想战线》1986年第6期。

刘祥学：《清时期桂东北地区的瑶族及其与其他民族的相互影响》，《中央民族大学学报》（社会科学版）1999年第1期。

韦浩明：《明代广西"俍兵"东迁及其历史作用》，《广西民族研究》2007年第1期。

王成超：《基于人文视角的人地关系地域系统机理研究——以福建省长汀县为例》，《亚热带资源与环境学报》2010年第2期。

韦浩明：《抉择与发展：壮族文化认同的现状考察——以广西贺州市清塘镇壮族为例》，《黑龙江民族丛刊》2008年第4期。

黄林：《客家人的灶文化——以博白县大安村客家饮食文化调查为个案》，《广西地方志》2007年第2期。

孙九霞：《试论族群与族群认同》，《中山大学学报》（社会科学版）1998年第2期。

杜晶：《历史地理环境与壮族服饰关系浅析》，《广西地方志》2010年第3期。

方素梅：《清及民国壮族社会风俗变迁述论》，《中南民族学院学报》1995年第2期。

陈丽琴：《论壮族服饰与生态环境》，《社会科学家》2010年第3期。

宋生贵：《民族艺术与文化生态——经济全球化背景下发展民族艺术的美学思考》，《内蒙古社会科学》2002年第1期。

欧宗启：《论壮族形象的历史建构及其启示意义》，《贵州民族研究》2008年第2期。

杨正伟：《论民间文艺生态学》，《贵州民族研究》1996年第3期。

苏建灵：《明、清时期汉族人口向壮族地区的迁移》，《广西民族研究》1991年第12期。

管彦波：《地名与民族的地理分布》，《贵州师范大学学报》（社会科学版）2007年第3期。

游汝杰：《从语言地理学和历史语言学试论亚洲栽培稻的起源和传播》，《中央民族学院学报》1980年第3期。

张一民：《壮族形成时间辨析》，《广西师范大学学报》（哲学社会科学版）2001年第2期。

徐杰舜：《从骆到壮——壮族起源和形成试探》，《学术论坛》1990年第5期。

陈丽琴：《壮族传统服饰文化的现代境遇及传承保护》，《柳州师专学报》2008年第6期。

吴忠军、周密：《壮族旅游村寨干栏式民居建筑变化定量研究——以龙胜平安壮寨为例》，《旅游论坛》2008年第3期。

李旭：《广西龙胜平安寨传统壮族干栏式民居的变迁及思考》，《中外建筑》2006年第3期。

吴忠军、张瑾：《旅游业的发展对山地少数民族村寨文化遗产保护的影响研究——以广西龙脊梯田景区为例》，《经济地理》2008年第4期。

覃彩銮：《论壮族干栏文化的现代化》，《广西民族学院学报》（哲学社会科学版）2000年第1期。

薛永森：《区域土地可持续利用评价指标体系及方法研究》，中国农业大学，2000。

樊艳红、周游游：《自然地理环境对黑衣壮民俗的影响》，《现代农业科技》2007年第23期。

黄润柏：《壮族婚姻家庭生活方式的变迁——广西龙胜金竹寨壮族生活方式研究之三》，《广西民族研究》2002年第3期。

黄润柏：《壮族乡村家庭消费结构的变化——广西龙胜金竹寨壮族生活方式变迁研究之二》，《广西民族研究》2002年第2期。

覃凤余：《壮语地名中的壮语与汉语——壮语地名的语言文化研究之四》，《广西民族研究》2006年第3期。

覃凤余：《壮语地名中的壮语与汉语——壮语地名的语言文化研究之一》，《广西民族研究》2005年第4期。

温远涛：《河池民间传世铜鼓使用的人类学意义》，《河池学院学报》2005年第3期。

袁华韬、黄万稳、唐剑玲：《铜鼓文化保护与传承》，《广西民族学院》2005年第11期。

红波：《壮语地名的缘起、内涵及其特点剖析》，《广西民族研究》1997年第3期。

黄秉生：《民族生态的审美范式论》，《广西民族学院学报》（哲学社会科学版）2003年第6期。

巩凌：《论壮族"那文化"的生态发展观》，《文山师范高等专科学校学报》2008年第2期。

陈丽琴：《论壮族服饰变迁的缘由》，《广西师范学院学报》（哲学社会科学版）2008年第1期。

曾代伟、郝廷婷：《论壮族的民族精神——以民族文化为视角的考察》，《吉首大学学报》（社会科学版）2006年第1期。

朱腾刚：《人地关系思想的演变》，《洛阳师范学院学报》2007年第2期。

付广华：《生态环境与龙脊壮族村民的文化适应》，《民族研究》2008年第2期。

潘晓：《试论广西壮族文化的生态性》，《怀化学院学报》2008年第2期。

覃彩銮：《试论壮族文化的生态环境》，《学术论坛》1999年第6期。

林海、张有隽：《壮族粽文化剖析》，《河池学院学报》2007年第1期。

王光荣、黄鹏：《论布洛陀文化的凝聚力》，《南宁师范高等专科学校学报》2006年第6期。

费孝通：《关于广西壮族历史的初步推考》，《新建设》1952年第1期。

玉时阶：《壮锦文化刍议》，《广西大学学报》（哲学社会科学版）1992年第4期。

覃乃昌：《岭南文化的起源与壮族经济史——壮族经济史研究的一个基本理论问题》，《广西民族研究》2010年第3期。

凌春辉：《论〈麽经布洛陀〉的壮族生态伦理意蕴》，《广西民族大学学报》（哲学社会科学版）2010年第3期。

梁庭望：《壮族原生型民间宗教结合及其特点》，《广西民族研究》2009年第1期。

欧阳玲：《人地关系理论研究进展》，《赤峰学院学报》（自然科学版）2008年第2期。

〔日〕谷口房男、〔日〕饭塚胜重：《广西壮族自治区壮族的农村问题和退耕还林（下）》，《创新》2007 年第 3 期。

〔日〕石川荣吉、佐佐木高明：《民族地理学的学派及学说》，《民族译丛》1986 年第 2 期。

〔苏〕B. H. 科兹洛夫：《民族生态学研究的主要问题》，《民族译丛》1984 年第 4 期。

〔日〕谷口房男：《日本的壮族史研究动态》，《广西民族研究》1999 年第 2 期。

Barlow J G. Period, The Zhuang Minority Peoples. Journal of Southeast Asian Studies. 1987, 18 (2): 250 – 269.

J. H. Steward, Theory of Culture Change, University of Illinois Press, Urbana, 1979: 5.

James W. Turner, The Water of Life: Kava Ritual and the Logic of Sacrifice, Ethnology, 1986, 25 (3): 203 – 214.

Fikret Berkes, Sacred Ecology: Traditional Ecological Knowledge and Resource Management. Taylor & Francis, 1999.

Lynn Sykkink, Water and Exchange: The Ritual of "yaku cambio" as Communal and Competitive Encounter. American Ethnol-ogist, 1997, 24 (1): 170 – 189.

Henry T. Lewis. Ecological and Technological Knoelefge of Fire: Aborigines versus Park Rangers in Northern Australia. American Anthropologist, 1989, 91 (4): 957.

H. Moller, F. Berkes, P. O. Lyver, and M. Kislalioglu, Combining Science and Traditional Ecological Knowledge: Monitoring Populations for Co-management. Ecology and Society, 2004, 9 (3).

图书在版编目（CIP）数据

民族关系与人地关系的适应性问题研究：以广西壮族为例 / 蒋满元著. —北京：社会科学文献出版社，2015.6
（西南边疆历史与现状综合研究项目·研究系列）
ISBN 978－7－5097－6960－7

Ⅰ.①民⋯ Ⅱ.①蒋⋯ Ⅲ.①壮族－人地关系－适应性－研究－广西 Ⅳ.①K281.8

中国版本图书馆 CIP 数据核字（2015）第 000154 号

西南边疆历史与现状综合研究项目·研究系列
民族关系与人地关系的适应性问题研究
——以广西壮族为例

著　者 / 蒋满元

出 版 人 / 谢寿光
项目统筹 / 宋月华　范　迎
责任编辑 / 刘　丹

出　　版 / 社会科学文献出版社·人文分社（010）59367215
　　　　　　地址：北京市北三环中路甲29号院华龙大厦　邮编：100029
　　　　　　网址：www.ssap.com.cn
发　　行 / 市场营销中心（010）59367081　59367090
　　　　　　读者服务中心（010）59367028
印　　装 / 三河市尚艺印装有限公司

规　　格 / 开本：787mm×1092mm　1/16
　　　　　　印 张：18.25　字 数：276千字
版　　次 / 2015年6月第1版　2015年6月第1次印刷
书　　号 / ISBN 978－7－5097－6960－7
定　　价 / 79.00元

本书如有破损、缺页、装订错误，请与本社读者服务中心联系更换

▲ 版权所有 翻印必究